国家哲学社会科学基金西部项目
项目批准号：11XJL006
结项号：20182423

劳动者报酬合理比重的理论构建与实现途径研究

LAODONGZHE BAOCHOU HELI BIZHONG DE
LILUN GOUJIAN YU SHIXIAN TUJING YANJIU

荀关玉 / 著

经济管理出版社
ECONOMY & MANAGEMENT PUBLISHING HOUSE

图书在版编目（CIP）数据

劳动者报酬合理比重的理论构建与实现途径研究/荀关玉著．—北京：经济管理出版社，2018.12
ISBN 978-7-5096-6270-0

Ⅰ.①劳… Ⅱ.①荀… Ⅲ.①劳动报酬—研究—中国 Ⅳ.①F249.24

中国版本图书馆CIP数据核字（2018）第288116号

组稿编辑：高　娅
责任编辑：詹　静　高　娅
责任印制：黄章平
责任校对：王淑卿

出版发行：经济管理出版社
　　　　　（北京市海淀区北蜂窝8号中雅大厦A座11层　100038）
网　　址：www.E-mp.com.cn
电　　话：（010）51915602
印　　刷：北京玺诚印务有限公司
经　　销：新华书店
开　　本：720mm×1000mm/16
印　　张：17
字　　数：253千字
版　　次：2019年4月第1版　2019年4月第1次印刷
书　　号：ISBN 978-7-5096-6270-0
定　　价：68.00元

·版权所有　翻印必究·
凡购本社图书，如有印装错误，由本社读者服务部负责调换。
联系地址：北京阜外月坛北小街2号
电话：（010）68022974　　邮编：100836

前　言

　　自党的十七大报告提出要提高劳动者报酬在国民收入初次分配中的比重以来,为什么要提高劳动者报酬比重、提高劳动者报酬的途径一直是党和政府关注的重点、理论界研究的焦点。在国民收入初次分配中,提高劳动者报酬比重有利于全面建成小康社会、实现中国梦、构建社会主义和谐社会,有利于促进进入新时代后我国经济的可持续发展。因此,对我国劳动者报酬合理比重进行价值判断、理论构建和提高途径进行系统研究,具有十分重要的理论意义和实践价值。

　　本书通过对我国劳动者报酬比重的比较分析,研究揭示了我国劳动者报酬比重比较低,经过长期下降,当我国经济进入新常态后,劳动者报酬比重缓慢上升,可以预测我国进入新时代后,劳动者报酬比重必然会提高的趋势;对我国劳动者报酬合理比重进行价值判断,研究提出我国劳动者报酬合理比重的期间;深入研究劳动者报酬比重的影响因素;劳动者报酬比重低对我国经济发展的影响;研究我国劳动者报酬比重的理论构建和提出合理有效的提高途径,丰富和发展国民收入分配理论,为党和政府提高劳动者报酬比重提供政策建议。

　　本书的结构安排如下:第一章是导论,系统阐述问题的提出、研究的主要内容、研究成果及创新、研究的价值和意义、研究方法和技术路线。第二章是改革开放以来我国劳动者报酬比重的现状,深入研究我国劳动者比重的变迁及特点、劳动者报酬比重低并持续下降的意义。第三章是我国劳动者报酬比重的比较,通过纵向比较,研究揭示了我国劳动者报酬比重比较低，且持续下降，我国进入新常态后，缓慢上升；通过区域比较，揭示了在转型时期，劳动者报酬比重的变迁规律，通过国际比较，进一步揭示了我国劳动者报酬比重比较低。第四章是我国劳动者报酬合理比重的价值判断，实证分析说明我国劳动者报酬比重低并且不合理。第五章是我国劳动者报酬比重的影响因素，实证研究了经济发展水平、资本有机构成、劳动力供求状况、生产税等因素对我国劳动者报酬比重的影响。第六章是我国劳动者报酬比重影响因素的综合判断，实证研究了经济增长率、投资增长率、城镇化发展水平、就业增长率、政府税收、企业盈余、工会组织、教育发展水平等因素对我国劳动者报酬比重的影响方向和影响程度。第七章是我国劳动者报酬比重对经济发展的影响，实证研究了提高劳动者报酬比重能促进我国经济稳定增长、缩小收入差距、促进企业创新发展、促进企业转型升级、优化产业结构、全面提高劳动生产率、提高新的出口竞争力。第八章是我国劳动者报酬合理比重的理论构建，创新和发展了国民收入初次分配理论、劳动力价值构成理论、生产要素按贡献分配理论、制度创新理论，构建了经济新常态下国民收入初次分配理论。第九章是提高我国劳动者报酬比重的途径，提出要提高劳动者报酬比重，必须提高劳动者的素质和技能，加快新型城镇化发展，进一步增强政府提高劳动者报酬比重的意愿和能力，充分发挥工会组织的作用，适度降低生产税净额比重，充分发挥政府和生产在初次分配中的作用，创新提高劳动者报酬比重的制度安排等途径。

目 录

第一章 导论 … 1

第一节 劳动者报酬合理比重的理论构建和实施途径的研究现状 … 1
一、国外研究现状 … 2
二、国内研究现状 … 4
三、问题的提出 … 6

第二节 劳动者报酬合理比重的理论构建与实现途径研究的主要内容 … 6
一、改革开放以来我国劳动者报酬比重的现状 … 6
二、我国劳动者报酬比重的比较 … 7
三、我国劳动者报酬合理比重的价值判断 … 7
四、影响我国劳动者报酬比重的因素 … 8
五、我国劳动者报酬比重影响因素的综合判断 … 8
六、我国劳动者报酬比重低对经济和社会发展的影响 … 8
七、我国劳动者报酬合理比重的理论构建 … 9
八、提高我国劳动者报酬比重的途径 … 9

第三节 劳动者报酬合理比重的理论构建与实现途径的研究成果及创新 … 10
一、阶段性研究成果及创新 … 10

二、最终成果及创新 …………………………………………… 11

第四节 劳动者报酬合理比重的理论构建与实现途径研究的价值和意义 …………………………………………… 15

第五节 劳动者报酬合理比重的理论构建与实现途径研究的研究方法和技术路线 ………………………………… 15
 一、研究方法 …………………………………………………… 15
 二、技术路线 …………………………………………………… 17

第二章 改革开放以来我国劳动者报酬比重的现状 ……… 18

第一节 改革开放以来我国劳动者报酬比重的变迁 ………… 18
 一、制度变迁在劳动者报酬比重演变中的作用 ……………… 19
 二、改革开放后我国劳动者报酬变迁的制度安排 …………… 22
 三、我国劳动者报酬比重的演变 ……………………………… 27

第二节 改革开放以来我国劳动者报酬比重变迁的特点 …… 31
 一、劳动者报酬比重的制度变迁与所有制结构的变迁同步 … 31
 二、以强制性变迁为主的国民收入初次分配制度变迁模式 … 32
 三、由政府决定劳动者报酬比重向市场决定劳动者报酬比重变迁 ………………………………………………………… 33

第三节 改革开放以来我国劳动者报酬比重变迁的意义 …… 34
 一、劳动者报酬比重低有力地推进了我国"二元经济"的转型 ………………………………………………………… 34
 二、劳动者报酬比重低促进了我国经济的高速发展 ………… 35
 三、劳动者报酬比重低提高了我国出口商品的国际竞争力 … 36

第三章 我国劳动者报酬比重的比较 ……………………… 38

第一节 我国劳动者报酬比重的纵向比较 …………………… 38
 一、国民收入初次分配比较 …………………………………… 38
 二、我国劳动者报酬比重演变的比较 ………………………… 44
 三、我国劳动者报酬比重的区域比较 ………………………… 45

四、我国行业劳动者报酬比重的现状 …………………………… 49

第二节 我国劳动者报酬的国际比较 ………………………………… 52

一、中国与发达国家劳动者报酬比重比较 ……………………… 53

二、中国与经济转型国家劳动者报酬比重的比较 ……………… 55

第四章 我国劳动者报酬合理比重的价值判断 ………………… 61

第一节 判断我国劳动者报酬合理比重的原则和标准 ……………… 62

一、判断我国劳动者报酬合理比重的原则 ……………………… 62

二、判断我国劳动者报酬合理比重的标准 ……………………… 67

第二节 我国劳动者报酬合理比重的价值判断 ……………………… 72

一、问题的提出 …………………………………………………… 73

二、改革开放以来我国劳动者报酬合理比重的价值判断 ……… 74

三、我国劳动者报酬比重不合理 ………………………………… 78

第三节 经济新常态下我国劳动者报酬比重的发展趋势 …………… 81

一、提高劳动者报酬比重是经济新常态的内在要求 …………… 81

二、经济新常态下我国劳动者报酬比重提高的经验验证 ……… 83

第五章 我国劳动者报酬比重的影响因素 ……………………… 93

第一节 经济发展水平对我国劳动者报酬比重的影响 ……………… 94

一、经济发展水平对我国劳动者报酬比重的影响 ……………… 94

二、经济发展水平对我国区域劳动者报酬比重的影响 ………… 98

第二节 资本有机构成对劳动者报酬比重的影响 …………………… 103

一、我国改革开放后资本有机构成的演变及原因 ……………… 104

二、改革开放后劳动者报酬比重的演变 ………………………… 108

三、资本有机构成的演变对我国劳动者报酬比重的影响 ……… 110

第三节 劳动力供求状况对劳动者报酬比重的影响 ………………… 114

一、劳动力供求状况对劳动者报酬比重的影响 ………………… 115

二、我国劳动力供求现状对劳动者报酬比重的影响 …………… 117

三、我国劳动力供求状况对劳动者报酬比重的影响 …………… 121

第四节 生产税对劳动者报酬比重的影响 …………… 123
　一、税收对劳动者报酬比重的影响机制 …………… 123
　二、我国税收对劳动者报酬比重的影响 …………… 125
　三、我国税收对区域劳动者报酬比重的影响 ……… 127

第六章 我国劳动者报酬比重影响因素的综合判断 …… 132

第一节 我国劳动者报酬比重的影响因素 …………… 132
　一、经济增长是影响我国劳动者报酬比重的重要因素 … 133
　二、投资率对劳动者报酬比重有比较大的影响 …… 134
　三、城镇化发展对劳动者报酬比重的影响 ………… 135
　四、就业增长对劳动者报酬比重的影响 …………… 135
　五、政府税收增加对劳动者报酬比重的影响 ……… 136
　六、企业营业盈余对劳动者报酬比重的影响 ……… 137
　七、工会组织对劳动者报酬比重的影响 …………… 138
　八、教育发展对提高劳动者报酬比重的影响 ……… 139

第二节 计量分析模型与数据说明 …………………… 139
　一、回归模型 ……………………………………… 139
　二、数据来源 ……………………………………… 141
　三、回归模型与实证检验 ………………………… 142
　四、综合影响因素对我国劳动者报酬比重影响的经验
　　　验证 ………………………………………… 143

第三节 基本结论及政策建议 ………………………… 148
　一、必须保持经济中高速增长 …………………… 148
　二、大力发展教育，全面提高劳动者的人力资本增量 … 149
　三、提高就业率是提高劳动者报酬比重的必要补充 … 149
　四、合理控制企业营业盈余比重 ………………… 150
　五、实现税收增长率略高于经济增长率的税收增长模式 … 150
　六、全面深化工会体制改革，充分发挥工会在提高劳动者
　　　报酬比重中的作用 ………………………… 150

七、加快城镇化发展，提高城镇化率 …………………………… 151
　　八、改革投资方向 ………………………………………………… 151

第七章　我国劳动者报酬比重对经济发展的影响 ……………… 152

　第一节　提高劳动者报酬比重能促进我国经济的稳定增长 ……… 152
　　一、初次分配比重影响经济增长的传导机制 …………………… 152
　　二、我国国民收入初次分配影响经济增长的实证分析 ………… 155
　　三、劳动者报酬比重影响我国经济增长的经验验证 …………… 157
　第二节　我国劳动者报酬比重对收入分配不平等的影响 ………… 162
　　一、国民收入初次分配对收入分配不平等的影响 ……………… 162
　　二、我国劳动者报酬比重影响基尼系数的实证分析 …………… 163
　　三、劳动者报酬比重影响我国基尼系数的经验验证 …………… 165
　第三节　劳动者报酬比重对其他经济增长因素的影响 …………… 168
　　一、提高劳动者报酬比重能更好地促进企业的创新发展 ……… 169
　　二、提高劳动者报酬比重能更好地促进我国产业结构转型
　　　　升级 …………………………………………………………… 170
　　三、提高劳动者报酬比重能全面提高劳动生产率 ……………… 173
　　四、提高劳动者报酬比重有利于形成新的出口竞争力 ………… 174

第八章　我国劳动者报酬合理比重的理论构建 …………………… 176

　第一节　我国进入经济新常态下国民收入初次分配理论的
　　　　　构建 ………………………………………………………… 176
　　一、创新国民收入初次分配理论是经济新常态的内在
　　　　要求 …………………………………………………………… 176
　　二、经济新常态下我国国民收入初次分配理论的创新 ………… 178
　第二节　创新发展国民收入初次分配理论 ………………………… 180
　　一、马克思国民收入初次分配理论的内涵和条件 ……………… 180
　　二、创新国民收入初次分配理论的必要性 ……………………… 182
　　三、国民收入初次分配理论的创新 ……………………………… 183

第三节　创新和发展劳动力价值构成理论 …………………… 185
　　一、马克思劳动力价值构成的拓展 ………………………… 185
　　二、当代中国劳动力价值构成理论的创新 ………………… 187
　　三、我国劳动者报酬没有体现劳动力价值 ………………… 189
第四节　创新生产要素按贡献分配理论 ……………………… 192
　　一、初次分配必须体现劳动者对经济增长的贡献 ………… 192
　　二、按劳动贡献分配的计量 ………………………………… 193
　　三、形成中国特色的分享经济理论 ………………………… 195
第五节　创新劳动者报酬比重决定理论
　　　　——提高劳动者报酬比重的制度创新 ………………… 198
　　一、完善工会组织理论 ……………………………………… 198
　　二、增强工会组织力量 ……………………………………… 202
第六节　充分发挥政府在初次分配中的作用 ………………… 205
　　一、科学制定最低工资制度 ………………………………… 205
　　二、构建市场和政府共同提高劳动者报酬比重理论 ……… 206

第九章　提高我国劳动者报酬比重的途径 ……………… 210

第一节　全面提高劳动者的素质与技能 ……………………… 211
　　一、劳动者素质与技能对劳动者报酬比重的影响路径 …… 211
　　二、提高劳动者素质的对策 ………………………………… 213
第二节　加快新型城镇化的发展 ……………………………… 215
　　一、新型城镇化发展对劳动者报酬比重的影响路径 ……… 215
　　二、加快新型城镇化发展 …………………………………… 216
第三节　进一步增强政府提高劳动者报酬比重的意愿和能力 …… 218
　　一、进一步增强地方政府提高劳动者报酬比重的意愿 …… 219
　　二、提高政府提升劳动者报酬比重的能力 ………………… 220
第四节　充分发挥工会组织在提高劳动者报酬比重中的作用 …… 222
　　一、深化工会组织体制改革，进一步明确工会组织是劳动者
　　　　利益的忠实代表 ………………………………………… 222

二、全面增强工会组织提高劳动者报酬比重的能力 …… 224
　第五节　适度降低生产税净额比重 …… 226
　　一、我国生产税净额的劳动者报酬比重的影响 …… 226
　　二、降低生产税净额比重的对策 …… 230
　第六节　充分发挥政府和市场在初次分配中的作用 …… 231
　　一、充分发挥市场在提高劳动者报酬比重中的决定作用 …… 231
　　二、充分发挥政府在提高劳动者报酬比重中的主导作用 …… 233
　第七节　创新提高劳动者报酬比重的制度安排 …… 237
　　一、我国初次分配的制度变迁 …… 237
　　二、提高我国劳动比重的制度创新 …… 240

附录 …… 244

参考文献 …… 250

后记 …… 258

第一章 导 论

劳动者报酬合理比重的理论构建和实现途径研究是全面建成小康社会、实现中国梦、构建社会主义和谐社会的重要途径。合理提高劳动者报酬比重是党和政府的重要目标，也是理论界研究的重点。课题组在调查的基础上，通过深入研究，全面揭示了我国劳动者报酬合理比重的演变和现状；通过比较分析认为改革开放后特别是1992年以后，随着社会主义市场经济体制和我国"二元经济"的变迁，我国劳动者报酬比重不断下降，而且比较低；构建了判断我国劳动者报酬合理比重的标准，构建了劳动者报酬合理比重的模型，对我国劳动者报酬比重进行判断，提出我国劳动者报酬比重低于劳动者报酬的合理比重；探讨研究了影响劳动者报酬比重的主要因素并进行了定量综合分析和判断，在此基础上构建了我国劳动者报酬合理比重的理论，分析了劳动者报酬比重低对我国经济发展与构建社会主义和谐社会的影响，进一步提出了提高劳动者报酬比重的实现途径。丰富和发展了马克思主义政治经济学，为经济新常态下党和政府进一步提高劳动者报酬比重提供了政策建议，进一步提高了我国劳动者的报酬比重。

第一节 劳动者报酬合理比重的理论构建和实施途径的研究现状

关于劳动者报酬比重的研究，历来是政治经济学研究的重点，也是争论最大的问题。劳动者报酬合理比重是多少，判断劳动者报酬合理比重的原则和标准,影响劳动者报酬比重的因素有哪些,这些因素如何影响劳动者报酬比重,劳动者报酬比重低对我国经济、政治、文化和社会发展的影响,怎样构建劳动者报酬合理比重理论及提高途径等问题一直是国内外经济学家关注和研究的重点。

一、国外研究现状

劳动者报酬比重的研究起源于李嘉图生产要素的功能性分配,主要是研究劳动、资本和土地等生产要素所有者的生产要素贡献与其所得报酬之间的比重关系,是从国民收入初次分配的视角研究一个国家资本、劳动、土地等生产要素所有者所得收入的比重,在三部门经济中,主要包括劳动者报酬、生产税净额、固定资产折旧和营业盈余,分别为劳动者、政府和企业所得。最早研究劳动者报酬比重的是李嘉图,他提出生产是商品价值创造的过程,特别是剩余价值创造的过程,进一步研究提出利润率下降规律,工人的工资是由工人及家庭的生活费用或工人及家庭生存工资水平决定的,同时他还揭示了工资和利润的对立,"劳动者没有工资就活不下去,农场主和制造业者没有利润也是一样"①。后来许多经济学家进行了研究,Solow(1958)研究认为技术进步在要素收入比重的变动中起了相当大的作用。近年来,提高劳动者报酬合理比重的理论构建及实现途径成为国外学者研究的热点和焦点。国外学者研究劳动报酬比重的相关成果主要集中在三个方面。

1. 劳动者报酬比重的变化及发展趋势

关于劳动者报酬比重的变化及发展趋势主要有三种观点:第一种观点认为,劳动者报酬比重是基本稳定的,如 Kaldor(1961)认为劳动者报酬比重的变化是基本稳定的。② 第二种观点认为,一些发达国家和发展中国家劳动者报酬比重呈现下降趋势。Rodriguez & Jayadev(2010)研究发现一些发达国家和多数发展中国家的劳动者报酬比重在1980年以前相对不变,

---

① 大卫·李嘉图:《政治经济学及赋税原理》,商务印书馆1976年版,第103页。
② Kaldor N. Capital Accumulation and Economic Growth. Mac Millan, 1961.

1980年后呈现长期下降的趋势。① Stockhammer & Raurich（2012）研究发现发达国家平均劳动者报酬由1980年的73.4%下降到2007年的64%。② 第三种观点认为，劳动者报酬比重是上升的。

2. 影响劳动者报酬比重下降的因素

国外学者认为影响劳动者报酬比重的因素主要包括科学技术进步、对外开放度、劳动力市场结构、产业结构转型升级等因素。①科学技术进步与劳动者报酬比重反方向变动，科学技术进步会导致劳动者报酬比重下降。如Lawless & Whelan（2011）研究发现，科学技术的进一步发展必然导致劳动者报酬比重的逐步下降③。②经济全球化和国际贸易的进一步发展对劳动者报酬比重具有负效应，如Oyvat（2011）认为土耳其的自由贸易政策降低了劳动者报酬比重。④ ③经济金融化。一般认为，随着经济金融化的进一步发展，在经济发展中劳动者的地位进一步弱化，导致资本所有者收入比重提高，劳动者报酬比重下降。如Duen-haupt（2012）实证研究一部分发达国家和发展中国家劳动者报酬比重演变发现，经济金融化必然导致劳动者报酬比重下降。⑤ ④劳动力市场结构。一般认为劳动力市场波动、劳动力垄断程度必然影响劳动者报酬比重。⑤产业结构转型升级。如Young（2010）认为近年来产业升级导致工业部门劳动者报酬比重下降，服务业部门劳动者报酬比重略有上升，总的劳动者报酬比重呈下降趋势。另外许多学者还分析了影响劳动者报酬比重的其他因素。如Macri & Sinha（1999）研究发现劳动者报酬比重与经济增长率、产能利用及一个国家和地区失业率呈负相关关系，与物价变动呈正相关关系。Finnoff & Jayadev

---

① Rodriguez F. & Jayadev A. The Declining Labor Share of Income. Human Development Research Papers, No. 36, 2010.

② Stockhammer E. Why Have Wage Shares Fallen? A Panel Analysis of the Determinants of Functional Income Distribution. ILO Working Paper, 2012.

③ Lawless M. & Whelan K. T. Understanding the Dynamics of Labor Shareand Inflation. Journal of Macroeconomics, Vol. 33, No. 2, 2011: 121-136.

④ Oyvat C. Globalization, Wage Share and Income Distribution in Turkey, Cambridge Journal of Regions. Economy and Society, Vol. 4, No. 1, 2011: 123-138.

⑤ Duenhaupt P. Financialization and the Rentier Income Share-Evidence from the USA and Germany. International Review of Applied Economics, Vol. 26, No. 4, 2012: 465-487.

（2006）研究发现，女性参与劳动力市场的程度与劳动者报酬比重存在显著负相关关系。

3. 研究劳动者报酬比重变迁对经济发展的影响

劳动者报酬比重变迁对经济发展的影响主要表现在两个方面：一是劳动者报酬比重下降是否有利于促进经济增长。有的学者认为，劳动者报酬比重下降有利于经济增长。如 Hein & Tarassow（2010）通过实证研究认为劳动者报酬比重下降能提高经济增长率①，但 Onaran（2012）研究认为降低劳动者报酬比重对不同国家的经济发展的影响不同，主要看这个国家是工资驱动型还是利润驱动型，是投资驱动型还是消费驱动型，德国、法国、意大利、美国等国家劳动者报酬比重逐步下降会降低经济增长率，而中国等国家劳动者报酬比重下降会提高经济增长率，因为中国是利润驱动型、投资驱动型国家。② 二是会进一步扩大收入差距。Jeong（2012）研究认为劳动者报酬比重下降会导致消费比重减小，扩大收入差距。③

二、国内研究现状

1992~2007 年，我国劳动者报酬比重比较低并且持续下降，引起了党和政府的高度关注，党的十七大报告提出要提高劳动者报酬在国民收入初次分配中的比重，研究影响我国劳动者报酬比重的因素和提高途径等问题引起了国内学者的高度重视，产生了大量的研究成果，主要表现在：

1. 普遍认同我国劳动者报酬比重低的现状

白重恩等（2009）通过研究提出我国劳动者报酬在国民收入初次分配中的比重不断下降。赵振华（2007）提出我国的人工成本不仅远远低于发

---

① Hein E. & Tarassow A. Distribution, Aggregate Demand and Productivity Growth: Theory and Empirical Results for Six OECD Countries Based on a Post-Ka-Leckian Model. Cambridge Journal of Economics, Vol. 34, No. 4, 2010: 727-754.

② Onaran O. & Galanis G. Is Aggregate Demand Wage-led or Profit-led. Conditions of Work and Employment Series, No. 31, 2012.

③ Jeong S. Right Conclusion with Weak Evidence: A Review of the Failure of Capitalist Production. MPRA Paper, 2012.

达国家水平，而且还低于新兴工业化国家、经济转轨国家和不少发展中国家水平。黄乾、魏下海（2010）研究表明我国国民收入初次分配问题突出表现为两个特征：一是劳动者报酬比重比发达国家和大多数发展中国家低；二是劳动者报酬比重持续下降时间长。

2. 对劳动者报酬比重进行比较分析判断

信卫平等多数学者都通过纵向比较认为我国劳动者报酬比重持续下降，如任太增、喻璐（2014）通过与金砖国家劳动者报酬比重比较，认为我国劳动者报酬比重高于印度，低于其他金砖国家。李清华（2013）通过与发达国家和经济转型国家比较，认为中国的劳动收入份额低于发达国家和其他转型国家，如波兰、俄罗斯、捷克和韩国等，但比墨西哥和土耳其高。郭斌（2015）通过与发达国家比较，进一步说明我国劳动者报酬比重低于发达国家。

3. 深入研究劳动者报酬下降的原因

张涛、乐文平（2010）提出产业重工业化降低了劳动者报酬比重。黄先海、徐圣（2010）研究发现资本深化能提高劳动者报酬比重。翁杰、周礼（2010）研究发现，劳动者报酬比重的变动主要是由行业本身劳动者报酬比重下降所致，人均资本量的增加、资本产出比的降低和国有企业改革深化是导致工业部门劳动者报酬比重下降的主要原因。李楠、张振华（2010）着重从制度视角制度变迁对我国劳动者报酬比重变动的影响。王永进（2010）从要素积累、偏向型技术进步与劳动者报酬比重下降。张虎（2010）提出资本有机构成的提高将直接导致劳动者报酬比重的下降与波动。杨俊等提出地方政府的赶超行为显著降低了劳动者报酬比重。林毅夫等研究提出"赶超型"发展战略脱离了我国的"比较优势"是劳动者报酬比重下降的主要因素。

4. 劳动收入比重不合理对经济社会的影响

劳动收入比重不仅影响收入分配结构，而且影响经济增长。一部分学者认为提高我国劳动者报酬比重能更好地提高我国的产业竞争力，形成创新型国家，促进我国的经济发展；另一部分学者提出在国民收入初次分配过程中应该坚持公平和效率相统一的原则，采取有效途径提高劳动收入比重。

5. 提高劳动者报酬比重的理论基础

主要有生产要素按贡献分配理论、企业剩余合理分配理论、李稻葵（2010）等提出的"摩擦工资"理论、产业结构理论、要素替代弹性理论和生产技术理论等。

6. 提高劳动者报酬比重的途径

黄先海（2010）提出要建立全国性的统一市场，以及鼓励出口贸易来抑制工业部门劳动者报酬比重的快速下降。李楠、张振华（2010）等提出应创新所有制制度，完善劳动力市场机制，健全集体协商谈判机制，加强政府对企业工资的调控、管理和监督。丁静等（2010）提出要着力增强劳动力要素参与价值创造的能力、劳动力要素的要价能力和劳动力要素的维权能力等。

三、问题的提出

以上研究成果对我们研究劳动者报酬合理比重及提高途径具有重要的指导和借鉴意义。但是从研究视角上看，目前所发表的研究成果大都集中研究劳动者报酬比重低的现状，只是研究我国劳动者报酬占比低和下降速度快的某一方面的原因，在此基础上提出提高我国劳动者报酬比重的政策建议，如很少综合分析研究我国劳动者报酬比重的影响因素、提高途径，很少综合研究劳动者报酬比重低对我国经济社会发展的影响，很少对劳动者报酬合理比重进行科学判断，更缺乏对劳动者报酬合理比重进行理论建构。

第二节 劳动者报酬合理比重的理论构建与实现途径研究的主要内容

一、改革开放以来我国劳动者报酬比重的现状

重点研究我国收入分配制度的变迁对我国劳动者报酬比重演变的影

响，深入研究改革开放以来我国劳动者报酬比重的变迁和制度安排及对我国劳动者报酬比重演变的影响，研究了我国改革开放以来，特别是计划经济向市场经济转型以来国民收入初次分配制度变迁的特点和意义，进一步研究认为我国劳动者报酬比重低且持续下降，有力地推进了我国"二元经济"的转型，促进了我国经济的高速发展，提高了我国出口商品的国际竞争力，指导人们科学认识我国劳动者报酬比重比较低并长期持续下降的制度安排。

二、我国劳动者报酬比重的比较

通过对我国劳动者报酬比重的纵向比较和横向比较研究，更好地判断我国劳动者报酬比重是否合理。主要包括：通过我国劳动者报酬比重变迁的纵向比较，研究我国劳动者报酬比重的演变及其变迁规律，科学判断我国劳动者报酬比重变迁过程及上升或下降的趋势；通过与发达国家、发展中国家和经济转型国家劳动者报酬比重的国际比较并对我国劳动者报酬比重进行比较判断，可以初步判断我国劳动者报酬比较低，并且持续下降，研究判断我国劳动者报酬比重是不合理的。重点研究我国劳动者报酬比重比较低的程度、持续下降时间、波动范围、地区间劳动者报酬比重的差距状况。通过与发达国家、发展中国家和转型国家比较，特别是与和我国国情相近的国家比较，进一步提出我国劳动者报酬比重比较低并且不合理，应进一步提高我国劳动者报酬比重，特别是要提高西部地区和边疆民族地区劳动者报酬比重，如云南、吉林、甘肃、贵州的劳动者报酬比重。

三、我国劳动者报酬合理比重的价值判断

重点研究判断我国劳动者报酬合理比重的原则和标准，主要通过构建判断模型对我国劳动者报酬合理比重进行价值判断，提出我国劳动者报酬合理比重的期间，深入研究提出我国劳动者报酬比重提高的度。主要根据国民收入初次分配的效率和公平原则、按劳分配原则、促进经济增长的原

则、共享发展成果的原则，利用我国1981~2013年的相关数据构建我国劳动、资本对经济增长的贡献模型，计算我国劳动、资本对经济增长的贡献，以此为依据判断我国劳动者报酬的合理比重，并以我国1981~2013年实际劳动者报酬比重进行比较分析，最后得出我国劳动者报酬比重比较低，与劳动对经济增长的贡献不成比例，在公有制企业没有体现按劳分配原则，必须提高劳动者报酬在国民收入初次分配中的比重，丰富和发展国民收入初次分配理论，为党和政府进行科学决策提供了理论依据。

四、影响我国劳动者报酬比重的因素

深入研究影响我国劳动者报酬比重的主要因素，分别研究经济发展水平、资本有机构成、劳动力供求状况、政府意愿和能力、工会组织的意愿和能力、生产税净额等因素对我国劳动者报酬比重的影响，深入研究这些因素对我国劳动者报酬的影响方向和影响程度，深入研究劳动者报酬比重呈"U"型规律演变的影响因素。

五、我国劳动者报酬比重影响因素的综合判断

主要研究经济增长、投资增长、城镇化水平、就业状况、税收征收情况、企业营业盈余、工会力量、劳动者的人力资本、收入分配政策、制度变迁等因素对我国劳动者报酬比重的影响方向和影响程度。主要根据我国1992~2013年这些影响因素的相关数据，构建相关模型，计量研究这些因素对劳动者报酬比重的影响方向，判断这些因素对我国劳动者报酬比重的影响度，研究揭示各因素对劳动者报酬比重的影响规律，为进一步研究提高劳动者报酬比重的实现途径提供基础。

六、我国劳动者报酬比重低对经济和社会发展的影响

主要研究了改革开放以后，我国劳动者报酬比重低并且持续下降对我

国经济增长和社会稳定等方面产生的影响，主要研究我国劳动者报酬比重比较低且长期持续下降对我国居民消费的影响，通过实证研究劳动者报酬比重演变对我国经济增长、经济增长方式、人力资本投资、经济结构和收入差距拉大等的影响。通过实证研究提出提高劳动者报酬比重，能更好地转变经济增长方式，促进我国经济结构的转型升级，全面提高人力资本报酬比重，缩小收入差距，形成公平合理的国民收入初次分配制度，在经济新常态下实现经济的中高速增长。

七、我国劳动者报酬合理比重的理论构建

主要是创新和发展马克思的国民收入初次分配理论、劳动价值理论、按劳分配理论，提高我国劳动者最低收入，丰富和发展最低收入理论，使劳动者的最低收入能更好地体现劳动力价值，更好地体现劳动的贡献，能比较好地满足劳动者的市场和发展需要；创新按劳分配理论、创新生产要素按贡献分配理论、构建企业和职工的和谐发展理论，实现工资不侵蚀利润，利润也不侵蚀工资，实现利润与工资的和谐发展；创新劳资谈判理论，提高工会组织谈判人员的谈判素质和技能，提高劳动者报酬在国民收入初次分配中的比重；构建分享经济理论，构建中国特色的分享经济理论，让劳动者享受经济发展成果，全面提高劳动者报酬比重。

八、提高我国劳动者报酬比重的途径

根据影响我国劳动者报酬比重的因素，对劳动者报酬比重的合理判断及其提高劳动者报酬比重的影响，研究借鉴发达国家的经验，深入研究提高我国劳动者报酬比重的途径，使我国劳动者报酬比重提高到合理比重的范围，在促进经济增长的同时，构建和谐的"劳政关系"和"劳资关系"，让广大人民共享经济发展成果，进一步构建社会主义和谐社会，实现全面建成小康社会的目标，实现国强民富的中国梦，在经济新常态下确保经济中高速增长。

第三节 劳动者报酬合理比重的理论构建与实现途径的研究成果及创新

一、阶段性研究成果及创新

笔者全面系统地开展研究工作,取得了以下阶段性成果:《资本有机构成对劳动者报酬比重的影响》,发表于《理论与改革》,2014年第2期;《城镇化发展对我国劳动者报酬比重的影响》,发表于《改革与战略》,2015年第7期;《政府意愿能力对劳动者报酬比重的影响分析》,发表于《中国劳动》,2015年第14期;《工会组织能力和意愿对提高劳动者报酬比重的影响》,发表于《改革与战略》,2015年第7期;《提高劳动报酬比重的理论依据与实现路径》,发表于《中国集体经济》,2014年第27期;《提高劳动报酬在初次分配中比重的实现路径》,发表于《时代金融》,2013年第35期。这些研究成果比较系统地研究了资本有机构成和城镇化发展对劳动者报酬比重的影响,比较系统地研究了政府和工会组织的能力和意愿对劳动者报酬比重的影响及提高对策。其创新主要体现在两个方面:

1. 研究揭示了资本有机构成和城镇化发展促进劳动者报酬演变的"U"型规律

通过深入研究发现,我国经济发展促进了产业结构的优化,从"一、二、三"产业结构不断优化为"二、三、一"产业结构,经过产业结构的转型升级,正逐步开始向"三、二、一"产业结构优化,资本有机构成由不断提高向适度降低转化,与产业结构的调整和优化相适应,劳动者报酬比重呈现"U"型规律演变,由此提出必须通过提高劳动者报酬比重,加快产业结构的转型升级的对策建议。同时研究提出城镇化的发展能进一步地促进经济发展水平,优化产业结构,特别是加快现代服务业的发展,能更好地促进产业结构的转型升级,促进传统产业结构的转型和新兴产业的发展，增加企业利润空间，提高劳动者报酬比重，丰富和发展马克思主义政治经济学的资本有机构成理论、产业结构理论和新型城镇化理论。

2. 政府和工会组织的能力和意愿共同影响劳动者报酬比重的提高

通过深入研究发现，政府和工会组织的能力和意愿是影响劳动者报酬比重的重要因素。只有当政府和工会组织同时具有提高劳动者报酬比重的能力和意愿时，政府的生产税净额适度下移，降低企业营业盈余比重，才能提高劳动者报酬比重，由此提出了提高劳动者报酬比重必须进一步增强政府和工会组织提高劳动者报酬比重的能力和意愿的对策建议，更好地指导我国国民收入初次分配体制改革，深化工会体制改革，充分发挥政府和工会组织在提高劳动者报酬比重中的作用。

二、最终成果及创新

本书的主要成果及创新表现在：

1. 改革开放以来我国劳动者报酬比重的现状

从制度变迁在劳动者报酬比重演变中的作用出发，提出了改革开放后我国劳动者报酬变迁的制度安排经历了从"重积累轻分配"向提高劳动者报酬比重的制度创新，我国国民收入初次分配制度变迁的第二次历史飞跃形成了真正意义上的政府、企业和劳动者的分配格局，劳动者报酬比较低向逐步提高劳动者报酬比重变迁的三次变迁理论；研究提出了改革开放以来我国劳动者报酬比重变迁的特点，我国劳动者报酬比重变迁的意义是有力地推进了我国"二元经济"的转型，促进了我国经济的高速发展，提高了我国出口商品的国际竞争力。

2. 我国劳动者报酬比重的比较

通过我国劳动者报酬比重变迁的纵向比较，研究揭示了我国劳动者报酬比重的演变经历了先上升再长期持续下降再上升的演变过程，其变迁规律总体上与我国经济发展水平相一致，但也出现不平衡，区域间劳动者报酬比重差距大，一些经济发展水平比较低的地区劳动者报酬比重比较低，比较典型的案例是云南、吉林、贵州、甘肃和山西等；通过对我国部分省、市、区行业劳动者报酬比重的比较分析得出,我国第一产业劳动者报酬比重最高,第二产业劳动者报酬比重最低,第三产业劳动者报酬比重比较低,第二产业的工业特别是制造业、采矿业的劳动者报酬比重最低,第三产业中房地产业和金融业的劳动者报酬比重最低;不同地区的同一行业劳动者报酬比重也不同,如北京市的行业劳动者报酬比重比较高,吉林省、云南省的行业劳动者报酬比重比较低。通过与发达国家和发展中国家、经济转型国家劳动者报酬比重的国际比较,进一步说明我国劳动者报酬比重比较低,不仅低于发达国家,也低于大多数发展中国家和经济转型国家,我国劳动者报酬比重具有不合理、持续下降时间长、波动大的特点,实现了研究方法和比较结论的创新。

3. 我国劳动者报酬合理比重的价值判断

根据我国国民收入初次分配原则,结合国家"十三五"发展规划的发展理念,本书创新性地提出了判断我国劳动者报酬合理比重的原则是按劳分配原则、公平与效率并重原则、共享原则、经济增长原则。创新性地提出了判断我国劳动者报酬合理比重的标准是按劳分配标准,劳动者报酬比重与劳动者对经济增长的贡献比重一致,劳动者报酬比重既能促进经济增长,又能促进社会和谐的标准。通过计量分析,创造性地构建了我国劳动者报酬合理比重的判断模型,根据计量分析结果,对我国劳动者报酬比重进行判断,创新性地提出我国劳动者报酬比重比较低,与劳动者在经济增长中的贡献不一致,没有充分体现按劳分配原则,进一步得出我国劳动者报酬比重比较低且不合理,提出了我国劳动者报酬比重的合理区域,创新性地提出了应提高劳动者报酬比重及其合理区域,初次论述了经济新常态背景下我国劳动者报酬比重的发展趋势,更好地丰富和发展了国民收入初次分配理论,为政府提高劳动者报酬比重进行科学决策提供理论依据,实现了研究内容和研究方法的创新。

4. 影响我国劳动者报酬比重的因素

通过研究,创造性地提出了经济发展水平对劳动者报酬比重具有重要影响,其影响机制是,在经济转型的初期,随着产业结构的优化,特别是第二产业的发展,对资本需求的增加,必然形成"资本主导型"和"政府主导型"

的初次分配制度安排，劳动者报酬比重必然下降，随着科学技术的发展、产业结构的进一步优化，形成"三、二、一"产业结构，随着第三产业的发展，劳动者人力资本进一步提高，劳动者报酬比重逐步上升，劳动者报酬比重的变迁呈现出"U"型规律。创造性地研究了资本有机构成对劳动者报酬比重演变的影响机制是，随着产业结构的优化，资本有机构成由不断提高向适度降低转化，呈现倒"U"型变化规律，导致劳动者报酬比重的"U"型演变规律，创新和发展了马克思的资本有机构成理论。创造性地研究提出了劳动力供求关系对劳动者报酬比重的影响机制，实证研究提出劳动力供求平衡，劳动者报酬比重合理；劳动力供给大于需求，劳动者报酬比重比较低；劳动力供给小于需求，劳动者报酬比重比较高，并用我国劳动力供求状况对劳动者报酬比重进行经验验证，丰富和发展了马克思劳动力供求理论。创新研究了税收对劳动者报酬比重的影响机制，通过实证研究认为，随着生产税净额比重的提高，政府税收快速增长，从而"挤压"劳动者报酬比重，劳动者报酬比重必然下降；随着政府减税措施的实施，政府税收减少，生产税净额比重下降，劳动者报酬比重必然上升。并创新性地研究了税收对区域劳动者报酬比重的影响机制，提出应适当降低生产税净额比重，才能提高劳动者报酬比重，丰富和发展税收理论，指导我国国民收入初次分配制度改革。

5. 我国劳动者报酬比重影响因素的综合判断

从现有的研究成果看，我国学术界对劳动者报酬比重影响因素的研究一般是研究某一方面的影响，不能科学研究揭示劳动者报酬比重的影响因素，本书创新性地提出了影响我国劳动者报酬比重的影响因素包括经济增长、投资增长、城镇化水平、就业状况、生产税净额比重、企业营业盈余、工会力量、劳动者的人力资本、收入分配政策、制度变迁等因素。这些因素从不同方向综合影响劳动者报酬比重的演变方向和演变量，通过创新性地构建影响模型，实证研究了这些因素对劳动者报酬比重的影响方向和影响程度，并用我国 1992~2013 年的经验进行验证，与影响我国劳动者报酬比重的影响因素的现实情况一致，与学术界研究成果基本吻合，说明研究结果更科学，为提高我国劳动者报酬比重的途径提供计量分析基础，实现了研究方法和研究内容的创新，进一步丰富和发展了国民初次分配理论。

6. 我国劳动者报酬比重下降对经济发展的影响

通过实证研究，本书创新性地提出了改革开放后我国劳动者报酬比重低且持续下降，导致居民的消费不足，形成粗放型经济增长方式，人力资本报酬得不到真正体现，经济结构不合理，收入差距拉大等问题，影响和制约我国的经济发展，并实证研究了我国劳动者报酬低并且持续下降对经济发展和收入差距的影响度。因此，提高劳动者报酬比重，能促进经济增长方式转变，促进我国经济结构转型升级，进一步优化经济结构，提高劳动者的人力资本收益，进一步缩小收入差距，实现共享经济理念，构建公平合理的国民收入初次分配结构，进一步促进经济的稳定增长，全面构建社会主义和谐社会，全面建成小康社会，促进中国梦的实现，实现了研究内容和研究方法的创新。

7. 我国劳动者报酬合理比重的理论构建

通过研究，根据我国的所有制结构，我们认为要提高我国劳动者报酬比重，使劳动者报酬比重达到合理比重范围，主要构建和创新了马克思的国民收入初次分配理论、按劳分配理论、劳动价值理论，提高我国劳动者最低收入，劳动者的最低收入能更好地体现劳动力价值，能比较好地满足劳动者的市场和发展需要；构建和创新了生产要素理论，构建和创新了利润、劳动者和厂商的和谐发展，实现工资不侵蚀利润，利润也不侵蚀工资，实现利润与工资的和谐发展；构建和创新劳资谈判理论，提高工会组织的谈判能力，提高劳动者报酬比重；丰富和发展分享经济理论，构建中国特色的分享经济理论，让劳动者享受经济发展成果，全面提高劳动者报酬比重。

8. 提高我国劳动者报酬比重的途径

我国劳动者报酬比重比较低且持续下降，2011年后虽然有所提高，但是与发达国家和与我国国情相近国家的劳动者报酬比重比较，仍然比较低，不仅低于发达国家或与我国国情相近的国家，而且低于我国劳动者报酬合理比重。因此，根据我国劳动者报酬比重的影响因素、影响方向和影响程度，借鉴发达国家的经验，根据我国劳动者报酬合理比重判断的区域，进一步探讨在经济新常态下逐步提高我国劳动者报酬在国民收入初次分配中的比重的有效途径，实现劳动者报酬的合理比重，能更好地促进经济增长，构建和谐的"劳政关系"和"劳资关系",进一步构建社会主义和谐社会,实现全面建成小康社会的目标。实现了研究内容和研究方法的创新。

第四节 劳动者报酬合理比重的理论构建与实现途径研究的价值和意义

(1) 劳动者报酬合理比重的理论构建与实现途径研究,能够开阔分配理论研究的新视野,促进马克思主义政治经济学的创新。通过研究影响劳动者报酬合理比重低的因素能够丰富马克思主义政治经济学的资本有机构成理论、新型城镇化发展理论、按劳分配理论、劳动力供求理论和国民收入初次分配理论、经济发展战略理论和分享经济理论。

(2) 结合我国改革开放以后劳动者报酬比重低的现状和影响因素,通过对劳动者报酬合理比重的判断和理论构建,能丰富和发展中国特色的政治经济学。

(3) 通过对提高劳动者报酬比重的途径研究,形成相关理论,对构建社会主义和谐社会,指导国民收入初次分配体制改革,全面建成小康社会、实现中国梦,为党和政府进行科学决策提供政策依据。

第五节 劳动者报酬合理比重的理论构建与实现途径研究的研究方法和技术路线

一、研究方法

1. 本书主要采用实证分析方法

主要利用现有国内外统计资料、利用我国地区生产总值收入法构成项目、行业劳动者报酬比重的相关资料和调查资料,分析和构建相关模型分析我国劳动者报酬比重下降的影响因素，构建劳动者报酬合理比重的模型，对我国劳动者报酬合理比重进行科学判断，构建相关理论，提出提高途径。采用访谈法对我国东部、中部和西部地区的劳动者报酬比重比较高、中等水平和比较低的北京、湖南、海南、上海、安徽、山西、吉林、重庆、甘肃和云南的第一产业的农业、林业、畜牧业、渔业，第二产业的建筑业、采矿业、制造业、电力等行业的相关企业，第三产业的商品批发企业、商品零售企业、交通运输企业、物流管理企业、邮政企业、住宿企业、餐饮业、信息传输企业、软件制作企业、信息技术服务业、银行保险和证券业、房地产企业、租赁和商务服务业、科学研究技术服务业、高等学校、中等职业学校、医院等不同行业的100多个企业劳动者报酬比重的现状、提高劳动者报酬对企业经济增长的影响、对劳动者报酬比重的合理性进行判断、影响行业和企业劳动者报酬比重的影响因素、进一步提高劳动者报酬比重的有效途径等方面对企业、政府组织和劳动者进行了调查研究。印制1000份调查问卷，收回了640份，采用抽样分析法分别从企业和地区两个不同的视角对我国不同行业企业和不同地区劳动者报酬的比重、影响劳动者报酬比重的因素、提高劳动者报酬比重对企业和地区的影响、劳动者报酬合理比重的判断标准和提高劳动者报酬比重的途径等方面进行调查，调查了320家企业，其中农业企业56个、林业企业22个、畜牧业企业46个、渔业企业12个、工业企业54个、采矿业6个、制造业22个、电力企业6个、建筑业18个、交通运输企业10个、邮政企业9个、计算机软件企业24个、批发零售业25个、住宿和餐饮业10个。调查了65家垄断企业、255家非垄断企业，其中东部地区调查了36家企业、中部地区调查了70家企业、西部地区调查了180家企业、边疆民族地区调查了34家企业。从企业的所有制性质看，主要调查了国有企业51个、集体所有制企业34个、外资企业54个、私营企业163个、合资企业18个。通过SPSS软件进行统计分析，调查问卷的可信度比较高。

2. 规范研究法

清理本书的基本概念、基本理论和基本原则。

3. 比较研究的方法

主要是通过与发达国家、发展中国家和经济转型国家劳动者报酬的比较研究，探索我国劳动者报酬合理比重和提高途径。主要通过我国劳动者报酬比重的纵向比较，研究分析我国劳动者报酬比重的演变及意义；并通过我国区域劳动者报酬比重和部分省、市、区行业劳动者报酬比重的比较研究，进一步研究揭示劳动者报酬比重演变的规律和企业劳动者报酬比重差异；通过比较分析经济新常态条件下我国劳动者报酬比重的演变，研究分析我国劳动者报酬比重的演变趋势。

二、技术路线

（1）应用现有资料和制度变迁理论分析改革开放以来我国劳动者报酬比重的现状，综合分析影响劳动者报酬比重下降的影响因素；

（2）根据按劳分配理论、生产要素按贡献分配理论和构建社会主义和谐社会理论、全面建成小康社会理论和实现中国梦相关理论，建立相应模型对我国劳动者报酬合理比重进行科学判断，进一步探讨经济新常态条件下我国劳动者报酬变迁趋势；

（3）根据劳动者报酬比重的影响因素和我国劳动者报酬合理比重的判断，构建我国劳动者报酬合理比重的理论，进一步提出提高我国劳动者报酬合理比重的实现途径。

第二章 改革开放以来我国劳动者报酬比重的现状

从制度变迁在劳动者报酬比重演变中的作用出发,提出了改革开放后我国劳动者报酬变迁的制度安排经历了从"重积累轻分配"向提高劳动者报酬在国民收入初次分配中比重的制度创新,我国国民收入初次分配制度的第二次变迁形成了真正意义上的以政府、企业和劳动者为主体的分配格局,劳动者报酬比重比较低向逐步提高劳动者报酬比重变迁的三次变迁理论;研究提出了改革开放以来我国劳动者报酬比重变迁的特点和意义,通过劳动者报酬比重的变迁有力地推进了我国"二元经济"的转型,促进了我国经济的高速发展,提高了我国出口商品的国际竞争力。

第一节 改革开放以来我国劳动者报酬比重的变迁

我国国民收入的初次分配是指国民收入通过按劳分配和按生产要素贡献分配后,形成劳动者报酬、生产税净额、固定资产折旧和营业盈余,其中政府收入主要是以税收形式形成的收入,即生产税净额,资本收入或企业收入是扣除生产税净额和劳动者报酬之后,主要包括固定资产折旧和营业盈余两部分,劳动者收入即劳动者报酬,主要是指劳动力所有者通过劳动贡献所获得的收入,包括劳动者获得的货币工资、实物报酬和社会保险三部分。在国民收入总量一定的情况下,政府收入、资本收入和劳动者报酬三者之间是此消彼长的关系，各利益主体在国民收入初次分配中比重的制度安排主要取决于国家和地区经济发展战略的制度安排。

一、制度变迁在劳动者报酬比重演变中的作用

制度就是依靠某种禁止不可预见行为和机会主义行为的规则。劳动者报酬比重的变迁必须有相应的制度安排，从理论上看，劳动者报酬比重的变迁是一个复杂的演化系统，在这个复杂的演化系统中，必然要求处理好政府、资本所有者和劳动者的利益和关系，处理好积累和消费的关系，处理好经济效率与公平的关系，才能发挥国民收入初次分配的功能，它的效能依赖于各种规则，"规则限制着人们可能采取的机会主义行为，制度保护个人的自由领域，帮助人们避免或缓和冲突，增进劳动和知识的分工，并因此而促进繁荣"①，能够"减少协调人类活动的成本"②。在国民收入初次分配相关利益主体的收入比重变迁中，制度的作用和功能主要表现在以下几个方面：

（一）协调功能

在国民收入初次分配中，制度的首要功能就是使复杂的不同利益主体的不同关系变得更容易理解和更可预见，从而使不同利益主体之间的协调更可预见。这是因为"制度是一系列被制定出来的规则、守法程序和行为的道德伦理规范，它旨在约束追求主体福利或效用最大化利益的个人行为"，③ 在国民收入初次分配中，必然存在着不同的利益主体，如中央政府、地方政府、企业、劳动者等不同组织和个人。政府、资本所有者和劳动者在国民收入初次分配中的地位和获得的收入比重不同，其作用和获得的收入比重取决于他们在博弈过程中的力量对比。一般来说，中央政府在博弈过程中，处于绝对有利地位，因为中央政府是政策的制定者，政策能

---

① ［德］柯武刚、史漫飞：《制度经济学》，商务印书馆2000年版，第1页。
② ［德］柯武刚、史漫飞：《制度经济学》，商务印书馆2000年版，第4页。
③ 诺斯：《经济史中的结构与变迁》，上海三联书店1991年版，第10页。

力、财政能力和权利能力都最强,如果没有相应的制度安排,必然导致政府的生产税净额比重最高或者达到最大化,地方政府虽然没有中央政府的政策能力、财政能力和权利能力强,但仍然有比较强的政策能力、财政能力和权利能力,如果没有相应的制度安排,在国民收入初次分配中仍然可以获得更多的利益。企业或资本所有者会利用资本不足和劳动力过剩的比较优势,提高资本报酬比重,降低劳动者报酬比重,保证资本报酬在国民收入初次分配中比重较高的地位。同时政府为了加快经济发展,必然制定资本倾斜的制度安排,因此劳动者报酬比重的发展趋势必然不断下降,即使中央政府提出要提高劳动者报酬的比重,由于地方政府的作用,提高劳动者报酬比重的意愿也不可能落到实处。因为地方政府在博弈过程中,同样处于绝对有利地位,它们的政策能力虽然没有中央政府强,但是政策能力和财政能力处于直接有利地位,它们控制更多的公共产品,为了加快地区经济增长,必然制定向政府和企业倾斜的制度,进一步加大投资力度,劳动者在国民收入初次分配中处于更不利的地位,这是劳动者报酬比重低的直接根源。而工会组织是由党组织组织工会成员选举产生,由党组织组织考核,经费大部分由企业划拨,因此不能完全代表劳动者的利益。劳动者处于最弱势,并且比较分散,很难形成统一的力量与企业谈判提高劳动者报酬比重,更不能代表自己的利益。因此,必须制定有利于提高劳动者报酬比重的制度安排,才能协调政府、资本所有者和劳动者不同利益集团的利益和相互关系,提高劳动者报酬比重。

(二) 维护不同利益主体的权利

在国民收入的初次分配中,制度的第二个功能是保护各个利益主体的自主权利,使其免受外部的不恰当干预。在国民收入初次分配中,政府、企业组织和劳动者组织为了维护各自的利益,体现自己的意志,必然有自己的自主权利。在社会主义市场经济条件下,必须充分发挥市场经济体制在初次分配中的决定作用,又要充分发挥政府在国民收入初次分配中的制度保障作用,科学规范政府、资本所有者和代表劳动者利益的组织——工会组织的自主权利,必须通过制度安排规范各自的权利,才能维护不同利益主体的权利,而且这些制度安排必须实现三者权利的均衡,才能维护各自的利益,实现政府的生产税收净额、企业的固定资产折旧与营业盈余和劳动者报酬保持合理比重。如果这些制度安排不能实现三者权利的均衡,在博弈过程中,力量强的一方收入比重高,力量弱的一方收入比重必然下降。

在这个过程中,政府、资本所有者、劳动者组织都必然需要相应的权力来"保护各个自主领域使其免受外部的不恰当干预"①,从对我国劳动者报酬比重的调查可以看出,我国劳动者报酬比重比较低,一个重要的原因就是,劳动者利益和权利的组织代表——工会组织的力量比较弱,在劳动者报酬比重的谈判过程中没有或很少有话语权。同时用制度来保护自己的权利并不是无边界的,也需要相应的权力来约束。这是因为在国民收入初次分配中,各利益主体在追求自己的目标和利益时,常常会影响其他利益主体的追求。因此,只有当制度既能保护又能限制各个利益主体的追求和行为时,才能提高劳动者的报酬比重。

(三) 防止和化解冲突构建和谐社会的功能

制度的第三个功能是有助于防止缓解政府、资本所有者、劳动者之间和不同利益群体之间的冲突,构建社会主义和谐社会。在社会主义市场经济条件下,政府、企业和劳动者之间的利益总体来说是一致的,但地方政府、资本所有者、劳动者之间难免发生冲突,当地方政府追求效用最大化目标时,其路径是选择提高经济效益而非社会效益,必然会发生地方政府、资本所有者与利用资源的矛盾和冲突,必然发生地方政府、资本所有者与劳动者的矛盾和冲突。这些矛盾和冲突有些是破坏性的,必然要使不同利益主体的行动自由受到最佳约束,避免破坏性冲突的发生。制度和行为规则可以通过划定自主行动的范围,起到防止和化解冲突构建和谐社会的功能。一方面,可以通过限制不同利益集团的任意行为和降低冲突可能性的规则,预防冲突的发生。如可以通过科学的制度安排,规定政府收入、资本收入和劳动者报酬的比重并保证实施;可以制定最低收入并保证

---

① [德] 柯武刚、史漫飞:《制度经济学》,商务印书馆2000年版,第144页。

实施，提高劳动者报酬的比重；也可以把劳动者报酬比重控制在合理的范围内，促进经济的发展；可以通过制度安排，把生产税净额控制在合理范围内，既促进经济发展，又提高劳动者报酬的比重。通过规定一些行为规则，可以明确界定不实施的成本和认真实施的收益，从而防止冲突的发生，构建社会主义和谐企业。另一方面，当冲突已经发生，制度就会被用来以先前规定好的规则来裁决和解决方式化解冲突，构建社会主义和谐社会。如在对劳动者报酬比重低对社会影响的调查中发现，在国民收入初次分配的实践中，资本所有者和劳动者经常发生利益冲突，工会作为代表劳动者利益的群众性组织，理所当然是劳动者利益的代理人。同时，在社会主义社会，政府是中国最广大人民利益的忠实代表，代表着最广大人民的根本利益，体现全国最广大人民的根本意志。从理想状态上说，政府、企业和劳动者三者利益是统一的或基本一致的，但现实是，政府、企业和劳动者三者利益之间常常发生冲突和矛盾，特别是企业和劳动者之间的利益和矛盾比较突出。防止和解决这些矛盾，必须建立和健全相关制度，科学界定劳动者报酬的合理比重，构建社会主义和谐社会。

二、改革开放后我国劳动者报酬变迁的制度安排

我国劳动者报酬比重的一个突出问题是制度供给与需求之间的不均衡或不对称，这种不对称主要表现在两个方面。一方面是初次分配制度供给小于制度需求。社会主义市场经济条件下提高劳动者报酬比重的价值导向必然要求党和政府制定和完善与之相适应的国民收入初次分配制度，才能保证提高劳动者报酬比重，使劳动者报酬比重更加合理。但从调查中发现，我国国民收入初次分配的制度供给都比较滞后，具体表现为劳动者报酬比重低，最低收入落实不到位、没有建立健全劳动报酬谈判制度。另一方面是现有的制度安排是一种向"政府和资方"倾斜的制度安排，不利于提高劳动者报酬的比重。主要表现在：

（一）"重积累轻分配"向提高劳动者报酬比重的制度创新

"三大改造"完成时，我国选择了计划经济体制，为改变我国经济社

会发展落后的现状，我国选择了"赶超发展战略"，体现为"重积累、轻消费"，在国民收入初次分配中选择了劳动者报酬比重比较低的制度安排，个人消费品的分配实行按劳分配制度，但在实践中主要实行"统一分配"的制度安排，在农村实行"工分制"为代表的平均主义分配制度，在城市实行以"八级工资"为代表的平均主义分配制度，劳动者报酬比重比较低且长期不变，这种分配制度的安排充分体现了"计划化、集权化和二元化的分配制度的特征"①，体现了服从服务与"赶超发展战略"的特征。这种分配制度安排能更好地提高积累率，集中资金加快经济发展，实现"赶超"发展战略。但这种计划经济体制下的"赶超发展战略"条件下的分配制度安排必然形成重积累、轻消费，企业利润全部上缴国家，企业没有任何自主权，劳动者报酬比较低，并且长期不变，在没有实现"全社会利益一体化，社会人是道德人，能很好地解决激励问题"②的前提下，缺乏有效的激励是"赶超发展战略"条件下分配制度安排无法克服的制度障碍，虽然在短期内在一定程度上实现了经济"赶超"，但这是以牺牲平衡发展和降低劳动者报酬比重为代价的，因而经济发展效率低，劳动者的生产积极性、主动性和创造性没有有效发挥。为了更好地调动企业和劳动者的积极性、主动性和创造性，改变低效率的国民收入初次分配制度，促进我国经济发展，自1978年改革开放到党的十四大，我国创新了提高劳动者报酬比重的制度安排，首先创新了农村国民收入初次分配制度，实行"交够国家的，留足集体的，剩下都是自己的"的制度安排，真正贯彻了按劳分配制度，形成有利于提高劳动者报酬比重的分配制度，农村劳动者报酬比重迅速提高；在城市经济体制改革中不断创新企业改革的制度安排，实行自下而上和自上而下的制度创新，不断下放企业决定工资的自主权，充分调动地方和企业的积极性，必然形成提高劳动者报酬比重的制度安排，在企业内部根据劳动者的贡献拉大工资差距，拉开档次；使劳动者的工资同本人的职称、职务、行业特点和劳动效果密切联系起来，形成了有利于克服

---

① 李萍、陈志舟：《对转型时期中国民收入分配制度变迁的经验分析》，《福建论坛》（经济社科版）2001年第8期，第8页。

② 刘丁：《制度变迁与收入分配》，《社会科学辑刊》2001年第3期，第62页。

平均主义，有利于调动地方、企业和劳动者的生产积极性，全面提高劳动者报酬比重的新制度安排。党的十三大明确提出了"社会主义初级阶段的分配方式不可能是单一的。我们必须坚持的原则是以按劳分配为主体，其他分配方式为补充"的分配制度，突破了单一的按劳分配方式，其他合法的非劳动收入，包括劳动者的个体经营收入、按资收入、按劳动力商品价值收入、承包经营收入等受到法律的允许和保护。党的十四大创造性地提出了以按劳分配为主体，其他分配方式为补充的分配制度。

党的十三届三中全会后，以按劳分配为主体，多种分配方式并存的收入分配制度创新，一方面是由于"重积累、轻消费"制度不利于提高劳动者报酬比重和调动劳动者的积极性，不仅不能促进经济增长，而且还严重制约经济增长，收入分配的效率十分低下；另一方面是以按劳分配为主体、多种分配形式并存的分配制度有利于提高劳动者报酬比重和适度增加资本报酬比重，比较好地调动资本、土地等生产要素的积极性，促进我国经济的高速发展。这是由以按劳分配为主体、多种分配形式并存的分配制度的积极效应决定的。第一，以按劳分配为主体、多种分配形式并存的制度安排比单一的按劳分配制度激励功能更强。其可以通过市场优化劳动力资源配置，根据劳动力供求状况，提高劳动者报酬比重，优化劳动资源配置，增加劳动者的人力资本。在公有制企业，按劳分配能进一步优化劳动资源配置，进一步通过利益激励功能激发劳动者的劳动能力，多种分配制度的制度创新，从收入分配视角上承认了资本、土地、知识等生产要素获取报酬的合法性，进一步调动各种生产要素的积极性，初步形成政府、企业和劳动者组成的国民收入初次分配的三个利益主体。第二，多种分配制度具有利益制约功能。一方面以按劳分配为主体、多种分配形式并存的制度创新为政府、企业和劳动者实现各自分配比重的最大化提供制度保障；另一方面为了更好地促进经济增长，又能对政府、企业和劳动者的利益比重给予制度约束，避免一方的收入比重增加导致其他主体收入比重降低，形成国民收入初次分配主体的利益制衡关系，实现政府、企业和劳动者利益的均衡。第三，以按劳分配为主体、多种分配形式并存的分配制度创新进一步降低信息成本。以按劳分配为主体、多种分配形式并存的制度创新，能根据市场价格的灵敏度调节各自的收益比重,从而降低了国民收入初次分配交易过程中的信息搜寻费用、谈判费用等成本,从整体上降低了信息成本。

从平均主义的国民收入初次分配制度安排到按劳分配的国民收入初次分配制度安排再到以按劳分配为主、多种分配形式并存的国民收入初次分配制度创新,在我国形成了新的国民收入初次分配的格局,国民收入初次分配分为劳动者报酬、企业收入、资本和财产收入与政府的生产税净额。

(二)国民收入初次分配制度的第二次变迁形成了真正意义的政府、企业和劳动者的分配格局

党的十四届三中全会进一步创新了我国的收入分配制度,主要体现在两个方面:一是提出个人收入分配要体现效率优先、兼顾公平的原则,劳动者报酬比重和其他生产要素收入比重主要由市场决定,为国民收入初次分配市场化决定提供了新的制度安排。二是初次提出"国家依法保护法人和居民的一切合法收入和财产,鼓励城乡居民储蓄和投资,允许属于个人的资本等生产要素参与分配"。党的十五大报告进一步创新了我国国民收入初次分配制度,主要包括两个方面:一是第一次提出我国国民收入初次分配制度要"把按劳分配和按生产要素分配结合起来"。二是提出"允许和鼓励资本、土地、技术和管理等生产要素参与分配"。1999年宪法修正案进一步确认了我国的收入分配制度,"从根本上确立了我国个人分配制度"[1]。党的十六大报告明确提出"确立劳动、资本、技术、管理、知识等生产要素按贡献参与分配的原则,进一步创新了以按劳分配为主体、多种分配方式并存的分配制度"。在公平和效率的关系上,"初次分配注重效率,发挥市场的作用,鼓励一部分人、一部分地区通过诚实劳动、合法经营先富起来。再分配注重公平,加强政府对收入分配的调节职能,调节差距过大的收入"[2]。

十六大报告在国民收入初次分配理论方面的重大创新,真正形成了政

---

[1] 黄泰严:《个人收入分配制度的突破与重构》,《经济纵横》1998年第11期,第24页。
[2] 江泽民:《全面建设小康社会 开创中国特色社会主义事业新局面》,《中共第十六次全国代表大会文件汇编》人民出版社2002年版,第27页。

府、企业和劳动者共同组成的国民收入初次分配主体。其创新主要表现在：在不同的收入分配体制下，由于国民收入初次分配主体分配比重的大小与收入分配体制具有内在关联性，必然形成不同的收入分配运行机制和表现出各利益主体对初次分配比重最大化的追求。在社会主义市场经济体制下，必然要发挥市场在政府、企业和劳动者分配中的决定作用，市场通过价值规律、竞争规律和供求规律在生产要素的优化配置中发挥决定作用，决定生产要素的报酬比重，即劳动、资本、土地等生产要素的报酬比重由市场决定，受市场需求状况的影响，生产要素的报酬由生产要素市场中供求相等时的要素价格决定，是由按劳分配和生产要素在经济增长中的贡献决定的。在我国国民收入初次分配中，劳动者报酬、政府的生产税净额、企业的固定资产折旧和营业盈余的比重是由市场决定的，应根据政府的需求、劳动和资本在国民收入创造中的贡献决定，受资本、劳动供求关系的影响，在国民收入初次分配中，必须"把按劳分配与生产要素按贡献分配相结合"。党的十六大提出的"按劳分配和生产要素按贡献分配"的分配制度更好地发挥了市场在初次分配中的决定作用，"利用生产要素的市场价格来传递信息，从而有利于降低信息成本，能提高信息的有效利用；同时对经济人理性地参与经济活动具有强有力的激励作用"①。因此，按劳分配和生产要素按贡献分配相结合的收入分配制度是一种更有效率的初次分配制度，能根据市场状况进行国民收入初次分配，从效率的角度比较好地确定生产税净额、劳动者报酬、固定资产折旧和营业盈余的比重。

（三）由劳动者报酬比较低向逐步提高劳动者报酬比重变迁

党的十七大报告根据我国劳动者报酬比较低且持续下降，劳动者报酬比重不合理的现状，提出了要提高劳动者报酬在国民收入初次分配中比重的制度创新后，我国进入经济新常态，消费需求对经济增长的贡献逐步增加，政府的生产税净额比重逐步下降，企业的营业盈余比重逐步下降，2008~2015年，我国劳动者报酬比重缓慢上升。

---

① 张维迎：《博弈论与信息经济学》，上海三联书店1999年版，第284页。

三、我国劳动者报酬比重的演变

随着我国国民收入初次分配制度的变迁，我国劳动者报酬比重发生了重要变迁，如表2-1所示。

表2-1　1978~2015年我国劳动者、政府和企业初次分配比重

单位：%

年份	劳动者	政府	企业	年份	劳动者	政府	企业
1978	49.64	12.85	37.51	1997	51.03	16.20	32.77
1979	51.45	12.87	35.68	1998	50.83	14.20	34.90
1980	51.18	12.13	36.69	1999	49.97	15.93	34.10
1981	52.71	11.90	35.39	2000	48.71	16.79	34.50
1982	53.58	11.03	35.39	2001	48.23	16.27	35.50
1983	53.54	11.59	34.87	2002	47.75	17.15	35.10
1984	53.68	11.98	34.34	2003	46.16	17.74	36.10
1985	52.74	12.05	35.21	2004	41.55	14.05	44.40
1986	52.82	12.51	34.67	2005	41.33	14.17	44.50
1987	52.02	12.50	35.48	2006	40.61	14.49	44.90
1988	51.69	13.06	35.25	2007	39.74	14.16	46.10
1989	51.55	13.29	35.16	2008	47.99	16.10	35.91
1990	53.31	13.08	33.61	2009	46.62	15.20	38.18
1991	52.20	13.30	34.60	2010	45.01	15.20	39.79
1992	50.04	15.50	34.46	2011	44.94	15.60	39.46
1993	49.49	16.80	33.71	2012	45.60	15.90	38.50
1994	50.35	16.30	33.35	2013	45.90	15.90	38.20
1995	51.44	12.26	36.30	2014	46.50	15.60	38.80
1996	51.21	15.50	33.29	2015	47.90	14.90	37.20

资料来源：2000年以前数据转引自白重恩、钱震杰：《国民收入的要素分配：统计数据背后的故事》，《经济研究》2009年第3期，第29页；2000年以后数据根据历年《中国统计年鉴》自行测算。

从表 2-1 可以看出，随着我国国民收入初次分配结构的变迁，劳动者报酬比重的演变经过以下五个阶段：

第一阶段是 1978~1991 年。总的来说，这一阶段是我国劳动者报酬比重经过小幅提高后基本稳定的阶段。劳动者报酬比重由 1978 年的 49.64% 提高到 1984 年的 53.68%，达到改革开放后我国劳动者报酬比重的最高点。1985 年后略有下降，但基本保持在 51% 以上，年均达到 52.29%，是改革开放后我国劳动者报酬比重最高的时期，同时也是我国生产税净额最低的时期，年均生产税净额比重是 12.44%。同时也是企业收入比较低的时期，企业的固定资产折旧与营业盈余之和是 35.28%。主要是因为改革开放后我国经济发展的战略目标由"重积累轻消费"的"赶超型发展战略"转向逐步提高人民生活水平的"三步走的发展战略"，在国民收入初次分配中形成了有利于提高劳动者报酬比重的制度安排，主要是在农村实行家庭联产承包制，同时由于农业的资本有机构成比重高，劳动者报酬比重也比较高，1984 年我国劳动者报酬比重达到最高的 53.68%。1984 年我国开始进行城市经济体制改革，促进了第二产业的发展，进一步调动了企业职工的积极性，企业职工的收入逐步提高，劳动者报酬比重比较高，保持在 51.55%~53.31%，劳动者报酬比重比较合理。

第二阶段是 1992~1998 年。这一时期的劳动者报酬比重处于一个比较平稳的阶段。这一阶段我国劳动者报酬比重虽然略有下降，但比较平稳。除 1993 年下降到 49.49% 外，都保持在 50% 以上，年均劳动者报酬比重是 50.63%，波动性比较小。虽然政府的生产税净额波动比较大，最高时达到 16.8%，最低时只有 12.26%，但企业的固定资产折旧与营业盈余比重基本稳定，最高时达到 36.30%，最低时是 33.35%，年均 33.84%，波动性不大。主要是由于 1992 年我国开始建立社会主义市场经济体制，我国"二元经济"的转型，第二产业发展比较快，因此劳动者报酬比重逐步下降。由于坚持以按劳分配为主体、多种分配形式并存的分配制度安排，劳动者报酬比重比较稳定。

第三阶段是 1999~2007 年。这一阶段是我国劳动者报酬比重急剧下降的阶段，从 1999 年的 49.97% 开始迅速下降到 2007 年的 39.74%，特别是

2003~2004年仅一年的时间就下降了4.61个百分点,这一阶段的年均劳动者报酬比重是44.89%,也是我国劳动者报酬比重最低的时期。主要是因为中央政府和地方政府选择依靠投资拉动经济增长,走"又快又好地发展"路径的影响,生产税净额比重提高,最高时达到17.74%,年均达到15.64%。同时由于我国加快"二元经济"转型,大量农村剩余劳动力转移到城市,劳动力供大于求,劳动力成本降低,企业的固定资产折旧与营业盈余比重迅速提高,最高时是2007年,达到46.10%,年均达到39.47%,出现了政府的生产税净额比重高、企业收益高、劳动者报酬比重低的"两高一低"的国民收入初次分配结构,劳动者报酬比重低且持续下降,2007年下降到最低点。

第四阶段是2008~2011年。我国劳动者报酬比重低,收入差距扩大,社会矛盾增多,引起了党和政府的高度重视,2007年党的十七大报告提出要提高劳动者报酬在国民收入初次分配中的比重,提高劳动者报酬比重的相关政策得到了贯彻落实,所以劳动者报酬比重逐步得到提高,由2007年的39.74%提高到2011年的44.94%,最高的是2008年的47.99%,但这一阶段的波动性比较大,政府的生产税净额和企业收益的波动性都比较大。

第五阶段是2012年至今。我国经济进入新常态,经济增长速度由高速增长转变为中高速增长,经济增长主要依靠消费拉动,经济增长的动力主要是创新,提高劳动者报酬比重成为经济发展的必然趋势,因此政府的生产税额基本稳定并有所下降,企业的固定资产折旧与营业盈余比重稳中有降,因此劳动者报酬比重逐步提高,由2012年的45.60%逐步提高到2013年的45.90%,进一步提高到2014年的46.50%、2015年的47.90%,并且波动性比较小。

总之,1978~2015年,我国劳动者报酬比重经过了上升—持续下降—再逐步上升的变迁过程,但总的来说比较低。

从我们对我国企业劳动者报酬在初次分配中的比重的调查中可以看出,劳动者报酬比重比较低,如表2-2所示。

表 2-2　劳动者报酬比重占初次分配的比重　　　单位：%

60%以上	50%以上	40%以上	30%以上	20%以上
12.8	21.6	38.15	16.3	11.3

从表 2-2 可以看出，劳动者报酬比重占 60% 以上的企业占 12.80%，主要是农、林、牧、渔业，50% 以上的企业占 21.60%，主要是建筑业等行业，30% 以上的企业占 16.30%，主要是房地产业、电力企业等，有 38.15% 的企业劳动者报酬比重在 40% 以上，进一步说明我国企业特别是民营企业的劳动者报酬比重比较低。

从访谈调查中进一步看出，2012 年山西的房地产行业的劳动者报酬比重只占 15%，一部分民营企业只占 10% 以下，吉林省采矿业的劳动者报酬比重占初次分配的比重是 18%，一部分民营企业的劳动者报酬比重只占 10%，云南省曲靖市是云南省工业大市，制造业的劳动者报酬比重只占 20.3%，电力企业的劳动者报酬比重只占 19.8%，房地产业的劳动者报酬比重占初次分配的比重是 9.3%，一部分煤炭民营企业的劳动者报酬比重只占 9% 左右，劳动者报酬比重更低。

改革开放后，我国劳动者报酬比重低、持续下降时间长、波动性大，其主要原因是向"政府和企业"倾斜的制度安排导致的，我国的国民收入初次分配制度变迁不利于提高劳动者报酬比重，劳动者报酬比重必然下降，制度安排对劳动者报酬比重的影响很大，问卷调查进一步说明，制度变迁对劳动者报酬比重具有十分重要的影响，如表 2-3 所示。

表 2-3　制度变迁对劳动者报酬比重的影响　　　单位：%

非常大	比较大	大	没有影响
36.9	28.8	30.3	4

从表 2-3 可以看出，制度变迁对我国劳动者报酬比重有比较大的影响，有 36.9% 的企业、政府工作人员、劳动者都认为制度变迁对劳动者报酬比重影响非常大，28.8% 的人认为影响比较大，30.3% 的人认为影响大，

认为影响大及以上的人占96.0%，只有4.0%的人认为没有影响，进一步说明制度变迁对劳动者报酬比重具有十分重要的影响。

第二节　改革开放以来我国劳动者报酬比重变迁的特点

一、劳动者报酬比重的制度变迁与所有制结构的变迁同步

劳动者报酬比重的大小，是国民收入初次分配的结果，社会分配制度是社会经济体制的重要组成部分，受经济体制制约，是由生产资料所有制决定的，因此，劳动者报酬比重的变迁是由我国的所有制结构决定的。1978年改革开放时，我国的所有制结构是由全民所有制和集体所有制构成的单一的公有制结构，在工农业生产总值中，国有经济占80.2%，集体经济占19.1%；在商品零售总额中，国有经济占90.2%，集体经济占9.69%，个体经济仅占0.11%。与当时的所有制结构相适应，劳动者报酬比重完全由中央政府控制，为了实现"赶超发展战略"，劳动者报酬比重比较低。党的十一届三中全会后，党和国家不断创新我国的所有制结构，在《关于建国以来党的若干历史问题的决议》中，首次提出"补充论"，即全民所有制和集体所有制经济是我国基本的经济形式，一定范围的个体经济是我国公有制经济的必要的、有益的补充。党的十二大报告在坚持公有制经济主导地位的前提下，大力发展个体经济等多种经济形式。党的十二届三中全会提出"坚持发展多种经济形式和多种经营方式"，包括发展个体经济和外资经济。党的十二届六中全会提出"要在公有制为主体的前提下发展多种经济成分"，党的十三大提出私营经济、中外合资合作企业和外商独资企业等非公有制经济，是公有制必要的和有益的补充。党的十四大进一步提出"以公有制包括全民所有制和集体所有制经济为主体，个体经济、私营经济、外资经济为补充，多种经济成分长期共同发展，不同经济成分还可以自愿

实行多种形式的联合经营"。党的十四届三中全会提出"坚持以公有制为主体、多种经济成分共同发展的方针",党的十五大则把"公有制为主体、多种所有制经济共同发展",作为社会主义初级阶段的基本经济制度。党的十六届三中全会提出了大力发展混合所有制、建立现代产权制度和使股份制成为公有制的主要实现形式等,形成了以公有制为主体,多种所有制形式共同发展的混合所有制结构。与我国的所有制结构相适应,形成了以按劳分配决定初次分配比重和以市场决定劳动者报酬比重的经济体制和经济运行机制,劳动者报酬比重由公有制决定,由市场调剂。

二、以强制性变迁为主的国民收入初次分配制度变迁模式

在国民收入初次分配制度变迁的过程中,必然存在政府、不同所有制企业和劳动者三个不同利益主体,三个利益主体只是追求利益的形态、内容不同,但都是经济人。他们在追求自己利益最大化的过程中,不断创新分配制度。从中国向社会主义市场经济的变迁过程看,农村家庭责任制中的"交够国家的,留足集体的,剩下都是自己的"的劳动者报酬比重分配制度最初表现为明显的诱致性变迁,是由农民自发创新的,外资企业、个体经济和私营经济的分配比例除了上缴国家税收外,主要由企业根据市场供求关系和生产要素创新劳动者报酬比例。但在国有企业和集体所有制企业中,政府、企业和劳动者报酬的比重,自始至终以国家的强制性变迁为主。"国企利润分配制度变迁由政府推动。"① 如 1978~1982 年,我国国有企业实行企业基金制和利润留成制,国务院明确规定企业利润留成和上缴国家比例分别为 40% 和 60%,同时规定企业利润留成中不得少于 60% 用于扩大再生产,职工的奖金和福利不得超过 40%。自 1984 年 10 月 1 日起实行完全的利改税制度,1987~2006 年,国企可以自主处理税后利润,2007 年以后的国企改革,都是由中央政府主导的。总之,国有企业迄今为止的分配制度创新,尽管地方政府、企业及劳动者等主体在不同阶段进行了一

---

① 朱珍:《企财政分配关系的 60 年嬗变:制度变迁与宪政框架构建》,《地方财政研究》2010 年第 3 期,第 69 页。

定的创新，但中央政府自始至终是创新的主角，一直都是由中央政府主导，始终决定和影响各自的分配比例和分配方向。

三、由政府决定劳动者报酬比重向市场决定劳动者报酬比重变迁

1978年党的十届三中全会后，在农村开始实行"交够国家的，留足集体的，剩下都是自己的"的家庭联产承包责任制改革，把农业劳动者的收入比重与生产经营成果分配直接联系起来，与市场经济直接联系起来。同时随着农业劳动生产力的提高，一部分农村剩余劳动力离开农村向城市转移，从事非农工作，开创了劳动者报酬比重市场化的制度创新。1984年，党的十二届三中全会《关于城市经济体制改革的决议》明确了通过建立以承包为主的多种形式的经济责任制，进一步拓展了劳动者报酬比重的市场化进程，把劳动者报酬同劳动成果相联系。党的十三大明确指出，社会主义初级阶段的分配方式必须实行以按劳分配为主体的多种分配方式，允许合法的非劳动收入，进一步拓展了劳动者报酬分配的市场化。1992年，党的十四大提出了建立社会主义市场经济体制改革目标，1993年，党的十四届三中全会通过《关于建立社会主义市场经济体制若干问题的决定》，提出要形成统一、开放、有序的全国性大市场，要建立和完善劳动力市场。党的十六大进一步提出要稳步推动劳动力流动和工资决定的市场化，逐步建立统一、开放、竞争、有序的劳动力市场。形成了市场决定劳动者报酬的运行机制。我国加入世界贸易组织后，劳动力市场化进程进一步加快。2002年党的十六大明确提出要稳步推动劳动力流动和工资决定的市场化，我国逐步形成统一、开放、竞争、有序的劳动力市场，提出了"生产要素按贡献分配"的制度创新，初步形成了劳动者报酬比重的市场决定机制。

第三节　改革开放以来我国劳动者报酬比重变迁的意义

一、劳动者报酬比重低有力地推进了我国"二元经济"的转型

在国民收入初次分配中，劳动报酬比重低说明政府的生产税净额、企业的固定资产折旧和企业盈余必然增加，从而促进工业化进程，加速了我国"二元经济的转型"发展。这是因为：

（一）农民劳动报酬比重低是促进我国"二元经济"转型的必要条件

由传统的"二元经济"向"一元经济"转型，实现工业化和现代化是发展中国家必然经历的发展阶段。工业化具体来说就是实现农村剩余劳动力不断转向工业，加快工业化的进程、加快城镇化的发展、提高农业生产率。这个过程可以概括工业化迅速发展和城市化迅速发展的过程，是由收入差距扩大到缩小收入差距的过程。但这一转型的前提是大量农村剩余劳动力从农村转入城市成为市民，从事非农工作，然后才能实现农业的规模化、现代化改造。同时大力发展交通业，实现城乡一体化，形成新型城镇化。因此，实现"二元经济"向"一元经济"的转型，完成从农业国向工业国的转变，最主要的条件就是完成农村剩余劳动力向城市的转移，成为真正的市民。但农村剩余劳动力向城市转移的前提就是存在城乡收入差距，城市劳动力报酬高于农村劳动力报酬，在收入最大化目标的驱使下，农村劳动力从收入相对较低的农业部门转向收入相对较高的城市工业。城市劳动力报酬高于农村劳动力报酬的差距在"二元经济"时期必然存在。同时为了更好地实现"二元经济"的转型，必然需要大量资本，为发展工

业提供资本准备，也必然降低劳动者报酬比重。我国在"二元经济"向"一元经济"转型过程中，正是由于劳动者报酬比重比较低，资本积累进程加快，加快了我国"二元经济"的转型。

（二）工业劳动者报酬比较低加速了"二元经济"的转型发展

在发展中国家实现"二元经济"转型的过程中，在工业化发展的初期阶段，一方面发展中国家的发展主要依靠投资拉动的发展方式完成转型，实现经济发展的"赶超"，在投资拉动型经济发展方式下，必然形成投资倾斜的国民收入初次分配的制度安排，由于投资主体主要是政府和企业，所以国民收入初次分配的制度安排必然有利于政府和企业，形成向政府和企业倾斜的分配制度安排。"经济发展的中心事实是迅速的资本积累"，国民收入初次分配的价值导向就要使"收入分配变得有利于储蓄阶级"。因此，在国民收入初次分配中，城镇劳动力报酬比重必然偏低。我国在由"二元经济"向"一元经济"，由农业经济向工业经济转型的过程中，由于劳动者报酬比重比较低，加速了发展工业的资本积累，加速了工业化进程，进而加速了我国的转型发展。

二、劳动者报酬比重低促进了我国经济的高速发展

劳动者报酬比重的高低是否促进经济增长，一直是学术界研究的重点。大卫·李嘉图提出国民收入以工资、利润和地租的形式，在劳动者、资本家和地主之间进行分配，工资在长期的经济扩张中仍然维持劳动者的生存水平，资本的报酬由于工资的挤出而不断下降，唯有地租不断增加。[①]新剑桥学派的经济增长理论进一步分析了收入分配与经济增长的关系，从新剑桥学派经济增长的基本公式中可以看到，要提高经济增长率，国民收入初次分配必须向储蓄倾向比较高的资本所有者倾斜。Lewis & Kaldor认为扩大收入差距能够提高一个国家或地区的储蓄率，通过增加储蓄—增加投

---

① 大卫·李嘉图：《政治经济学及赋税原理》，商务印书馆1976年版，第50页。

资——促进经济增长的传导机制来促进经济增长。

更多的经济学家从储蓄差异的角度,研究认为劳动者报酬比重低,资本报酬比重高更有利于高收入群体倾向于增加储蓄,因为根据凯恩斯主义的经济增长理论,个人储蓄率将随着收入的增加而上升,劳动者报酬比重低虽然会降低劳动者及其对子女的人力资本投资,但必然提高资本所有者的储蓄率,因此劳动者报酬比重比较低,能提高储蓄率,进一步促进提高投资率,进而促进经济增长。同时,政府的收入比重高,可以通过税收政策影响消费和投资决策来影响经济增长。

改革开放以后,在国民收入初次分配中,我国劳动者报酬比重低,与改革开放初期相比持续下降,而政府税收比重和企业所得比重持续上升、储蓄率上升、资本积累不断增加、投资增加,进一步促进了我国的经济增长,改革开放以来,我国经济迅速发展,综合国力迅速增强,已成为世界第二经济大国,进一步说明了我国劳动者报酬比重比较低对经济增长的贡献。

三、劳动者报酬比重低提高了我国出口商品的国际竞争力

在国际贸易中,为了更好地促进对外贸易的发展,提高对外贸易的竞争力,根据大卫·李嘉图的比较优势和赫克歇尔和俄林要素禀赋理论,一个国家或地区必须选择生产和出口本国生产要素相对丰富、具有比较优势的产品,进口本国生产要素相对稀缺、比较劣势的产品,通过对外贸易,可以获得比较利益,在国家市场提高产品的竞争力和市场占有率,有利于扩大出口。中华人民共和国成立后,我国经济具有明显的"二元经济"特征,资本要素稀缺、劳动力要素丰富,依据比较优势理论和资源禀赋理论,企业和政府的最优选择是大力发展劳动密集型产业,以优化我国资源配置,增强我国对外贸易的国际竞争力,促进我国经济快速稳定增长,工业化发展是先轻工业后重工业的"霍夫曼定律"①在社会主义制度建立后,

---

① 盛丹、李坤望、王永进:《劳动力流动会影响我国地区出口比较优势吗?——基于省区工业细分产业数据的实证研究》,《世界经济研究》2010年第9期,第38-44页。

第二章 改革开放以来我国劳动者报酬比重的现状

我国选择了"赶超发展战略",发展路径是"优先发展重工业",农村剩余劳动力向城市和工业的转移受到较大限制。改革开放后,由于我国劳动者报酬比较低,促进了我国东部沿海地区劳动密集型产业的迅速发展。同时正是凭借丰富的劳动力资源、低廉的劳动力成本和巨大的市场,吸引了许多国外公司在中国投资设立制造基地,目前,世界最大的500家公司已有近400家在中国设立企业,中国引进外资成效显著,中国已成为发展中国家吸引外商直接投资最多的国家。如中国正是凭借劳动者报酬比较低的成本优势,承接了世界制造业的转移,产品席卷全球市场,形成竞争力强、市场占有率高的优势,从而确立了劳动密集型产品在国际市场的竞争地位。说明"廉价的劳动力是过去30年高增长的关键因素"。①

虽然现阶段,由于我国的经济持续发展、刘易斯转折点到来、人口的低生育和老龄化导致了劳动年龄人口减少,导致工资快速上涨,我国劳动者报酬比较低的绝对优势不显著。但我国仍然具有劳动力成本的比较优势,主要体现在中西部地区"从劳动力要素禀赋来看,我国的劳动力转移过程并没有结束,农村剩余劳动力依然处于供过于求的状态,低劳动力成本的比较优势理应保持"②,体现在我国劳动者报酬比较高的东部地区,虽然劳动者报酬比重有比较大的提高,但"劳动生产率提高超过了工资上涨的幅度"③,中国的劳动力成本还具有比较优势,在今后一定时期内,要提高我国对外贸易的国际竞争力,促进我国对外贸易的发展,仍然需要提高劳动者报酬比重。

① 樊纲:《低工资的中国正在消失吗?》,《财会研究》2010年第19期,第25页。
② 刘新争:《比较优势、劳动力流动与产业转移》,《经济学家》2012年第2期,第45页。
③ 曲玥:《制造业产业结构变迁的路径分析》,《世界经济文海》2010年第6期,第66页。

第三章 我国劳动者报酬比重的比较

通过我国劳动者报酬比重的区域比较，研究揭示了我国区域劳动者报酬比重与区域经济发展水平基本一致，但也出现不一致，区域间差距大的特点，经济发展水平比较低的地区劳动者报酬比重比较低，比较典型的案例是云南、贵州和甘肃等，如云南省的经济发展水平全国倒数第二，生产税净额比重全国最高，劳动者报酬比重不仅低于同水平的西部地区，而且低于大多数中部地区，甚至低于一些沿海地区；通过与发达国家和发展中国家劳动者报酬比重的比较可以看出，我国劳动者报酬比重比较低；通过与经济转型国家劳动者报酬比重的国际比较，进一步判断我国劳动者报酬比重比较低，低于大多数发展中国家和经济转型国家，并具有不合理、持续下降时间长、波动大的特点。因此，研究劳动者报酬合理比重的理论构建及提高途径具有重要的理论意义和现实价值。

第一节 我国劳动者报酬比重的纵向比较

一、国民收入初次分配比较

国民收入初次分配是在政府、企业、居民三部门中进行分配的，三者之间具有紧密的联系，又有此消彼长的关系，因此要科学比较我国劳动者报酬的状况，必须从我国国民收入分配的现状入手，通过对1992~2013年我国政府、企业和居民在国民收入初次分配中的比重（因为我国1992年才开始编制资金流量表，到现在为止主要编制到2012年，因此我们选择1992~2013年我国政府、企业和居民在国民收入初次分配中的比重进行比较），可以比较出我国国民收入初次分配比重的变化，如表3-1所示。

表3-1　1992~2013年我国政府、企业和居民初次分配比重

单位：%

年份	企业收入比重	政府收入比重	居民收入比重	年份	企业收入比重	政府收入比重	居民收入比重
1992	19.10	15.50	65.40	2003	20.10	13.60	64.10
1993	20.60	16.80	62.60	2004	23.20	13.70	61.10
1994	19.60	16.30	64.10	2005	22.60	14.20	61.30
1995	20.10	15.10	64.70	2006	22.30	14.50	60.70
1996	17.20	15.50	67.20	2007	23.10	14.70	59.60
1997	18.10	16.20	65.70	2008	23.60	14.70	58.70
1998	17.50	16.90	65.60	2009	21.50	14.60	60.70
1999	16.00	17.80	66.20	2010	20.90	15.00	60.50
2000	18.90	13.13	67.15	2011	20.20	15.40	60.70
2001	20.00	12.67	65.93	2012	18.70	15.60	61.70
2002	19.90	13.94	64.49	2013	18.60	15.40	61.60

资料来源：根据《中国统计年鉴》的资金流量表计算而来。

从表3-1可知，1992~2013年，在我国国民收入初次分配中，政府收入比重经历了上升—下降—再上升的过程，从1992年的15.50%上升到1999年的17.80%，下降到2001年的最低点12.67%，然后逐年上升，一直上升到2013年的15.40%。基本稳定在15%左右；企业收入比重经历了上升—下降—再上升的过程，从1992年的19.10%上升到1995年的20.10%，最高是1993年的20.60%，1996年开始下降，1999年下降到最低点，只占16.00%，2000年开始上升，2003~2011年，每年都在20.00%以上，最高的是2008年，达到23.60%；居民收入比重经历了先下降—再上升—再长期上升的过程，从1992年的65.40%下降到1995年的64.70%，1996年开始

上升到2000年的67.15%,然后一直下降,最低是2008年的58.70%。由此可知,在国民收入初次分配中,政府、企业、居民的收入比重存在此消彼长的关系,2000年以来,由于政府和企业收入比重的不断增加,居民收入比重不断下降。

(一) 企业在初次分配中的比重逐步上升

表3-1显示了1992年以来我国国民收入初次收入分配的情况。因为固定资产折旧是对上一期投入资本的补偿,同样是资本所得,因此企业资本要素的收入是固定资产折旧和营业盈余之和。总体来说,企业初次分配收入占GNP比例可以分为四个阶段:第一阶段(1992~1995年),缓慢上升阶段;第二阶段(1996~1999年),快速下降阶段;第三阶段(2000~2008年),迅速上升阶段;第四阶段(2009年至今),平稳过渡阶段。

(1) 缓慢上升阶段(1992~1995年)。在此阶段,企业初次收入分配比重由1992年的19.10%提高到1995年的20.10%,平均每年上升0.25%。主要是由于深化企业改革,企业税负比较合理,市场开始配置资源,企业经济效益提高,企业收入在初次收入分配中的比重提高。

(2) 快速下降阶段(1996~1999年)。在此阶段,企业初次收入分配比重由1996年的17.20%下降到1999年的16%,平均每年下降0.3%。主要是由于政府在初次收入分配中的比重提高,政府的生产税净额增长速度超过国民经济增长速度,企业税负增加,企业经济效益下降,因此,企业在国民收入初次分配中的比重下降。

(3) 快速上升阶段(2000~2008年)。在此阶段,企业初次收入分配比重由2000年的18.90%上升到2008年的23.60%,平均每年上升0.33%。主要是由于政府在初次收入分配比重基本稳定且有一定下降,特别是居民收入比重下降,企业经营成本下降,企业经济效益提高,因此,企业收入在初次收入分配中的比重迅速提高。

(4) 平稳过渡阶段(2009年至今)。在此阶段,企业初次收入分配比重由2009年的21.50%平稳过渡到2013年的18.60%,除2012年外,其他年份都稳定在20%以上,是逐步下降的。主要是由于政府在初次收入分配比重基本稳定，但有一定的提高，虽然居民收入比重下降，企业经营成本下降，但由于税负增加，企业成本增加，因此，企业收入在初次收入分配中的比重平稳下降。

（二）政府在初次分配中的比重逐步上升

政府的初次分配主要来源于生产税。从总体上分析，政府的初次分配收入比较稳定，大多数年份在15%左右，但在不同时期其收入比重不同，初次分配收入占国民收入的比重可以分为四个阶段：第一阶段（1992~1996年），平稳发展阶段；第二阶段（1997~1999年），缓慢上升阶段；第三阶段（2000~2004年），迅速下降阶段；第四阶段（2006~2012年），平稳上升阶段。

（1）平稳发展阶段（1992~1996年）。在此期间，政府初次收入分配比重由1992年的15.50%快速上升到1993年的16.80%和1994年的16.30%，然后又平稳回落到1996年的15.50%。这段时期生产税基本保持与经济增长相同的趋势，同时受1994年税制改革影响比较大。

（2）缓慢上升阶段（1997~1999年）。在此阶段，政府初次收入分配比重由1997年的16.20%上升到1998年的16.90%，1999年又进一步上升到17.80%，平均每年上升0.53%。主要是由于买方市场占主导地位，同时我国加强税收征管，政府收入迅速增加。

（3）迅速下降阶段（2000~2004年）。在此阶段，政府初次收入分配比重由1999年的17.80%下降到2001年的12.67%和2004年的13.70%。主要是由于企业在初次收入分配中的比重迅速提高，为了更好地促进经济增长，形成了投资倾斜型的制度安排，企业经济效益提高，因此，企业收入在初次收入分配中的比重迅速增加，政府收入在初次收入分配中的比重迅速下降。

（4）平稳上升阶段（2005~2012年）。在此阶段，政府初次收入分配比重由2005年的14.20%上升到2012年的15.60%，上升幅度虽然不大，但基本上都处于上升阶段，并且持续上升时间比较长。主要是由于居民收入比重持续下降引起的。

（三）居民在初次分配中的比重逐步下降

居民的初次分配收入主要包括劳动者报酬和财产收入，其主体是劳动者报酬。从总体上分析，居民的初次分配收入比重比较稳定，大多数年份在59%~65%，最高的年份是1996年的67.20%，最低是2008年的58.70%，但在不同时期其收入比重不同，在初次分配收入中占国民收入的比重可以分为四个阶段：第一阶段（1992~1995年），平稳下降阶段；第二阶段（1996~2000年），缓慢上升阶段；第三阶段（2001~2006年），迅速下降阶段；第四阶段（2007~2012年），平稳上升阶段。

（1）平稳下降阶段（1992~1995年）。在此期间，居民初次收入分配比重由1992年的65.40%下降到1993年的62.60%，1994年和1995年虽然有一定提高，但仍然低于1992年的比重。这段时间劳动者报酬比重的下降主要是由于企业和政府收入比重比较高引起的。

（2）缓慢上升阶段（1996~2000年）。在此阶段，居民初次收入分配比重1996年提高到67.20%，1997~2000年每年都占65%以上，居民收入比重最高的两年都出现在这一时期。主要是由于企业初次收入分配比重下降引起的。因为这一时期政府收入比较稳定，由于企业收入分配比重的下降，居民收入比重必然上升。

（3）迅速下降阶段（2001~2006年）。在此阶段，居民初次收入分配比重由2001年的65.93%逐年下降到2006年的60.70%，下降幅度比较大，是迅速下降阶段。主要是在政府收入分配比重比较稳定的前提下，由于企业在初次收入分配时收入比重迅速提高，提高幅度比较大引起的，为了更好地促进经济增长，形成了投资倾斜型的制度安排，企业经济效益提高，因此居民收入在初次收入分配中的比重迅速下降。

（4）平稳上升阶段（2007~2012年）。在此阶段，居民初次收入分配比重由2007年的59.60%逐渐上升到2012年的61.70%，上升幅度虽然不大，但基本上都处于稳步上升阶段，并且持续上升时间比较长。主要是由于居民收入比重持续下降引起了党和政府提高劳动者报酬的意愿，采取许多措施提高居民收入，如提高最低工资，企业收入分配比重下降，在政府收入比较稳定或者有一定上升的前提下,居民收入进一步增加。

(四) 政府、企业和居民初次分配比重的相互影响

从图3-1可以看出:首先观察政府在初次分配中的收入变化,其除1995~1998年、2008~2012年的数据出现异动外,其他年份基本保持平稳态势,而1995~1998年的生产税净额比重出现一个迅速提升,同期的居民收入比重有所下降,企业收入比重出现较大幅度的下降,说明该期间政府获得相对多的收入比重,其对居民收入比重产生了一定影响,对企业的分配收入比重形成重大冲击,该时期税负过重是一个不可回避的问题。2008~2012年,政府和居民收入比重小幅度上升,居民收入比重与政府收入同步增长,说明企业收入比重的下降促进了政府和企业收入比重的提高,其他年份的生产税净额占比保持相对平稳,说明税收刚性是影响企业和居民收入分配的重要因素。在总收入一定的条件下,政府收入比重的稳健性间接影响了企业和居民收入分配的比重。企业收入比重与居民收入分配比重具有高度的相关性,数据显示企业收入分配比重上升则居民收入比重下降,企业收入分配比重下降则居民收入分配比重上升,尤其是2003~2004年企业收入比重大幅度上升、在政府收入比重保持不变的情况下,企业收入比重增加的比重恰恰是居民收入比重下降的比重。因此,影响居民收入比重低的主要因素是企业收入分配比重比较高,在国民收入初次分配中,可以判断收入分配

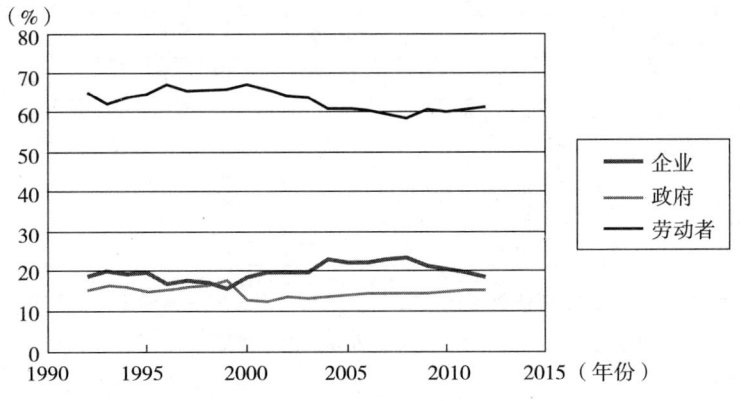

图3-1 1992~2012年政府、企业和劳动者的初次分配比重相互影响

份额比重的争夺主要发生在居民与企业,而政府通过生产税收刚性间接参与收入分配比重的争夺。

二、我国劳动者报酬比重演变的比较

国民收入初次分配中政府、企业和居民的收入分配比重中的居民收入部分,包括劳动者报酬和居民财产收入,不能精准体现我国劳动者报酬比重,为了更好地体现我国劳动者报酬的比重,我们根据中国统计年鉴地区生产总值收入法构成项目中提供的31个省、直辖市、自治区劳动者报酬、生产税净额、固定资产折旧和营业盈余的数据,计算出1978~2015年我国劳动者报酬比重,如表3-2所示。

表3-2 1978~2015年我国劳动者报酬比重 单位:%

年份	劳动者报酬比重	年份	劳动者报酬比重	年份	劳动者报酬比重
1978	49.64	1991	52.12	2004	41.55
1979	51.45	1992	50.04	2005	41.33
1980	51.18	1993	49.49	2006	40.61
1981	52.71	1994	50.35	2007	39.74
1982	53.58	1995	51.44	2008	48.00
1983	53.54	1996	51.21	2009	46.60
1984	53.68	1997	51.03	2010	45.00
1985	52.74	1998	50.83	2011	44.90
1986	52.82	1999	49.97	2012	45.60
1987	52.02	2000	48.71	2013	45.90
1988	51.69	2001	48.23	2014	46.50
1989	51.55	2002	47.75	2015	47.90
1990	53.31	2003	46.16		

资料来源:1978~2006年的数据转自刘社建:《劳动者报酬份额的影响因素与发展趋势》;2007~2015年数据根据《中国统计年鉴》(2008~2016)进行测算。

从表3-2看出,改革开放后我国劳动者报酬比重的变迁经历了四个阶段。

第一阶段（1978~1984年）。这一阶段是我国劳动者报酬比重的上升阶段，由1978年的49.64%上升到1984年的53.68%，除1978年，其余年份均在50%以上，1984年是我国改革开放以来劳动者报酬比重最高的年份。

第二阶段（1985~1998年）。这一阶段我国劳动者报酬比重开始下降，除1990年达到53.31%以外，从1985年的52.74%下降到1998年的50.83%，但仍然保持在50%以上。

第三阶段（1999~2007年）。这段时期的劳动者报酬比重持续下降，由1999年的49.97%下降到2007年的39.74%，是我国劳动者报酬比重的最低点，劳动者报酬比重每年都低于50%。

第四阶段（2008~2015年）。我国劳动者报酬比重从2007年的最低点开始回升，在这一阶段虽然我国劳动者报酬比重波动比较大，与2007年比处于提升的趋势，2008~2011年波动比较大，最高是2008年的48%，最低是2011年的44.90%，相差3.1个百分点。2012年后，我国劳动者报酬比重一直逐步上升，说明我国进入经济新常态后，劳动者报酬比重逐步提高，由2012年的45.60%提高到2015年的47.90%。

总之，改革开放以来，我国劳动者报酬比重比较低且持续下降，最低是2007年，我国劳动者报酬比重只占39.74%。

三、我国劳动者报酬比重的区域比较

我国是一个幅员辽阔的大国，经济发展不平衡，"二元经济"转型进程不平衡，劳动者报酬比重差距比较大，是使我国劳动者报酬比重下降，劳动者报酬比较低的最重要因素。因此深入研究我国区域劳动者报酬比重具有十分重要的意义。

（一）基本情况

我国从1994年开始编制"地区生产总值收入法构成项目"，但1995

年、2004年、2008年的数据未公布,为了更好地反映我国区域的劳动者报酬比重,我们选择了1994年、1996~2003年、2007年、2009~2012年我国区域劳动者报酬比重的演变,如表3-3所示。

表3-3　1994~2012年我国地区劳动者报酬比重演变　　　　单位:%

地区	1994年	1996年	1997年	1998年	1999年	2000年	2001年	2002年	2003年	2007年	2009年	2010年	2011年	2012年	年平均
北京	46.8	47.9	47.9	48.7	48.4	45.6	45.7	44.4	41.2	43.5	50.5	49.0	49.0	51.0	47.1
天津	45.3	49.5	50.9	53.0	52.1	46.7	45.0	44.2	43.0	31.5	37.7	38.6	38.7	39.1	44.0
河北	54.8	53.7	53.5	53.0	54.2	53.7	52.5	49.9	48.2	38.3	55.3	55.3	51.0	51.4	51.7
山西	50.5	51.3	50.6	51.0	51.6	51.9	51.9	53.4	42.8	33.1	45.9	39.5	41.6	43.9	46.7
内蒙古	56.5	55.4	58.0	65.7	65.1	62.5	61.7	64.4	61.8	34.4	46.4	43.5	43.8	43.3	54.5
辽宁	46.6	49.7	49.3	50.9	48.5	45.0	44.0	44.7	44.5	40.5	49.3	48.7	46.2	46.5	46.7
吉林	61.1	61.5	61.7	62.8	61.4	57.0	66.2	65.0	64.5	41.0	40.7	38.9	38.7	38.5	54.2
黑龙江	41.4	48.0	47.8	47.9	46.9	42.9	45.3	46.6	47.0	36.4	40.6	36.9	36.7	39.6	43.1
上海	34.6	35.6	34.7	34.7	34.9	34.3	34.8	34.3	34.8	39.2	39.3	40.2	41.3	41.3	36.4
江苏	48.4	51.3	51.4	51.0	49.9	49.7	45.0	49.4	48.9	37.3	43.6	41.4	41.8	42.3	46.5
浙江	47.2	46.4	47.5	47.1	46.1	47.3	46.6	47.2	46.6	39.6	38.9	41.5	40.9	42.3	44.7
安徽	49.9	64.2	49.5	53.0	52.7	53.6	53.5	52.2	52.3	44.0	50.1	49.0	48.6	49.1	51.6
福建	50.6	51.8	51.6	51.6	51.4	51.1	47.9	48.5	48.5	42.2	53.2	50.2	49.8	50.7	49.7
江西	64.7	62.9	64.3	62.2	61.7	60.9	58.4	56.8	55.2	44.6	40.7	45.1	44.0	42.7	54.6
山东	45.3	44.2	43.7	45.5	46.1	45.7	45.4	43.6	41.8	35.0	44.8	39.4	38.5	38.5	43.9
河南	64.0	65.2	63.9	60.9	60.8	60.4	61.5	60.3	59.4	41.1	41.9	49.6	49.9	50.1	56.4
湖北	50.5	60.4	61.1	61.0	58.2	59.1	58.0	58.0	54.0	41.3	47.6	42.8	48.0	48.6	53.5
湖南	62.4	59.2	65.5	63.3	64.3	62.0	62.5	61.4	60.4	46.4	50.2	50.1	49.8	49.6	57.7
广东	48.4	48.3	48.2	51.2	50.1	48.3	51.3	48.1	46.9	38.8	45.2	44.4	45.6	47.7	48.3
广西	65.0	50.1	70.1	67.9	65.9	64.3	68.7	66.2	62.4	46.3	59.5	59.4	58.1	55.1	61.4
海南	59.0	68.1	59.7	59.2	58.1	57.7	57.5	57.7	56.9	41.9	52.2	50.4	50.5	50.7	55.7
重庆	—	58.7	56.9	56.6	55.7	54.2	53.9	53.2	52.2	47.8	50.7	49.2	49.2	49.8	52.9
四川	58.8	57.3	56.0	58.6	57.7	56.4	57.6	57.0	56.5	45.7	47.8	47.1	44.6	44.4	53.3
贵州	63.0	64.6	63.7	65.8	65.3	60.9	56.3	55.7	55.3	45.0	53.5	53.1	52.3	53.3	57.7
云南	43.9	47.3	46.9	44.9	48.0	44.0	46.8	45.7	46.3	44.7	49.6	46.3	48.0	50.6	46.6

续表

地区	1994年	1996年	1997年	1998年	1999年	2000年	2001年	2002年	2003年	2007年	2009年	2010年	2011年	2012年	年平均
西藏	86.0	81.6	75.2	62.0	64.1	68.0	67.2	70.4	61.0	51.27	63.9	64.1	63.5	64.3	67.3
陕西	62.9	60.9	59.7	57.3	55.1	59.8	60.9	55.9	54.2	37.2	45.2	39.8	39.3	38.5	51.9
甘肃	51.1	54.6	52.9	52.5	52.6	58.9	54.9	52.7	49.0	43.7	46.9	52.1	46.0	46.5	51.0
青海	56.4	63.5	64.7	62.4	62.3	60.5	60.5	59.6	58.6	45.5	53.8	47.0	45.3	47.5	56.3
宁夏	54.4	59.9	60.0	59.9	61.2	59.0	59.0	57.9	57.0	45.2	53.3	54.5	50.5	49.2	55.8
新疆	52.8	56.0	56.5	58.3	55.8	50.2	53.5	51.4	51.8	44.5	54.5	52.0	50.6	53.0	52.9
平均	54.1	56.3	55.7	55.5	54.4	55.1	55.6	54.1	51.6	41.0	48.2	47.0	46.5	47.1	51.4

资料来源：根据《中国统计年鉴》（1995~2013）测算。

（二）我国地区劳动者报酬比重演变的特点

从表3-3可以看出，我国地区劳动者报酬比重演变具有以下特点：

1. 劳动者报酬比重虽然有一定的波动但都经历了持续下降的过程

在经济转型和发展过程中，初次分配中劳动者报酬比重受产业结构的优化和资本有机构成的影响。一般来说：①在生产要素价格既定时，资本有机构成提高，劳动者报酬比重必然下降，资本有机构成低，劳动者报酬比重提高；②第一产业资本有机构成低，第二、第三产业的资本有机构成高。经济转型和产业结构优化的趋势是第一产业产值比重下降，第二、第三产业产值比重提高。随着第一产业产值比重下降，第二、第三产业产值比重的提高，资本有机构成不断提高，劳动者报酬比重下降，当产业结构合理时，劳动者报酬比重逐步提高。从表3-3可以看出，我国地区劳动者报酬比重在演变过程中，虽然有一定的波动，正经历一个不断下降的过程，但有的地区在经历了持续下降后，开始缓慢上升。如北京市劳动者报酬比重由1996年的47.9%下降到2003年的41.2%，开始缓慢上升到2012年的51.0%，处于"U"型"拐点"的右侧。上海市劳动者报酬比重从1994年后一直处于波动，2007年下降到35.0%，2008年后开始上升，2012年达到41.3%。天津市劳动者报酬比重的演变也是一个持续下降的过程，一直下降到2007年的31.5%，2009年开始缓慢上升，2012年达到

39.1%。河北、山西、内蒙古、辽宁、江苏、浙江、安徽、福建、山东、湖北、广东、海南等省的劳动者报酬比重都体现了持续下降后开始缓慢上升的过程。而中部地区特别是西部地区（除云南特例外，云南是一个经济落后、产业结构不合理、生产税净额比重最高、劳动者报酬比重比较低的地区）的劳动者报酬比重基本上还处于下降过程。如西藏的劳动者报酬比重虽然有一定波动，但是演变趋势仍然是下降的，由1994年的86%下降到2012年的64.3%。贵州的劳动者报酬比重的演变趋势仍然是下降的，由60%以上下降到50%以上。

2. 体现了我国区域经济发展水平

从理论上讲，在"二元经济"转型过程中，随着农村劳动力向第二、第三产业转移，劳动力从经济落后地区向发达地区转移，必然促进经济发达地区资本有机构成的提高、产业结构的优化、劳动者报酬比重降低，当经济发展的初期阶段，劳动者报酬比重下降，随着经济的发展，劳动者报酬比重出现"U"型的"拐点"，随后劳动者报酬比重上升。从我国地区劳动者报酬比重看，我国经济越发达的地区，劳动者报酬比重越低。

从表3-3可以看出，东部地区的北京市、天津市、河北省、上海市、江苏省、浙江省、福建省、山东省、广东省、海南省是我国经济最发达的地区，16年来也是我国劳动者报酬比重最低的地区。如北京市的平均劳动者报酬比重是47.1%，天津市的平均劳动者报酬比重是44%，河北省的平均劳动者报酬比重是51.7%，上海市的平均劳动者报酬比重是36.4%，上海既是我国经济最发达的省份，人均地区生产总值长期全国第一，又是劳动者报酬比重最低的省份。江苏省的平均劳动者报酬比重是46.5%，浙江省平均劳动者报酬比重是44.7%，福建省的平均劳动者报酬比重是49.7%，山东省的平均劳动者报酬比重是43.9%，海南省的平均劳动者报酬比重是55.7%，东部地区只有海南省和河北省的劳动者报酬比重高于全国平均劳动者报酬比重51.4%的水平。

中部地区的山西省、安徽省、江西省、河南省、湖北省和湖南省是我国经济比较发达的地区，劳动者报酬比重比较高。山西省的平均劳动者报酬比重是46.7%，安徽省的平均劳动者报酬比重是51.6%，江西省的平均劳动者报酬比重是54.6%，河南省的平均劳动者报酬比重是56.4%，湖北省的平均劳动者报酬比重是53.5%，湖南省的平均劳动者报酬比重是57.7%，除山西省外，劳动者报酬比重略高于全国平均比重。

西部地区的内蒙古自治区、广西壮族自治区、重庆市、四川省、贵州省、云南省、西藏自治区、陕西省、甘肃省、青海省、宁夏回族自治区和新疆维吾尔自治区是我国经济比较落后的地区，也是我国劳动者报酬比重比较高的地区。内蒙古自治区的平均劳动者报酬比重是54.5%，广西壮族自治区的平均劳动者报酬比重是61.4%，重庆市的平均劳动者报酬比重是52.9%，四川省的平均劳动者报酬比重是53.3%，贵州省的平均劳动者报酬比重是57.7%，云南省的平均劳动者报酬比重是46.6%，西藏自治区的平均劳动者报酬比重是67.3%，是全国最高的，陕西省的平均劳动者报酬比重是51.9%，甘肃省的平均劳动者报酬比重是51%，青海省的平均劳动者报酬比重是56.3%，宁夏回族自治区的平均劳动者报酬比重是55.8%，新疆维吾尔自治区的平均劳动者报酬比重是52.9%，除云南省既是一个经济落后地区，又是一个劳动者报酬比重低的地区外，其余地区劳动者报酬比重都高于全国平均水平，全国劳动者报酬比重最高的10个省份都在西部地区。

东北地区主要是指辽宁省、吉林省和黑龙江省，东北地区的经济发展水平比较高，劳动者报酬比重比较高。辽宁省的平均劳动者报酬比重是46.7%，吉林省的平均劳动者报酬比重是54.2%，黑龙江省的平均劳动者报酬比重是43.1%，只有吉林省的劳动者报酬比重高于全国平均水平，辽宁省和黑龙江省的劳动者报酬比重均低于全国，体现了与经济发展水平的一致性。

四、我国行业劳动者报酬比重的现状

由于统计资料的限制，我们对北京、江苏、福建、安徽、海南、重庆、山西、吉林、云南的行业劳动者报酬比重进行比较，因为北京是我国的首都，经济发展水平高、经济结构比较合理，劳动者报酬比重比较合理；江苏是我国国民生产总值最高和税收最多的省（市、区）之一，也是

沿海地区最发达的省份之一；福建和海南是我国沿海省份，经济比较发达，海南省又是我国后成立的省份，具有典型性；安徽和山西是我国中部省份，安徽的第一产业比重比较高，劳动者报酬比重比较低，山西又是我国的煤炭资源大省，经济发展主要依靠煤炭行业，更具有典型性；吉林是东北地区劳动者报酬比重最低的省份，又是我国的沿边省份；重庆市是我国最后成立的直辖市，位于西部地区；云南省是我国西部地区经济发展水平比较低的地区，人均GDP全国倒数第二，又是生产税净额比重最高的省份，劳动者报酬比重比较低的省份，非常具有典型性。

  为了更好地反映我国部分地区行业劳动者报酬的比重，我们根据"地区生产总值收入法构成"，选择了2014年云南省行业劳动者报酬比重，主要依据城镇劳动报酬和其他行业的平均劳动者报酬与行业生产增值进行比较，分别计算劳动者报酬比重，主要选择第一产业、第二产业、第三产业进行比较。第二产业主要选择了工业和建筑业；第三产业主要选择了批发和零售业，交通运输、仓储和邮政业，住宿和餐饮业，信息传输、软件和信息技术服务业，金融业，房地产业，租赁和商务服务业，科学研究和技术服务业，水利、环境和公共设施管理业，居民服务、修理和其他服务业，教育，卫生和社会工作，文化、体育和娱乐业，公共管理、社会保障和社会组织，如表3-4所示。

表3-4 2014年部分省市行业劳动者报酬比重　　　　　　单位：%

行业	北京	江苏	福建	安徽	海南	重庆	山西	吉林	云南	平均
第一产业	88.9	98.7	99.5	96.9	94.4	97.6	77.8	93.6	95.3	93.6
第二产业	38.3	36.4	48.0	39.0	35.1	46.6	43.7	28.1	26.4	38.0
工业	36.2	32.1	41.8	34.8	22.5	44.7	42.5	25.3	23.4	33.9
建筑业	47.4	66.1	78.6	65.3	53.1	57.0	51.9	48.1	54.9	58.0
第三产业	55.6	45.2	47.2	51.3	53.0	41.7	46.3	44.2	54.6	48.8
批发和零售业	42.7	39.9	41.4	32.3	42.2	28.4	26.4	47.9	59.5	40.1
交通运输、仓储和邮政业	68.8	50.0	48.6	61.5	46.5	37.5	46.0	24.6	31.6	46.1
住宿和餐饮业	77.1	85.1	82.0	60.0	65.7	77.1	34.0	21.6	85.9	65.4

续表

行业	北京	江苏	福建	安徽	海南	重庆	山西	吉林	云南	平均
信息传输、软件和信息技术服务业	55.7	33.3	23.4	18.8	23.9	21.0	40.6	17.5	32.6	29.6
金融业	32.8	22.3	31.8	23.6	22.6	25.0	41.9	30.4	29.2	28.8
房地产业	27.5	12.2	8.5	15.0	30.4	20.1	12.6	11.4	9.3	16.3
租赁和商务服务业	74.1	43.0	34.4	37.3	49.1	30.1	41.0	32.0	31.3	41.4
科学研究和技术服务业	66.7	52.7	49.7	45.9	58.2	48.4	62.1	74.4	68.2	58.5
水利、环境和公共设施管理业	70.4	55.9	70.4	53.5	44.1	42.5	72.4	54.5	55.6	57.7
居民服务、修理和其他服务业	81.0	58.6	85.2	81.8	81.4	82.1	50.3	31.9	78.1	70.0
教育	85.4	86.1	88.4	79.0	98.6	80.9	87.6	78.2	86.7	85.7
卫生和社会工作	91.4	77.3	82.0	61.3	79.9	72.0	71.8	63.2	68.2	74.1
文化、体育和娱乐业	68.4	48.9	69.7	45.2	62.2	51.6	63.4	46.4	77.5	59.3
公共管理、社会保障和社会组织	88.5	86.5	91.5	81.9	90.7	91.9	90.5	86.3	90.8	88.7

资料来源：根据各省、市统计年鉴计算。

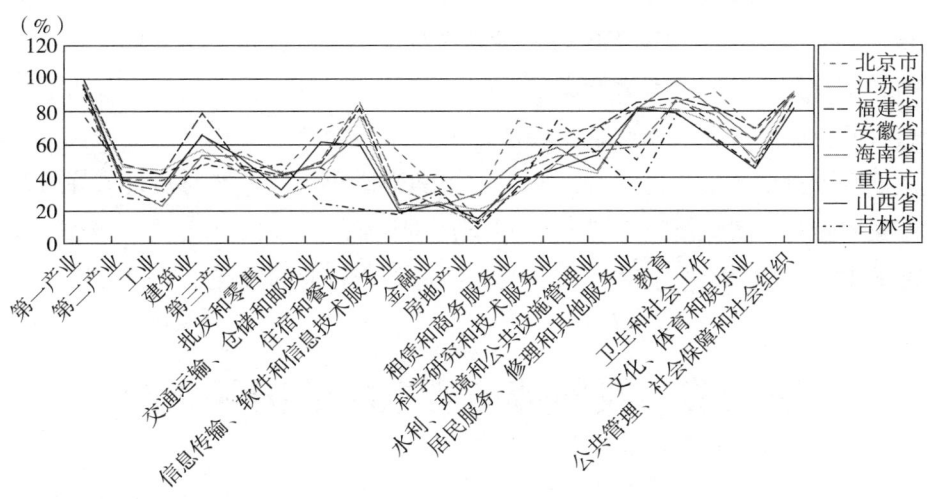

图 3-2 2014 年我国部分省、市行业劳动者报酬比重

从表 3-4 和图 3-2 可以看出，我国行业劳动者报酬比重具有以下特点：

首先，我国第一产业的劳动者报酬比重最高，平均达到 93.6%，第二产业平均劳动者报酬比重最低，只达到 38%，第三产业劳动者报酬平均比重达到 48.8%，进一步说明，我国劳动者报酬比重比较低，主要原因是第一产业比重的减少，第二产业比重小幅度下降，第三产业比重的提高，因此劳动者报酬比重的变化趋势是"先下降再上升的'U'型变化规律"。

其次，我国第三产业劳动者报酬比重并不是一致的，有的行业劳动者报酬比重低于第二产业，如金融行业的平均劳动者报酬比重是 28.8%，房地产业的劳动者报酬比重是 16.3%，是所有行业劳动者报酬比重最低的。最高的是公共管理、社会保障和社会组织行业的劳动者报酬比重，达到了 88.7%，其次是教育行业劳动者报酬比重，达到了 85.7%。说明我国劳动者报酬比重比较高的行业是教育等公共服务部门和传统服务行业，而新型服务部门如金融行业，房地产业，信息传输、软件和信息技术服务业等行业的劳动者报酬比重都比其他行业的劳动者报酬比重低。

最后，从各行业的劳动者报酬比重和平均劳动者报酬比重看，吉林省的劳动者报酬比重都比较低，吉林省的行业平均劳动者报酬比重是 45.24%，是最低的，其次分别是安徽的 51.80%、重庆的 52.41%、山西的 52.77%。北京市、海南省的行业劳动者报酬比重比较高，主要原因是产业结构比较合理，两省市都形成了"三、二、一"的产业结构，吉林省和山西省的行业劳动者报酬比重比较低，主要是因为第二产业比重比较高。从最低行业劳动者报酬比重看，最低行业是房地产业，虽然与房地产库存增多紧密相关，房地产行业劳动者报酬比重最低的分别是福建的 8.5%、江苏的 12.20%、山西的 12.60%，与地区房地产行业的发展水平紧密相关。

第二节 我国劳动者报酬的国际比较

要科学判断劳动者报酬比重，在进行国际比较时，不仅要与发达国家进行比较，而且还要与经济发展水平相近的国家进行比较，通过与发达国家劳动者报酬比重的比较，能更好地发现我国劳动者报酬比重与发达国家的差距，通过与经济发展水平相近的国家劳动者报酬比重的比较，更能够判断我国劳动者报酬比重是否合理。

一、中国与发达国家劳动者报酬比重比较

为了更好地比较我国劳动者报酬与发达国家的差距，我们选择了美国、日本、德国、法国、英国、意大利、澳大利亚、丹麦的劳动者报酬比重进行比较，这些国家的劳动者报酬比重能更好地代表发达国家的劳动者报酬比重，如表3-5所示。

表3-5　1995~2012年中国与主要发达国家劳动者报酬比重比较　　单位：%

年份	中国	美国	日本	德国	法国	英国	意大利	澳大利亚	丹麦
1995	51.40	54.80	53.50	53.40	50.80	—	38.70	51.00	50.50
1998	50.83	55.90	53.40	52.00	50.10	50.60	37.40	49.10	51.10
1999	49.97	56.10	52.90	52.30	50.60	51.80	37.50	49.00	51.20
2000	48.71	57.00	52.70	53.00	50.60	52.30	36.90	48.50	49.90
2001	48.23	57.00	52.90	52.30	50.80	53.70	37.20	48.00	50.80
2002	47.75	56.00	51.80	51.30	51.30	52.90	37.50	47.50	51.20
2003	46.16	55.40	50.30	51.70	51.40	52.20	37.80	47.60	51.60
2004	41.55	55.00	50.10	50.60	50.90	52.20	37.70	46.70	50.70
2005	41.33	54.20	50.30	49.90	51.00	51.80	38.20	46.00	50.50
2006	40.61	54.20	50.20	48.80	51.30	52.20	38.40	45.80	50.50
2007	39.74	54.60	49.80	47.70	50.40	52.20	38.30	45.40	51.90
2008	44.10	55.00	51.90	48.50	50.60	52.20	39.10	46.20	52.80
2009	46.62	54.10	51.20	50.70	52.20	53.40	40.30	47.60	55.20
2010	45.01	53.30	50.80	49.80	52.20	51.30	40.20	47.20	53.00
2011	44.94	53.30	51.80	49.50	51.90	51.20	39.80	46.80	52.70
2012	43.80	53.30	52.00	51.20	51.30	51.30	40.00	47.40	52.40
平均	45.70	54.95	51.60	50.80	51.10	52.20	38.40	47.50	51.60

资料来源：中国的数据根据《中国统计年鉴》"地区生产总值收入法构成项目"计算；美国等其他国家的数据来源于郭斌：《初次分配中劳动者报酬占比演变及评价》，《现代经济探讨》2015年第4期，第42页。

从表3-5可以看出,中国与世界主要发达国家的劳动者报酬相比,中国劳动者报酬比重有两个显著特点。

一是中国劳动者报酬比重具有持续下降的趋势,而发达国家劳动者报酬比重比较稳定,波动性不大。1995年,中国劳动者报酬比重是51.40%,1995年后持续下降,下降到2007年的最低点39.74%,最高与最低的级差是11.66%,波动性非常大,2008年后虽然有小幅度的增长,但仍然比较低,均在47%以下。虽然2008年后美国劳动者报酬比重也有一定的下降,但都保持在53.30%以上,在53.30%~57%,最高与最低的级差是3.70%,仍然处于比较稳定的状态。日本劳动者报酬比重都在50%左右,最高是1995年的53.50%,最低是2007年也达到49.80%,最高与最低的级差是3.70%,波动性不大,同样处于比较稳定的状态。德国的劳动者报酬比重都在47%以上,最高是1995年的53.40%,最低是2007年47.70%,最高与最低的级差是5.70%,有一定的波动性,同样处于比较稳定的状态。英国的劳动者报酬比重都在50%以上,最高是2001年的53.70%,最低是1998年的50.60%,最高与最低的级差是3.10%,波动性比较小,处于长期比较稳定的状态。法国的劳动者报酬比重都在50%以上,最高是2009年、2012年的52.20%,最低是1998年50.10%,最高与最低的级差是2.10%,波动性最小,处于长期比较稳定的状态。澳大利亚的劳动者报酬比重在45.40%~51%,最高是1995年的51%,最低是2007年的45.40%,最高与最低的级差是5.60%,有一定的波动性,处于比较稳定的状态。丹麦的劳动者报酬比重在49.90%~55.20%,最高是2009年的55.20%,最低是2000年的49.90%,最高与最低的级差是5.30%,波动性比较小,处于比较稳定的状态。比较结论也得到了大多数学者的共识,周国强比较中国和美国初次分配后认为"美国初次分配结构比中国的分配格局具有高度的稳定性"①。

二是中国劳动者报酬比重比发达国家低。与发达国家劳动者报酬比重比较,中国劳动者报酬比重明显低于其他发达国家,从1995~2012年各国

---

① 周国强:《中国初次分配格局及其国际比较》,《经济研究参考》2011年第58期,第73页。

劳动者报酬比重的平均值看，中国劳动者报酬比重的平均值是45.70%、美国是54.95%、日本是51.60%、德国是50.80%、法国是51.10%、英国是52.20%、意大利是38.40%、澳大利亚是47.50%、丹麦是51.60%。中国劳动者报酬比重只比意大利高7.3个百分点，比美国低9.25个百分点，比日本低5.9个百分点，比德国低5.1个百分点，比法国低5.4个百分点，比英国低6.5个百分点，比澳大利亚低1.8个百分点，比丹麦低5.9个百分点。由此可知，与发达国家相比，中国劳动者报酬比重低于大多数发达国家，约低于5.5个百分点。比较结论与大多数学者的结论一致，彭爽和叶晓东的比较结果是中国劳动者报酬比重比较低。①

二、中国与经济转型国家劳动者报酬比重的比较

经济转型一般是指计划经济向市场经济的转型和传统的"二元经济"向"一元经济"的转型，谷书堂通过研究转型国家认为，经济转型主要包括经济体制、经济发展方式和传统的"二元经济"向现代化的"一元经济"三个方面的转型②，我们在进行劳动者报酬比重比较时，研究认为影响劳动者报酬比重主要是指计划经济向市场经济的转型和传统的"二元经济"向"一元经济"的转型。从计划经济向市场经济转型的视角，我们主要选择中国与俄罗斯进行比较。从"二元经济"向"一元经济"转型的视角看，主要选择与我国国情基本相似的国家和转型发展的阶段相同的国家进行比较，更具有比较意义。

（一）中国与俄罗斯劳动者报酬比重的比较

中国和俄罗斯是计划经济向市场经济转型的两个典型国家，两国都是经济大国，两国人口都比较多，尽管转型的路径不一样，中国选择了渐进

---

① 彭爽、叶晓东：《论1978年以来中国国民收入分配格局的演变、现状和调整对策》，《经济评论》2008年第2期，第73页。

② 谷书堂：《政治经济学的困境与出路——我们需要一部〈中国转型经济学〉》，《南开学报》（哲学社会科学版）2004年第2期，第28页。

式转型路径,建立了社会主义市场经济体制,俄罗斯选择了急进式路径,转型为资本主义市场经济,在转型过程中,国民收入初次分配比重发生了比较大的变化,如表3-6所示。

表3-6 中国与俄罗斯国民收入初次分配比重　　　单位:%

国家 年份	中国			俄罗斯		
	劳动者报酬比重	企业收入比重	政府收入比重	劳动者报酬比重	企业收入比重	政府收入比重
1989	—	—	—	47.00	40.00	13.00
1991	—	—	—	44.00	52.00	4.00
1993	49.00	34.00	17.00	45.00	45.00	10.00
1995	51.00	36.00	12.00	45.00	43.00	12.00
1997	51.00	33.00	16.00	51.00	33.00	16.00
1999	50.00	34.00	16.00	40.00	44.00	16.00
2001	48.00	36.00	16.30	43.00	41.00	16.00
2003	46.00	36.00	18.00	47.00	37.00	16.00
2004	42.00	44.00	14.00	46.00	37.00	17.00
2005	41.00	46.00	14.20	44.00	36.00	20.00
2006	41.00	45.00	14.50	45.00	35.00	20.00
2007	40.00	46.00	14.20	47.00	34.00	19.00
2008	48.00	36.00	16.00	47.00	33.00	20.00
2009	47.00	40.00	13.30	53.00	31.00	16.00
2011	45.00	42.00	13.00	50.00	30.00	20.00
年均	46.10	39.10	14.80	46.30	38.10	15.60

资料来源:俄罗斯初次分配数据来源于任太增、喻璐:《金砖国家国民收入初次分配格局的演变趋势与基本特征》,《经济问题探索》2014年第3期,第36-37页。

从表3-6可以看出,在计划经济向市场经济转型时期,首先,两国劳动者报酬比重基本一致,波动都比较大。1993~2011年,中国年均劳动者报酬比重是46.10%,1989~2011年俄罗斯年均劳动者报酬比重是

46.30%，两国劳动者报酬比重比较一致。两个国家劳动者报酬比重波动都比较大，中国劳动者报酬比重最高年份是1995年的51.00%，最低是2007年的40%，相差11%，俄罗斯劳动者报酬比重最高年份是2009年的53%，最低是1999年的0.4，相差0.13，两国劳动者报酬比重的波动都比较大。其次，两国劳动者报酬比重比较低都是由于企业收入比重比较高引起的。中国的年均企业收入比重是39.10%，俄罗斯年均企业收入比重是38.10%，说明在计划经济向市场经济转型进程中，两国都出现了利润侵占劳动者报酬的现象。最后，两国的生产税净额比较接近，俄罗斯的政府收入最高是2005年、2006年的20%，最低是1991年的4%，波动幅度比较大，年均是15.60%，中国的政府收入额最高是2003年的18.00%，最低是1995年的12.%，相差是6%，基本稳定。两国的政府收入都比较高，因此同样出现政府税收侵占劳动者报酬的现象，正是由于利润和税收侵占劳动者报酬，因此两国的劳动者报酬比重都比较低。

总之，与俄罗斯国家劳动者报酬比重比较，我国劳动者报酬比重略低于俄罗斯国家劳动者报酬比重，但比较一致的是在转型过程中都出现了企业收入比重高和政府收入比重高的现象。

（二）中国与二元经济转型国家劳动者报酬比重的比较

"二元经济"向"一元经济"转型，必然要求农业剩余劳动力向工业转移，农村人口向城镇转移，促进工业化和城镇化的发展，进一步影响劳动者报酬比重。因此选择经济转型国家劳动者报酬比重的演变，进一步研究了劳动者报酬比重变迁的规律和我国劳动者报酬比重的差距。选择二元经济转型国家进行比较，必须选择经济转型与我国基本相似，且其发展阶段与我国由"二元经济"向"一元经济"转型基本相似的国家进行比较，才具有可比性。通过研究，我们认为，韩国在20世纪初期仍然"属于典型的二元经济国家"[①]，20世纪60年代进入二元经济转型阶段，20世纪70年代中后期，全面完成二元经济转型，实现工业化成为发达国家。南非也

---

① 孙亚南、张桂文：《城乡二元经济转型的实现途径研究》，《商业时代》2014年第29期，第61页。

是典型的二元经济国家,因此我们主要选择韩国和南非作为二元经济转型国家进行比较,衡量一个国家是否完成二元经济转型的主要指标是城镇化率,因此,我们主要选择城镇化率基本相同的时期进行比较,通过比较判断劳动者报酬比重是否合理。

1. 中国与韩国二元经济转型时期劳动者报酬比重

韩国从 20 世纪 50 年代中期开始二元经济转型,城镇化率从 1955 年的 24.40% 上升到 1980 年的 56.90%,中国从 1992 年的 27.46% 上升到 2013 年的 53.73%,如表 3-7 所示。

表 3-7　中国与韩国二元经济转型时期劳动者报酬比重　　　单位:%

国家 年份	中国		国家 年份	韩国	
	城镇化率	劳动者报酬比重		城镇化率	劳动者报酬比重
1992	27.46	50.10	1955	24.40	30.10
1993	27.99	49.49	1960	27.70	37.40
1998	33.40	50.80	1965	32.40	37.80
2003	40.50	46.10	1970	40.70	41.40
2005	43.00	41.40	1975	48.00	40.60
2007	45.90	39.70	1980	56.90	52.10
2011	51.20	44.94	1985	64.90	53.90
2012	52.60	43.80	1990	73.90	59.00
2013	53.73	44.30	1993	78.30	60.60

资料来源:韩国的数据来源于张士斌:《工业化过程中劳动报酬比重变动的国际比较》;中国的数据来源于《中国统计年鉴》(1993~2014)。

从表 3-7 可以看出,韩国劳动报酬比重从低水平迅速上升到高水平,1955 年二元经济转型初期,城镇化率是 24.40%,劳动者报酬比重极低,只达到 30.10%,随着城镇化的进一步发展,劳动者报酬比重迅速提高,从 1955 年的 30.10% 迅速提高到 1993 年完成转型时的 60.60%,并且劳动者报酬比重没有下降的波动性,而中国的则是从比较高的水平迅速下降再上升的过程,随着城镇化的发展,劳动者报酬比重从1998年的50.80%下降到2007年的39.70%,再上升到2012年的43.80%。通过比较城镇化率较为一致时可以看出,城镇化率相同时劳动者报酬比重基本一致,中国劳动者报酬比重略高于韩国的劳动者报酬比重,随着中国城镇化率的进一步提高,劳动者报酬比重会呈现升高的趋势。

2. 中国与南非二元经济转型时期劳动者报酬比重

南非是典型的二元经济国家,在二元经济转型过程中,城镇化率逐步提高,从1960年的46.62%发展到2010年的61.99%,中国的城镇化发展起步比较晚,发展速度符合城镇化发展规律,随着城镇化的发展,劳动者报酬比重随之发生变化,如表3-8所示。

表3-8 中国与南非二元经济转型时期劳动者报酬比重 单位:%

国家 年份	中国		国家 年份	南非	
	城镇化率	劳动者报酬比重		城镇化率	劳动者报酬比重
1992	27.46	50.10	1960	46.62	53.00
1993	27.99	49.49	1965	47.25	54.00
1998	33.40	50.80	1970	47.81	55.00
2003	40.50	46.10	1975	48.11	54.00
2005	43.00	41.40	1980	48.43	47.00
2007	45.90	39.70	1985	49.37	52.00
2011	51.20	44.94	1990	52.04	50.00
2012	52.60	43.80	1995	54.49	50.00
2013	53.73	44.30	2000	56.89	50.00
2014	54.77	42.80	2005	59.54	45.00
2015	56.10	47.90	2010	61.99	45.00

资料来源:南非的数据来源于张士斌:《工业化过程中劳动报酬比重变动的国际比较》,《经济社会体制比较》2012年第6期,第47~58页;中国的数据来源于《中国统计年鉴》(1994~2016)。

从表3-8可以看出,随着城镇化率的提高,南非的劳动者报酬比重比较稳定,特别是城镇化率在46%~57%,除1980年外,劳动者报酬比重基本保持在50.00%以上,最高是1970年的55.00%,最低是1980年的47.00%,2005年和2010年下降到45.00%,但总体比较稳定。随着城镇化率的提高,中国劳动者报酬比重呈现先迅速下降再缓慢上升的趋势,劳动者报酬比重波动幅度比较大。特别是比较城镇化率在40%~56%时,可以看出中国的平均劳动者报酬比重是43.87%,而南非的平均劳动者报酬比重是51.67%。我国劳动者报酬比重低于南非7.80%,进一步说明我国劳动者报酬比重比较低。

第四章　我国劳动者报酬合理比重的价值判断

通过深入研究提出判断我国劳动者报酬比重是否合理，应坚持以按劳分配为主体的原则、公平与效率并重原则、共享改革发展成果原则、促进经济增长的原则，提出判断劳动者报酬合理比重的标准是劳动者报酬比重与"劳动"的数量、质量、类型、贡献一致，与劳动者贡献比重一致，有利于促进经济增长的标准。根据判断原则和标准，依据我国1981~2013年的相关数据构建我国劳动、资本对经济增长的贡献模型，计算我国劳动、资本对经济增长的贡献，以此为依据判断我国劳动者报酬的合理比重，并与我国1981~2013年的实际劳动者报酬比重进行比较分析，最后得出结论：我国劳动者报酬比重比较低，与劳动对经济增长的贡献不成比例，劳动者报酬比重不合理，必须提高劳动者报酬在国民收入初次分配中的比重。在此基础上进一步研究分析了我国经济新常态下劳动者报酬比重进一步提高的发展趋势，并用进入经济新常态后我国劳动者报酬比重的变迁和一些典型地区行业劳动者报酬比重的变迁进行经验验证，进一步验证了我国劳动者报酬比重提高的发展趋势，更好地丰富和发展了收入分配理论，为政府进行科学决策提供了理论依据。

第一节　判断我国劳动者报酬合理比重的原则和标准

一、判断我国劳动者报酬合理比重的原则

（一）以按劳分配为主体多种分配形式并存的原则

马克思指出在共产主义的第一阶段，集体共同劳动所创造的社会总产品，在进行消费资料的分配时，要求进行必要的扣除，首先要扣除"用来补偿消费掉的生产资料的部分；用来扩大生产的追加部分；用来应付不幸事故、自然灾害等的后备基金或保险基金"①。剩余的社会总产品才能用来作为消费资料，但还必须进行进一步的扣除，必须扣除"和生产没有关系的一般管理费用；用来满足共同需要的部分；为丧失劳动能力的人等设立的基金"②。剩余的那部分社会总产品才能用于劳动者消费资料的分配。列宁进一步指出在共产主义社会的第一阶段，按劳分配是分配制度的必然选择。③ 坚持按劳分配原则是由生产资料公有制决定的。我国社会主义初级阶段的所有制结构是以公有制为主体、多种所有制形式共同发展的所有制结构，其决定了我国的分配制度是以按劳分配为主体、多种分配形式并存的分配制度。因此，在国民收入初次分配中必须坚持以按劳分配为主体、多种分配形式并存的收入分配原则。

坚持以按劳分配为主体多种分配形式并存的原则，有利于提高劳动者报酬比重，最终实现共同富裕的目标。按劳分配是指劳动者尽自己的所

---

① 马克思、恩格斯：《马克思恩格斯选集》（第三卷），人民出版社1972年版，第9页。
② 马克思、恩格斯：《马克思恩格斯选集》（第三卷），人民出版社1972年版，第9-10页。
③ 列宁：《列宁选集》（第三卷），人民出版社1995年版，第194-196页。

能,"根据劳动者向社会提供劳动的质、量、类型和贡献分配个人消费资料"①。坚持按劳分配原则,就是在生产资料公有制范围内,以劳动为尺度分配个人消费品。坚持多种分配形式就是在其他条件不变的情况下,劳动者报酬是劳动者收入的主要来源,根据劳动在经济发展中的贡献进行分配,劳动者的劳动时间越长、质量越高、劳动类型越复杂、劳动贡献越大,劳动者报酬在国民收入初次分配中的比重就越高,资本等生产要素报酬比重必然下降,进一步巩固按劳分配的主体地位,最终实现共同富裕的目标。"按劳分配为主体应该是劳动报酬在国民收入分配中占较大的比重,这既可以实现共同富裕,又与当今世界发展趋势相一致。"②

(二) 效率与公平并重原则

经济学视角的效率是指生产发展效率、经济增长效率;公平是指收入分配的公平,包括初次分配和再分配的公平。效率与公平的关系是对立统一的,在经济发展的不同阶段,由于经济发展战略和发展重点不同,一般来说,效率的提高是实现公平的前提和条件,实现分配公平是人们的普遍追求,是提高效率的有效保障。从经济转型国家的实践看,一般来说,在转型发展的初期,为了加速经济发展,一般坚持"效率优先、兼顾公平"的原则,在转型发展出现刘易斯"拐点"前,收入差距过大,社会矛盾比较凸显时,坚持效率与公平并重的原则。我国在处理效率与公平的关系上,党的十三大提出"在促进效率提高的前提下体现社会公平"。党的十四届三中全会进一步提出"效率优先、兼顾公平",党的十六大提出"初次分配要注重效率,发挥市场的作用;再分配要注重公平"③,针对改革开放以来我国收入差距日趋扩大的现实,党的十七大报告强调要"把提高效率同促进社会公平结合起来,初次分配和再分配都要处理好效率和公平的

---

① 邹升平:《正确理解马克思按劳分配理论及其实现途径》,《社会主义研究》2010 年第 1 期,第 1 页。
② 信卫平:《关于提高劳动报酬在初次分配中的比重的思考》,《中国劳动关系学院学报》2008 年第 6 期,第 43 页。
③ 中共中央文献研究室:《改革开放三十年重要文献选编》(下),中央文献出版社 2008 年版,第 1254、1732 页。

关系，再分配更加注重公平"。从而形成"效率优先、兼顾公平"的原则，并在我国收入分配的实践中认真贯彻落实。在"效率优先、兼顾公平"的指导下，我国的经济效率普遍提高，经济迅速发展，但收入差距过大，初次分配中劳动者报酬比重比较低并迅速下降，党的十七届五中全会提出"要合理调整收入分配关系，努力提高居民收入在国民收入分配中的比重，提高劳动报酬在初次分配中的比重"。"十二五"规划纲要提出要合理调整收入分配关系，实现城乡居民收入与经济发展同步，劳动报酬的增长与劳动生产率的提高同步，从"国富"走向"民富"。初步形成了"效率与公平并重"的制度原则。由此可见，改革开放后，我国分配政策的价值目标是逐渐从"效率优先、兼顾公平"向"效率与公平并重"转化。①

在初次分配中，坚持"效率与公平并重"的原则，要求在初次分配中要体现劳动者报酬比重与劳动者在经济增长中的贡献基本一致，企业所得与资本在经济增长中的贡献基本一致，政府的生产税净额与服务型政府相一致。因为初次分配中劳动者、企业和政府在经济增长中所做出的贡献，就是初次分配参与者所提供的生产要素在财富创造和价值创造中做出的贡献，如果劳动者报酬、政府的生产税净额和企业所得比重与他们的收入比重相对称，就能比较好地体现公平，否则初次分配就没有体现公平。

在效率方面，坚持"效率与公平并重"的原则，一是坚持劳动者报酬比重能够形成合意的社会消费率，二是坚持资本报酬比重及其利润率水平能够形成合意的投资率，三是坚持提高劳动报酬能推动经济增长。也就是说，合理的劳动者报酬比重既能形成合意的社会消费率，又能形成合意的投资率，从而促进经济增长。

（三）共享改革发展成果原则

所谓共享式增长是指"在经济增长过程中社会各个阶层能够共享劳动成果，处理好收入分配方方面面的关系，减少和避免分配不公或不均等现

---

① 泽羽：《"公平优先兼顾效率"的价值取向再思考》，《上海社会科学报》2005年10月26日。

象,实现公平和效率的统一"①。共享改革发展成果是我国经济发展、全面建成小康社会、实现中国梦的必然要求,也是促进经济增长和经济转型升级的动力。在改革开放初期,邓小平就提出鼓励一部分人和一部分地区通过诚实劳动和合法经营先富起来;发展到一定程度后,先富帮后富,先发展的地区帮后发展的地区,最终实现共同富裕,当前,我国正处于构建社会主义和谐社会,实现中国梦的新时期,一部分地区、一部分人先富起来后,要通过提供更多税收等多种途径对落后地区进行援助,带动落后地区走向共同富裕,让各地区、各社会群体共享经济增长和社会发展的成果。胡锦涛提出"要坚持发展为了人民、发展依靠人民、发展成果由人民共享"的共享式增长理念。习近平说"中国梦归根到底是人民的梦,必须紧紧依靠人民来实现,必须不断为人民造福","只有每个人都为美好梦想而奋斗,才能汇聚起实现中国梦的磅礴力量","中国梦最终落实到老百姓的幸福生活上,落实到解决老百姓关心的一件一件具体事情上",②"中国梦"就是让国家更强盛、人民更幸福、中华民族对世界做出更大贡献。③ 形成了要让人民共同享受改革发展成果的国民收入初次分配理论。

在国民收入初次分配中,要让人民共同享受改革发展的成果,一是要实现劳动者报酬与国民收入同步增长。正确处理好劳动者报酬增长与经济增长的关系,确保劳动者报酬提高与经济增长同步。二是实现劳动者报酬增长与政府财政收入增长同步,正确处理政府、劳动者之间的分配关系,确保劳动者报酬在国民收入分配中的比重提高。要提高劳动者报酬在国民收入分配中的比重,"在保持企业收入大体不变的情况下,就必须相应地降低政府的财政收入"④,构建"服务型政府",减少行政支出。三是劳动者报酬增长与劳动生产率同步增长,正确处理劳动者报酬增长与劳动生产率增长的关系,确保劳动报酬比重提高与劳动生产率增长同步。四是要处理好劳动者报酬增长与资本收入增长的关系,要求劳动者报酬比重略高于

---

① 李炯:《共享模式切换:收入分配同步增长》,《中共福建省委党校学报》2012年第1期,第77页。
② 寸木:《中国梦 人民梦》,《人民日报》2013年5月15日。
③ 辛鸣:《"中国梦":内涵·路径·保障》,《理论导报》2013年第1期,第20页。
④ 蔡继明:《调整分配关系的七个建议》,《人民论坛》2011年3月上,第40页。

资本报酬比重,保证劳动者报酬比重与劳动者在经济增长中的贡献一致,让劳动者真正享受改革发展的成果。

(四) 促进经济增长的原则

在中国现阶段,只有加快促进经济增长,才能为实现共同富裕、为实现中国梦奠定坚实的物质基础。中国梦的实现,必须要有坚实的物质基础,要奠定坚实的物质基础,必须以经济建设为中心,促进经济增长,保证合理的资本报酬比重。因为合理的资本报酬比重意味着企业能够获得合理的资本回报率,更重要的是合理的资本回报率将会带来投资的进一步增加,确保在"新常态"下我国经济的稳定增长,确保经济增长的合理速度,才能增加就业,更好地实现"中国梦"。所以李克强指出,要保持经济持续发展,未来中国经济环境依然严峻复杂,我们要居安思危,也要处变不惊,保持经济持续增长,防范通货膨胀,控制潜在风险,使中国经济不发生大的波动①。同时,合理的投资率能加速我国新型城镇化和新型工业化的发展,吸收更多的劳动力就业,特别是吸收更多的农村转移劳动力就业。因此,我国劳动者报酬合理比重的判断,必须要以坚持劳动者报酬合理比重和促进经济增长为标准,而不能以牺牲经济增长速度来提高劳动者报酬比重。

在问卷调查中,地方政府工作人员、企业管理人员、劳动者都认为判断我国劳动者报酬合理比重应该坚持按劳分配原则、效率与公平并重的原则、共享经济发展成果的原则、促进地区经济增长的原则,如表4-1所示。

表4-1　判断劳动者报酬合理比重的原则调查(多项选择题)　　　单位:%

按劳分配原则	效率与公平并重的原则	共享经济发展成果的原则	促进地区经济增长的原则	其他
61.3	83.8	71.3	67.8	5.6

---

① 《李克强总理等会见采访两会的中外记者并回答提问》,《人民日报》2013年3月18日。

从表4-1可以看出,有61.3%的人认为应该坚持按劳分配原则,主要是公务员、事业单位职工、公有制企业的管理人员和劳动者,他们认为判断劳动者报酬合理比重应坚持按劳分配原则,因此按劳分配原则是判断我国劳动者报酬合理比重必须坚持的原则。有83.8%的政府工作人员、企业管理人员和劳动者认为判断劳动者报酬合理比重应坚持效率与公平并重的原则,效率与公平并重是政府、企业和劳动者共同的价值追求,也是政府、企业和劳动者的共同意愿,因此效率与公平并重原则是判断我国劳动者报酬合理比重必须坚持的原则。共享经济发展成果的原则体现了党和政府实现共同富裕的意愿,也体现了广大人民的追求,也是贯彻按劳分配原则的内在要求,因此有71.3%的人认为应坚持共享经济发展成果的原则。有67.8%的人认为应坚持促进地区经济增长的原则,体现了在经济新常态条件下,要保持经济的中高速增长,才能提高劳动者的生活水平。总之,判断劳动者报酬合理比重时,必须坚持以按劳分配为主体多种分配形式并存的原则、效率与公平并重的原则、共享经济发展成果的原则和促进地区经济增长的原则。

二、判断我国劳动者报酬合理比重的标准

关于中国劳动者报酬比重的判断,我国学者一般是通过比较分析提出劳动者报酬比重的合理期间,罗长远、张军提出世界大多数国家劳动者报酬比重在55%~65%是合理的[①];有的学者以联合国提供的数据为依据,认为随着经济的发展,劳动者报酬比重在70%~80%是合理的;张培丽、姜伟根据日本、韩国和我国台湾工业化进程中劳动者报酬比重的变动经验,总结出工业化不同发展阶段劳动报酬演变的一般规律,从而判断我国工业化进程中不同时期的比重;常进雄、王丹枫根据劳动、资本的产出弹性,通过计量分析,研究得出我国劳动的产出弹性系数为0.6029,资本的产出弹性系数为0.3971,即劳动对经济增长的贡献是60.29%,资本对经济增

---

① 罗长远、张军:《经济发展中的劳动收入占比:基于中国产业数据的实证研究》,《中国社会科学》2009年第4期,第66页。

长的贡献是39.71%，因此在完全竞争市场条件下，劳动者报酬合理比重应该是60.29%[①]；王晓丹、周勇根据生产要素对经济增长的贡献进行判断。这些判断标准对研究我国劳动者报酬合理比重的判断标准有一定的指导意义，但不能科学判断一定时期的劳动者报酬比重。根据判断我国劳动者报酬合理比重的原则，即在国民收入初次分配中要坚持按劳分配原则、效率与公平并重原则、让人民享受改革发展成果的原则，判断我国劳动者报酬合理比重的标准是：

（一）按劳分配标准

按劳分配是指国有企业、集体所有制企业和混合所有制企业的劳动者根据自己在国民收入生产过程中所提供的劳动量参与个人消费品分配的一种分配制度安排。劳动者报酬比重取决于劳动者在国民收入生产过程中提供的劳动质量、数量、类型和贡献的比重，劳动质量越高，劳动数量和劳动时间越长，劳动者的类型越复杂，贡献越大，劳动者报酬比重越高，反之，劳动者报酬比重就越低。在社会主义市场经济条件下，劳动者提供劳动的质、量、类型和贡献是由社会必要劳动时间决定的，是由市场机制决定的。在社会主义市场经济体制下，坚持按劳分配原则主要是通过两个层次来体现：一是制度外层次，公有制企业通过市场配置方式优化资源配置，通过市场竞争和商品交换把企业劳动总量转化为价值形式，实现劳动者劳动总量与劳动者报酬总量的平衡，获得合理劳动者报酬比重；二是制度内层次，劳动者在公有制企业内部依据劳动者提供的劳动数量、质量、类型、贡献来分配，具体讲就是要坚持通过市场竞争和商品交换，根据劳动者提供的劳动数量、质量、类型、贡献来确定劳动者报酬的合理比重。

劳动数量是由生产商品的社会必要劳动时间决定的，计量劳动的数量只能根据生产产品时耗费的社会必要劳动时间。按劳分配中劳动的质量必须根据生产产品的抽象劳动，包括劳动者的人力资本存量和增量等，劳动的类型就是将复杂劳动换算成简单劳动，通过市场交换把科技劳动、管理

[①] 常进雄、王丹枫：《就业增长、投资与初次分配中的劳动报酬占比》，《经济管理》2011年第3期，第164页。

劳动等复杂劳动换算成简单劳动,具体的比例关系根据各种类型的劳动在国民收入增长中的贡献通过市场竞争确定和实现。劳动的类型是指在经济增长中的不同类型,主要包括简单劳动、科技劳动、管理劳动等各种不同的劳动类型,随着科技劳动、管理劳动比重的进一步提高,随着劳动者人力资本存量的进一步提高,劳动者的劳动在经济增长中的贡献进一步增大,劳动者报酬比重应进一步提高。因此,界定劳动者报酬比重是通过在市场经济发展中根据不同类型劳动者提供劳动的贡献决定的。

(二) 劳动者报酬比重与劳动者贡献比重一致

劳动者报酬比重与劳动者贡献比重一致,既能体现公平,又能体现效率。劳动者报酬比重与劳动者贡献比重一致,能体现分配公平。因为国民收入初次分配公平是指劳动者报酬比重与劳动者对国民生产总值所做的贡献相等,在完全竞争市场条件下,完全由市场来配置资源,市场在资源配置中起决定作用,要素收入的比重取决于要素的贡献,劳动报酬取决于劳动对经济增长的贡献,资本收入比重取决于资本对经济增长的贡献,政府收入比重取于决政府对经济增长的贡献及其政府需求,不存在"利润侵蚀工资""工资侵蚀利润""税收侵蚀工资"和"税收侵蚀利润"的现象。

劳动者报酬比重与劳动者贡献比重一致的标准又体现了效率。因为劳动者报酬比重与劳动者贡献比重一致的标准既贯彻了按劳分配原则,又贯彻了生产要素按贡献分配的原则,实现了生产关系和生产力的统一,既坚持按劳分配原则,又坚持了生产要素按贡献分配制度,才能在促进经济增长的同时,通过调整国民收入分配格局,使劳动者、政府和资本所有者都能享受到改革开放和经济增长的成果,从而全面调动政府、企业和劳动者的积极性、主动性和创造性,更好地优化资源配置,全面提高经济效率。

(三) 有利于促进经济增长

在新常态下,我国正处在中高速发展时期,保持中高的经济增长速度、促进经济发展,全面实现中国梦,必须进一步增加消费需求。只有保持中高速的经济增长速度,才能进一步提高就业率、增加劳动者收入,为实现中国梦奠定强大的物质基础。要保持经济的中高速增长,保持合理的经济增长速度,必须坚持合理的劳动者报酬比重、合理的投资收益比重、合理的生产税额比重标准。

1. 合理的劳动者报酬比重

从改革开放以来我国劳动者变迁的区域比较可以看出,在"二元经济"转型过程中,并不是说劳动者报酬比重越高越好,我国劳动者报酬比重呈现出:经济越发达的地区,劳动者报酬比重越低;经济越落后的地区,劳动者报酬比重越高。因此,必须以合理的劳动者报酬比重为标准,才能促进经济发展,构建社会主义和谐社会。

同时在经济发展的同一阶段,在市场经济条件下,劳动者报酬比重低,必然会减少消费,降低消费率,制约经济增长。在政府的生产税净额一定的条件下,劳动者报酬比重与投资收益率紧密联系,劳动者报酬比重低,投资收益率就高;劳动者报酬比重高,投资收益率就低。因此,在保证合理投资收益率的前提下,尽可能提高劳动者报酬比重,促进消费的增长,扩大消费市场,促进经济增长。

2. 合理的投资收益比重

投资收益是投资者投资所获得的利润等收入减去投资损失后的净收益。投资收益率是指投资后得到的收益与成本之间的比率。投资收益率的高低是影响投资的重要因素,投资收益率的提高,将会吸引更多的投资。因为在市场经济中,投资率的高低与投资的收益率呈正相关关系:投资收益率越高,投资就越多;投资收益率越低,投资就越少。但是,在政府的生产税净额一定的条件下,投资收益率与劳动者报酬比重紧密联系:投资收益率高,劳动者报酬比重就低;投资收益率低,劳动者报酬比重就高。我国改革开放后较高的经济增长率和高投资率与较高的投资收益率存在着密切的关系。因此必须坚持合理的投资收益率标准,在不影响劳动者报酬合理比重的前提下,吸引投资增加,扩大投资需求,促进经济增长。从调查中也可以看出,我国经济发达的沿海地区,投资收益率高,投资规模大,经济发展快,劳动者报酬增长快,但劳动者报酬比重比较低。中部地区投资收益率比较高,投资规模比较大,经济发展比较快,劳动者报酬增长比较快,但劳动者报酬比重较合理。经济发展比较落后的西部地区,投资收益率比较低、投资规模小、投资率低、经济发展慢、劳动者报酬增长慢,但劳动者报酬比重比较高。

3. 合理的生产税净额比重

在国民收入初次分配中,在生产总值一定的前提下,劳动者报酬比重与生产税净额比重具有较强的负相关性,劳动者报酬比重低的直接原因或者是企业收入和政府的生产税净额比重双重挤压所导致的,或者是企业对劳动者报酬比重的挤占,或者是政府对劳动者报酬比重的挤占。一般来说,政府由于税收刚性其报酬比重比较稳定,有可能间接挤占了劳动者报酬比重。劳动者报酬比重也会影响政府的生产税净额,在企业利润一定的情况下,如果劳动者报酬比重提高,政府的生产税净额必然减少。反之,政府的生产税净额相对提高。从微观视角看,劳动者报酬比重低,企业的经济效益好,政府的生产税净额比重高。改革开放以后,我国劳动者报酬比重低的一个重要原因就是在国民收入初次分配中,政府的生产税净额比重不断上升,政府过高的生产税净额必然对劳动者报酬产生"挤出效应"。因此,要形成企业收入和劳动者报酬的合理比重,同样要形成合理的生产税净额比重,实现企业利益和劳动者的均衡和利益最大化,适度增加投资,增加消费需求,促进经济增长。

判断一个国家生产税净额比重是否合理的标准,一是要看生产税净额比重是否与经济增长相适应,二是要看政府从事公共服务的财政需求,实现财政需求和财政供求平衡。

在问卷调查中,一些税务工作人员认为,要增加税收,主要路径是促进经济增长,增加税源,一部分公务员认为要实现社会公平,劳动者报酬比重要合理,企业管理人员则认为判断论证报酬比重合理的标准是促进经济增长,大多数劳动者都认为判断我国劳动者报酬合理比重的标准主要是按劳分配标准,劳动者报酬比重与劳动者贡献比重一致和有利于促进经济增长的标准,如表4-2所示。

表 4-2 判断劳动者报酬合理比重的标准调查表（多项选择题）

单位：%

按劳分配标准	劳动者报酬比重与劳动者贡献比重一致	有利于促进经济增长	其他标准
60.1	96.3	67.2	6.3

从表 4-2 可以看出，有 60.1% 的人认为应该坚持按劳分配标准，主要是政府工作人员、国有企业、集体所有制企业和混合所有制企业的管理人员和劳动者，他们认为判断劳动者报酬合理比重应坚持按劳分配标准。因此按劳分配标准是判断我国劳动者报酬合理比重必须坚持的标准，必须坚持按劳动的数量、质量、类型和贡献进行分配。有 96.3% 的政府工作人员、企业管理人员和劳动者认为判断劳动者报酬合理比重应坚持劳动者报酬比重与劳动者贡献比重一致的标准，充分体现劳动者报酬比重与贡献比重一致是社会主义市场经济条件下人们的共同追求，因此劳动者报酬比重与劳动者贡献比重一致的标准是判断我国劳动者报酬合理比重必须坚持的标准，在生产税等各项扣除后，根据此标准进行判断。有 67.2% 的人认为应该坚持有利于促进经济增长的标准，体现了广大人民迫切期望促进经济增长的愿望，只有促进经济增长，才能提高劳动者报酬比重。总之，理论分析和调查研究结果比较一致说明判断我国劳动者报酬合理比重的标准是按劳分配标准、劳动者报酬比重与劳动者贡献比重一致标准和促进经济增长的标准。

第二节　我国劳动者报酬合理比重的价值判断

提高我国劳动者报酬比重的前提是科学判断我国劳动者报酬比重是否合理。我们根据以按劳分配为主体、多种分配形式并存和生产要素按贡献分配理论，应用现有的相关数据构建了我国劳动者、资本对经济增长的贡献模型，以此为依据测算我国劳动者报酬的合理比重，并与我国现实劳动者、资本报酬比重进行比较,最后得出结论:我国劳动者报酬比重与我国经济发展阶段相适应,我国劳动者报酬比重低于劳动者对经济发展的贡献比重,劳动者报酬比重比较低且持续下降。因此必须提高劳动者报酬在国民收入初次分配中的比重,才能更好地促进经济增长,提高人民的生活水平,实现共同富裕的价值目标,让人民真正享受我国改革开放和经济发展的成果,促进新常态下经济的中高速增长。

一、问题的提出

改革开放以后,我国劳动者报酬比较低且持续下降,引起了党和国家的高度重视,党的十七大提出要提高劳动者报酬在初次分配中的比重以后,学术界对我国劳动者报酬合理比重进行了深入的探讨,对我国劳动者报酬合理比重进行判断,主要是通过两种途径探讨我国劳动者报酬的合理比重:

一是通过与世界发达国家和工业化国家的不同阶段进行比较说明我国劳动者报酬比重不合理。如罗长远等指出与世界大多数国家劳动者报酬为55%~65%是比较合理的。张培丽、姜伟通过比较日本、韩国和我国台湾地区工业化进程中居民收入比重变动的经验数据说明不同时期劳动者报酬的比重[①]。比较的结论是:工业化中期,居民收入占比缓慢上升后有所下降,加速之前均低于50%;工业化后期,居民收入占比加速上升,上升幅度约为5个百分点,并维持在50%;工业化尾声,居民收入占比出现分化;工业化完成时达到63.5%,韩国居民收入小幅上升后下降,最高达到47.6%,上升幅度不足3%。得出工业化发展的不同时期劳动者报酬的合理比重的结论[②]。这些比较对判断我国劳动者报酬合理比重有一定的指导意义,但不一定体现我国劳动者对经济增长的贡献。

---

① 张培丽、姜伟:《我国居民收入占比合理性的判断标准》,《教学与研究》2015年第6期,第52页。
② 张培丽、姜伟:《我国居民收入占比合理性的判断标准》,《教学与研究》2015年第6期,第55页。

二是通过计量模型研究探讨我国劳动者报酬的合理比重。吴江、任婕柠根据要素贡献率取得要素收入份额的计量研究得出我国劳动者报酬合理比重为33%左右①。常进雄、王丹枫应用柯布—道格拉斯生产函数计算，得出劳动对产出的贡献要高于资本对产出的贡献。劳动的产出弹性系数为0.6029，资本的产出弹性系数为0.3971。劳动者报酬合理比重应该达到60.29%，资本收入的比重应该达到39.71%，1995～2007年，在GDP初次分配中劳动者报酬比重的均值是50.86%，劳动者报酬比重低于其对产出的贡献比重②。刘超、杨素芳应用柯布—道格拉斯生产函数计算得出劳动对经济增长的贡献是53.57%，资本的贡献是46.43%③。因此，按照劳动和资本对经济增长的贡献，1952～2004年，我国劳动者报酬比重应达到生产总值的53.57%，资本收入应达到46.43%。由于数据来源不同和测算模式不一致，对我国劳动者报酬合理比重的判断也不一致，并且相差比较大，没有测算出我国高年份劳动者报酬的合理比重，并不能完全反映我国劳动者报酬变迁的阶段性特征。

二、改革开放以来我国劳动者报酬合理比重的价值判断

根据劳动者报酬合理比重的判断原则和判断标准，我们认为判断劳动者报酬合理比重必须体现按劳分配标准，必须体现建立劳动者对生产总值的贡献比重与劳动者报酬比重一致的原则，劳动者报酬的合理比重既要保证新常态前提下经济中高速增长，又能体现劳动者共享改革发展成果。

（一）我国劳动和资本对经济增长的贡献

经济增长的要素主要包括劳动、资本、土地、技术和管理等，在社会

---

① 吴江、任婕柠：《基于要素贡献度的要素收入份额的确定》，《东岳论丛》2011年第12期，第105页。
② 常进雄、王丹枫：《就业增长、投资与初次分配中的劳动报酬占比》，《经济管理》2011年第3期，第164页。
③ 刘超、杨素芳：《劳动与资本投入对中国经济增长贡献的测度分析》，《商业时代》2013年第7期，第10页。

主义市场经济条件下,土地包括国有和集体所有,是全体人民和集体成员所有的,其经济增长成果理应由全体人民和集体成员共同享受。从收入分配视角看,技术在经济增长中的作用主要通过资本积累的增加和劳动者人力资本的提高促进经济增长,按劳分配中"劳动"的质量、数量、贡献、类型等都可以通过劳动的贡献进行分配,因此为了深入研究我国劳动者报酬在国民收入初次分配中的合理比重,根据国家统计局1981~2013年的国民生产总值、全社会固定资产投资、年末就业人数的有关统计进行测算,如表4-3所示。

表4-3 我国1981~2013年的生产总值、全社会固定资产投资、年末就业人数统计

年份	生产总值（亿元）	全社会固定资产投资（亿元）	年末就业人数（万人）	年份	生产总值（亿元）	全社会固定资产投资（亿元）	年末就业人数（万人）
1981	5008.8	961.0	43725.0	1998	86531.6	28406.0	70637.0
1982	5590.0	1230.0	45295.0	1999	91125.0	29854.0	71394.0
1983	6216.2	1430.0	46436.0	2000	98749.0	32917.0	72085.0
1984	7362.7	1832.0	48197.0	2001	109028.0	37213.0	72797.0
1985	9076.7	2543.0	49873.0	2002	120475.6	43499.0	73280.0
1986	10508.5	3120.0	51281.0	2003	136613.4	55566.0	73736.0
1987	12277.4	3791.0	52783.0	2004	160956.6	70477.0	74264.0
1988	15388.6	4753.0	54334.0	2005	187423.4	88773.0	74067.0
1989	17311.3	4410.0	55329.0	2006	222712.2	109998.0	74978.0
1990	19347.8	4517.0	64749.0	2007	266599.2	137323.0	75321.0
1991	22577.4	5594.0	65491.0	2008	315974.6	172828.0	75564.0
1992	27565.2	8080.0	66152.0	2009	348775.1	224598.0	75828.0
1993	36938.1	13072.0	66808.0	2010	402816.5	278121.0	76105.0
1994	50217.4	17042.0	67455.0	2011	472619.2	311485.0	76420.0
1995	63216.9	20019.0	68065.0	2012	529399.2	374695.0	76704.0
1996	74163.6	22913.0	68950.0	2013	586673.0	446294.0	76977.0
1997	81658.5	24941.0	69820.0				

资料来源：《中国统计年鉴》(1982~2014)。

利用上述资料，运用 SPSS 软件，进行回归，其模型是：

Y = 1.242K + 2.431L - 117934
　　(40.12)　　(7.18)　　(-5.57)

括号中为各回归系数的 t 检验值，拟合优度 R^2 = 0.987，表示拟合度较好，回归方程的显著性检验值 F = 89.98 > F0.01（3、20、0.89）= 4.526。此模型说明，我国年均每增加 1 亿元资本，国民收入增长 1.242 亿元，即增加 1 元投资，国民生产总值增加 1.242 元；每增加 1 万个劳动力，国民生产总值增加 2.431 亿元，即每增加一个劳动力，可增加国民生产总值 24310 元。常数项为 -117934，说明还存在影响我国生产总值的其他因素，如政府的投资意愿、政府和资本所有者的地位、国际形势、经济波动等因素的影响。模型结论与我国经济增长的经验验证吻合，说明模型有效。

（二）我国劳动者报酬在国民收入初次分配中合理比重的判断

根据上述回归模型，可以测算出我国劳动者对国民生产总值增长中的贡献，结果如表 4-4 所示。

表 4-4　我国劳动、资本在国民生产总值增长中的贡献　　单位：%

年份	资本贡献	劳动贡献	年份	资本贡献	劳动贡献	年份	资本贡献	劳动贡献
1981	23.8	76.2	1993	43.9	56.1	2005	45.6	54.4
1982	27.3	72.7	1994	42.1	57.9	2006	44.6	53.4
1983	28.6	71.4	1995	39.3	60.7	2007	53.4	46.6
1984	30.9	69.1	1996	38.4	61.6	2008	41.9	58.1
1985	34.8	65.2	1997	37.9	62.1	2009	47.1	52.9
1986	36.9	63.1	1998	40.8	59.2	2010	42.5	57.5
1987	38.4	61.6	1999	40.7	59.3	2011	48.8	51.2
1988	38.4	61.6	2000	41.7	58.3	2012	47.5	52.5
1989	31.6	68.4	2001	42.4	57.6	2013	48.0	52.0
1990	29.0	71.0	2002	44.8	55.2	年均	59.84	40.16
1991	30.8	69.2	2003	50.5	49.5	—	—	—
1992	36.4	63.6	2004	51.4	48.6			

第四章　我国劳动者报酬合理比重的价值判断

由表4-4可以看出：

（1）我国劳动者对经济增长的年均贡献率是40.16%，资本的年均贡献率是59.84%，能够比较好地体现我国劳动和资本对经济增长的贡献，与常进雄、王丹枫研究的劳动的产出弹性系数为0.6029，资本的产出弹性系数为0.3971，即劳动对经济增长的贡献是60.29%，资本对经济增长的贡献是39.71%基本吻合，能更好地反映我国劳动、资本对经济增长的贡献，能更好地判断我国劳动者报酬合理比重。

（2）我国劳动者对经济增长的贡献呈现出逐步下降再逐步上升的"U"型变化规律，资本对经济增长的贡献呈现出逐步提高再逐步下降的变化规律。1981年劳动对经济增长的贡献比重达到76.2%，下降到2007年的46.6%再上升到2012年的52.5%；1981年资本的贡献比重是23.8%，然后逐渐上升，上升到2004年的51.4%再下降到2013年的48%。比较好地反映了我国的工业化进程，即在工业化发展的初期阶段，工业化程度低，三次产业结构比例不合理，第一产业比重大，经济增长主要依靠劳动的增加，劳动对经济增长的贡献大，劳动者报酬比重高。随着工业化的进一步发展，资本对经济增长的贡献增加，特别是随着三次产业结构的优化，第二产业、第三产业比重的增加，资本对经济增长的贡献进一步增大，资本报酬比重逐步增加，特别是2010年后，随着我国农业劳动力转移的减少，就业人数增加比例下降，经济增长更依靠资本的增加，因此，劳动对经济增长的贡献进一步下降，这正好体现了我国"二元经济"向"一元经济"的变迁规律。

（3）我国劳动资本的贡献比重具有阶段性波动特征。分为五个阶段：

第一阶段是1981~1988年。这一阶段，总体上呈现出劳动对经济增长的贡献比重下降，资本对经济增长的贡献比重上升，资本对经济增长的贡献从1981年的23.8%上升到1988年的38.4%，劳动对经济增长的贡献持续下降，从1981年的76.2%下降到1988年的61.6%。

第二阶段是1989~1992年。这一阶段，总体上呈现出劳动对经济增长的贡献比重上升，资本对经济增长的贡献比重下降，资本对经济增长的贡献从1989年的31.6%下降到1992年的36.4%，劳动对经济增长的贡献上升,从1989年的68.4%上升到1990年的71%、1992年的63.6%。

第三阶段是1993~1997年。这一阶段,1991年邓小平"南方谈话"后,我国开始了新一轮的投资热,总体上呈现出劳动对经济增长的贡献比重先下降再上升,资本对经济增长的比重先上升再下降,1993~1994年,资本对经济增长的贡献比重先上升,1993年达43.9%、1994年达42.1%,然后再下降到1997年的37.9%,劳动对经济增长的贡献先下降再上升,从1993年的56.1%上升到1997年的62.1%。

第四阶段是1998~2004年。这一阶段,总体上呈现出劳动对经济增长的贡献比重下降,资本对经济增长的贡献比重上升,资本对经济增长的贡献从1998年的40.8%上升到2004年的51.4%,劳动对经济增长的贡献持续下降,从1998年的59.2%下降到2004年的48.6%。

第五阶段是2005~2013年。这一阶段,总体上呈现出劳动对经济增长的贡献比重在50%以上,资本对经济增长的贡献比重在50%以下,波动性不大,虽然投资增加幅度大,但由于劳动成本增加,投资收益率下降。

三、我国劳动者报酬比重不合理

我国劳动者报酬在国民收入初次分配中的比重低于劳动对生产总值生产的贡献,如表4-5所示。

表4-5　1981~2013年我国劳动者报酬合理比重与实际劳动者报酬比较

单位:%

年份	合理比重	实际比重	差额	年份	合理比重	实际比重	差额
1981	76.20	52.71	23.49	1998	59.20	50.83	8.37
1982	72.70	53.58	19.12	1999	59.30	49.97	9.33
1983	71.40	53.54	17.86	2000	58.30	48.71	9.59
1984	69.10	53.68	15.42	2001	57.60	48.23	9.37
1985	65.20	52.74	12.46	2002	55.20	47.75	7.45
1986	63.10	52.82	10.28	2003	49.50	46.16	3.34

续表

年份	合理比重	实际比重	差额	年份	合理比重	实际比重	差额
1987	61.60	52.02	9.58	2004	48.60	41.55	7.05
1988	61.60	51.69	9.91	2005	54.40	41.33	13.07
1989	68.40	51.55	16.85	2006	53.40	40.61	12.79
1990	71.00	53.31	17.69	2007	46.60	39.74	6.86
1991	69.20	52.12	17.08	2008	58.10	40.64	17.46
1992	63.60	50.04	13.56	2009	52.90	46.62	6.28
1993	56.10	49.49	6.61	2010	57.50	45.01	12.49
1994	57.90	50.35	7.55	2011	51.20	44.94	6.26
1995	60.70	51.44	9.26	2012	52.50	43.80	8.70
1996	61.60	51.21	10.39	2013	52.00	45.60	6.40
1997	62.10	51.03	11.07	年均	59.84	48.63	11.21

从表4-5可以看出：

（1）1981~2013年，我国劳动者报酬比重都低于劳动对国民生产总值的贡献，在此期间，劳动者报酬的合理比重是59.84%，而实际劳动者报酬比重是48.63%，年均低于合理比重11.21%，劳动者报酬比重与劳动对国民生产总值的贡献不对称，劳动者报酬比重没有真正体现劳动贡献，原因是多方面的，重要的原因是"资本对劳动的侵蚀"和"政府对劳动的侵蚀"。

（2）1981~1985年，我国劳动者报酬比重虽然有小幅度的上升，达到52.71%以上，最高达到53.68%，但仍然低于劳动对国民生产总值的贡献，并且是实际劳动者报酬比重与合理劳动者报酬比重差距最大的时期，平均差距达到17.67%，之所以劳动者报酬比重有一定提高，主要是劳动者，特别是农业劳动者享受改革开放带来的红利。

（3）1986~2008年，我国劳动者报酬比重仍然低于合理比重，并且劳动者报酬合理比重持续下降，我国劳动者实际报酬比重也持续下降，这是经济转型发展、城市化、工业化发展、劳动力转移的经济规律和必然趋势。虽然在此期间，实际劳动者报酬比重持续下降，下降幅度比较大，但与劳动者报酬合理比重比较，年平均差距为10.63%，与合理比例的差距在缩小，说明市场在资源配置中发挥了比较大的作用。

（4）2009~2013年，我国劳动者报酬比重仍然低于合理比重，劳动者报酬比重有一定的提高，从2007年的39.74%提高到2013年的45.60%，与劳动的贡献仍然不一致。劳动者没有真正享受改革发展的成果，特别是在投资收益率下降的情况下，不利于促进经济的可持续发展，不利于中国梦的实现。

总之，根据按劳分配原则、效率与公平并重原则、共享改革发展成果的原则和促进经济增长的原则，必然要求体现劳动的贡献、体现劳动者报酬比重与要素贡献比重的一致性和体现合理的劳动者报酬比重、合理资本收益和合理的生产税净额比重的标准，通过计量分析，分析研究了我国劳动者报酬的合理比重，根据我国劳动者报酬比重的合理判断，我国劳动者报酬比重低，并且持续下降，没有反映劳动贡献，应进一步分析劳动者报酬比重比较低并且持续下降的原因，提出提高我国劳动者报酬比重的有效途径。

我们通过问卷调查也发现，劳动者报酬比重不合理，如表4-6所示。

表4-6 我国劳动者报酬比重是否合理　　　　单位：%

非常合理	比较合理	合理	不合理
11.6	19.7	16.3	52.4

由表4-6可以看出，我国劳动者报酬比重不合理，调查中认为不合理的占52.4%，认为非常合理的占11.6%，主要是农业、林业、畜牧业、渔业，认为合理和比较合理的主要是地方政府和企业管理人员。劳动报酬比重比较低且不合理，应进一步提高劳动报酬比重。

第三节 经济新常态下我国劳动者报酬比重的发展趋势

一、提高劳动者报酬比重是经济新常态的内在要求

2014年11月,习近平主席在APEC开幕式上的讲话中将中国经济新常态概括为三个方面,"一是从高速增长转为中高速增长。二是经济结构不断优化升级,第三产业迅速发展,消费需求逐步成为主体,居民收入占比上升,发展成果惠及更广大民众。三是从要素驱动、投资驱动转向创新驱动"①。在经济新常态条件下,要保持中国经济的中高速增长,优化产业结构、促进创新驱动,必须进一步提高劳动者报酬比重,实现劳动者报酬比重达到合理比重。提高劳动者报酬比重是经济新常态发展的内在要求,是因为:

第一,实现经济从高速增长转为中高速增长,必须提高劳动者报酬比重。国民收入初次分配是将国民收入分配到个人、企业和政府三个不同的利益主体。国民收入初次分配要实现三个功能,"一是满足人们的需求,这也是经济活动的根本目的;二是激发各经济主体的积极性,为经济活动注入活力;三是扩大有效需求,使劳动力生产和再生产活动得以延续"②。一个国家和地区一定时期人们的需求是由经济发展战略目标和人民生活水平目标决定的。经济增长从高速增长转变为中高速增长,必然导致不同经济利益主体经济利益格局的重新调整,如果劳动者报酬比重不变,经济增长速度由高速发展转变为中高速发展,劳动者报酬的增长速度下降,必然

---

① 《习近平主席在亚太经合组织工商领导人峰会开幕式上的演讲》,《光明日报》2014年11月10日。

② 乔榛、孙海杰:《适应经济新常态的中国收入分配制度改革》,《学术交流》2015年第8期,第115页。

影响劳动者生活水平的提高,影响共同富裕目标的实现,影响经济社会的稳定。因此,要实现国民收入倍增计划,提高人民生活水平,实现共同富裕目标,必须提高劳动者报酬比重,提高居民收入在国民收入分配中的比重,实现政府收入、企业收入、劳动者报酬的均衡增长,实现劳动者共享经济发展成果的目标。

第二,实现经济结构转型和优化目标,必须提高劳动者报酬比重。实现经济结构转型和优化是经济新常态条件下经济增长的重要目标,提高劳动者报酬比重能为经济新常态条件下产业结构优化升级提供新的方向,进一步推进经济结构的优化。在经济新常态条件下,产业结构的优化方向一般是"三、二、一"结构,即第三产业比重迅速增加,第二产业比重适度下降,第一产业比重最低;投资和对外贸易对经济增长的贡献逐步下降,消费对经济增长的贡献逐步提高,成为促进经济增长的最大动力源。我国劳动者报酬比重比较高的地区,劳动者报酬比重比较合理,产业结构更加优化。如北京市、海南省等省(市、区)的产业结构中第三产业比重均比较高,劳动者报酬比重也比较高。与国际水平比较,我国第三产业比重比较低,消费对经济增长的贡献比较低,因此,劳动者报酬比重比较低,在经济新常态条件下,必须提高劳动者报酬比重,才能优化经济结构,大力发展第三产业,提高消费在经济增长中的贡献率,保持经济的中高速增长。

第三,提高劳动者报酬比重为经济新常态发展提供动力源。经济新常态的第三个特征是经济增长主要依靠创新驱动。创新驱动的前提是不断增加人力资本投入,提高人力资本质量,培养更多的创新型人才,优化人力资本配置。因此,为了进一步促进创新驱动的经济增长模式,必须深化国民收入初次分配制度改革,进一步提高创新型人才的劳动报酬和提高劳动者报酬比重,逐步提高科技创新、企业组织形式创新、经济体制和经营形式的创新,提高经济运行效率,构建新的经济发展动力。为此,要继续扩大人力资本投入,提高人力资本质量,优化人力资本配置。

总之,在经济新常态条件下,必须创新地构建国民收入初次分配制度,逐步提高劳动者报酬在国民收入初次分配中的比重,能更好地保持我国经济的中高速增长,促进我国产业结构的进一步优化升级,不断创新经济增长模式,为经济增长提供新的动力源,促进经济的合理增长,真正实现人民共享经济发展成果的目标,最终实现共同富裕的目标。

二、经济新常态下我国劳动者报酬比重提高的经验验证

(一) 我国经济进入新常态

根据经济新常态下经济中高速增长、经济结构不断优化升级和创新驱动三个重要特征,我国经济增长进入新常态应该是 2011 年。如表 4-7 所示。因此,判断我国是否进入经济新常态的标准主要有三个:一是经济的中高速增长,经济增长率由 10% 以上转变为 8% 左右;二是产业结构比较优化,第一产业在 10% 以下,第三产业接近或超过第二产业,形成"三、二、一"产业结构;三是消费对国内生产总值的贡献率达到 50% 左右,消费对国内生产总值的拉动达 50% 以上,成为经济发展的主要动力,同时,创新成为经济发展的动力源。

根据经济新常态的判断标准,由表 4-7 可以看出,2011 年我国经济增长率由 2010 年的 10.3% 下降到 9%,进一步下降到 2012 年的 8.6%、2013 年的 7.1%、2014 年的 8.3%、2015 年的 6.4%;从产业结构比较来看,2011 年我国第一产业比重下降到 10% 以下,2012 年第二产业比重与第三产业比重持平,2013~2015 年第三产业比重高于第二产业;从消费对国内生产总值的贡献率看,2011 年、2012 年、2015 年都超过 50%,2011 年达到 61.9%,2015 年达到 59.7%。从消费对国内生产总值的拉动看,2011~2015 年,除 2013 年、2014 年外,消费对国内生产总值的拉动都达到 3.6 以上,其中 2011 年经济增长率是 9,消费对国内生产总值的拉动是 5.9,达到 65.6%;2012 年经济增长率是 8.6,消费对国内生产总值的拉动是 4.3,达到 50%;2013 年经济增长率是 7.1,消费对国内生产总值的拉动是 3.6,达到 51%;2014 年经济增长率是 8.3,消费对国内生产总值的拉动是 3.6,达到 43.4%;2015 年经济增长率是 6.4,消费对国内生产总值的拉动是 4.1,达到 64%。因此,综合判断我国 2011 年已进入了经济新常态。

表4-7 我国经济进入新常态指标

年份	经济增长率（%）	产业结构比较	消费对国内生产总值的贡献率（%）	消费对国内生产总值的拉动
2010	10.3	10.1∶46.8∶43.1	44.0	4.0
2011	9.0	9.4∶45.3∶44.2	61.9	5.9
2012	8.6	9.4∶45.3∶45.3	54.9	4.3
2013	7.1	9.3∶44.0∶46.7	47.0	3.6
2014	8.3	9.1∶43.1∶47.8	48.8	3.6
2015	6.4	8.8∶40.9∶50.2	59.7	4.1

资料来源：《中国统计年鉴》(2011~2016)。

（二）经济新常态下我国劳动者报酬比重逐步提高

我国进入经济新常态下，劳动者报酬比重的演变如表4-8所示。

表4-8 我国进入经济新常态下劳动者报酬比重的演变　　　单位：%

年份	劳动者报酬比重
2011	44.9
2012	45.6
2013	45.9
2014	46.5
2015	47.9

资料来源：《中国统计年鉴》(2012~2016)。

从表4-8可以看出，我国进入经济新常态后，我国劳动者报酬比重逐步提高，由2011年的44.9%提高到2012年的45.6%，进一步提高到2013年的45.9%，提高到2014年的46.5%，提高到2015年的47.9%。进一步说明我国经济增长已经由高速增长转变为中高速增长。经济结构进一步优化，形成了"三、二、一"的产业结构，消费对国内生产总值的贡献率进一步提高，劳动者报酬比重逐步提高。同时说明我国劳动者报酬比重的逐步提高，进一步促进了我国产业结构的优化，进一步增加消费比重，提高消费对国内生产总值的贡献率，促进了经济新常态条件下经济的发展。

（三）经济新常态下我国地区劳动者报酬比重逐步提高

2011年我国进入经济新常态后，随着我国地区产业结构的优化，消费对经济增长的贡献进一步增加，地区经济增长由高速增长转变为中高速增长，劳动者报酬比重逐步提高，如表4-9所示。

表4-9 2010~2015年我国地区劳动者报酬比重演变   单位：%

地区	2010年	2011年	2012年	2014年	2015年	地区	2010年	2011年	2012年	2014年	2015年
北京	49.0	49.0	51.0	52.1	55.2	湖北	42.8	48.0	48.6	48.7	48.8
天津	38.6	38.7	39.1	40.1	40.7	湖南	50.1	49.8	49.6	51.0	50.9
河北	55.3	51.0	51.4	50.4	51.7	广东	44.4	45.6	47.7	47.7	49.1
山西	39.5	41.6	43.9	46.9	47.6	广西	59.4	58.1	55.1	51.9	52.9
内蒙古	43.6	43.5	43.8	49.3	54.9	海南	50.4	50.5	50.7	56.6	55.6
辽宁	48.7	46.2	46.5	46.3	44.7	重庆	49.2	49.2	49.8	41.2	41.9
吉林	38.9	38.7	38.4	41.2	43.6	四川	47.1	44.6	44.4	44.4	48.3
黑龙江	36.9	36.7	39.6	43.6	47.0	贵州	53.1	52.3	53.3	54.2	55.7
上海	39.3	40.2	41.3	43.5	44.1	云南	46.3	48.0	50.7	50.2	50.1
江苏	41.4	41.8	42.3	41.0	44.4	西藏	64.1	63.5	64.3	64.6	64.0
浙江	38.9	40.8	42.1	46.1	48.0	陕西	39.8	39.3	38.5	41.4	42.9
安徽	49.0	48.6	49.1	46.1	46.7	甘肃	52.1	46.0	46.3	48.9	51.1
福建	50.2	49.8	50.7	52.0	53.3	青海	47.0	45.3	47.5	46.5	46.6
江西	45.1	44.0	42.7	40.2	42.3	宁夏	54.5	50.5	49.2	51.2	55.1
山东	39.4	38.5	38.5	40.1	44.4	新疆	52.0	50.6	53.0	55.0	59.0
河南	49.8	49.9	50.1	50.1	50.6	平均	47.0	46.5	47.1	47.83	49.4

资料来源：根据《中国统计年鉴》进行测算。

从表4-9可以看出，我国进入经济新常态后，首先是大部分省、市、区劳动者报酬比重逐渐提高且提高幅度比较大。如北京、天津、山西、内蒙古、吉林、黑龙江、上海、江苏、浙江、福建、山东、河南、湖北、广东、海南、四川、贵州、云南、新疆等地区劳动者报酬比重都是逐步提高的，其中北京的劳动者报酬比重由 2010 年的 49% 提高到 2015 年的 55.2%，山西省由 2010 年的 39.5% 提高到 2015 年的 47.6%，内蒙古自治区由 2010 年的 43.6% 提高到 2015 年的 54.9%，黑龙江省由 2010 年的 36.9% 提高到 2015 年的 47%，上海市由 2010 年的 39.3% 提高到 2015 年的 44.1%，江苏省由 2010 年的 41.4% 提高到 2015 年的 44.4%，浙江省由 2010 年的 38.9% 提高到 2015 年的 48% 等，总体来看，我国经济转型比较好的地区，劳动者报酬比重提高幅度比较大。其次是一部分省、市、区经济结构调整不够，产业结构不优化，劳动者报酬比重有一定的提高但提高幅度比较小，如河南省由 2010 年的 49.8% 提高到 2015 年的 50.6%，湖南省由 2010 年的 50.1% 提高到 2015 年的 50.9%，西藏自治区由 2010 年的 64.1% 提高到 2014 年的 64.6%，陕西省由 2010 年的 39.8% 提高到 2015 年的 42.9%，提高幅度比较小或者基本稳定。最后是 7 个省、市、区劳动者报酬比重逐渐下降，如河北省劳动者报酬比重由 2010 年的 55.3% 下降到 2015 年的 51.7%，辽宁省由 2010 年的 48.7% 逐渐下降到 2015 年的 44.7%，安徽省由 2010 年的 49% 下降到 2015 年的 46.7%，江西省由 2010 年的 45.1% 下降到 2014 年的 40.6% 和 2015 年的 42.3%，广西壮族自治区由 2010 年的 59.4% 下降到 2015 年的 52.9%，甘肃省由 2010 年的 52.1% 逐渐下降到 2011 年的 46%、2012 年的 46.5%、2014 年的 48.9% 再上升到 2015 年的 51.1%，另外，青海省和宁夏回族自治区的劳动者报酬比重也有比较大的下降。

总之，我国地区劳动者报酬比重的变迁进一步说明，凡是进入经济新常态比较好的地区，其经济结构转型升级比较好、经济结构进一步优化、消费对经济增长的贡献率进一步提高，劳动者报酬比重进一步提高，且主要是沿海地区。凡是产业结构不合理，消费对经济增长的贡献率进一步缩小的地区，其劳动者报酬比重进一步下降，且主要是中西部地区的省、市、区。

（四）行业劳动者报酬比重的演变趋势

由于统计资料的限制，我们主要选择北京、海南、安徽、湖南、山西、吉林、重庆 7 省市的行业劳动者报酬比重进行比较，进一步验证了我国进入经济新常态下劳动者报酬比重提高的趋势。

1. 经济新常态条件下北京市行业劳动者报酬比重的变化趋势

北京市是我国地区劳动者报酬比重比较合理的地区，也是我国经济最发达的地区之一，经济结构最合理、第三产业最发达的地区，消费在经济发展中的贡献率最高的地区，教育，科学研究和技术服务，卫生和社会工作，文化、体育和娱乐业，公共管理、社会保障和社会组织水平最高的地区，在经济新常态条件下，北京市行业劳动者报酬比重的变迁能更好地说明经济新常态条件下劳动者报酬比重呈变迁趋势，如表4-10所示。

表4-10　北京市2010~2014年行业劳动者报酬比重变迁　　　单位：%

行业	2010年	2011年	2012年	2014年	平均
第一产业	68.73	96.53	68.44	88.90	80.65
第二产业	38.75	47.62	42.66	38.30	41.80
工业	35.00	46.03	39.83	34.30	38.79
建筑业	55.35	56.38	54.88	47.40	53.50
第三产业	52.09	40.72	53.17	55.60	50.40
批发和零售业	34.54	28.75	38.53	42.70	36.13
交通运输、仓储和邮政业	51.14	38.31	57.50	68.80	53.94
住宿和餐饮业	69.93	72.42	68.51	77.10	71.99
信息传输、软件和信息技术服务业	53.64	20.31	53.50	55.70	45.79
金融业	30.99	25.42	27.17	32.80	29.10
房地产业	24.78	20.15	27.86	27.50	25.07
租赁和商务服务业	80.10	81.95	80.83	74.10	79.25
科学研究和技术服务业	67.22	48.46	66.12	66.70	62.13
水利、环境和公共设施管理业	77.95	42.35	70.78	70.40	65.37
居民服务、修理和其他服务业	83.48	82.13	84.55	81.00	82.79
教育	85.10	80.90	85.38	85.40	84.20
卫生和社会工作	88.68	71.97	90.15	91.40	85.55
文化、体育和娱乐业	67.68	50.27	67.39	68.40	63.44
公共管理、社会保障和社会组织	86.75	91.49	88.36	88.50	88.78

资料来源：根据《北京市统计年鉴》（2011~2015）进行测算。

从表 4-10 可以看出，进入经济新常态后，北京市行业劳动者报酬比重发生了比较大的变化，第一产业劳动者报酬比重进一步提高，第二产业劳动者报酬比重下降，特别是工业劳动者报酬比重下降，第三产业劳动者报酬比重进一步提高，由 2011 年的 40.72% 提高到 2014 年的 55.60%，比较好地验证了我国经济进入新常态后劳动者报酬逐步提高的趋势。

2. 经济新常态条件下安徽省行业劳动者报酬比重的变化趋势

安徽省是我国地区劳动者报酬比重比较合理的地区，也是我国经济比较发达的中部地区之一，经济结构比较合理，第三产业比较发达的地区，消费在经济发展中的贡献率比较高的地区，教育，科学研究和技术服务，卫生和社会工作，文化、体育和娱乐业，公共管理、社会保障和社会组织水平比较高的地区，在经济新常态条件下，安徽省行业劳动者报酬比重的变迁能更好地说明经济新常态条件下劳动者报酬比重呈变迁趋势，如表 4-11 所示。

表 4-11　安徽省 2010~2014 年行业劳动者报酬比重变迁　　　　单位：%

行业	2010 年	2011 年	2012 年	2014 年
第一产业	96.11	98.29	98.20	98.30
第二产业	36.97	37.35	38.41	39.00
工业	31.80	32.79	34.11	34.80
建筑业	64.10	63.21	63.42	65.30
第三产业	48.11	47.24	47.86	51.40
批发和零售业	43.18	41.38	42.74	32.30
交通运输、仓储和邮政业	59.38	59.40	59.61	61.50
住宿和餐饮业	44.79	43.98	44.75	60.00
信息传输、软件和信息技术服务业	26.63	27.01	22.70	18.80
金融业	30.85	28.89	30.09	23.60
房地产业	6.06	6.68	7.23	15.00
租赁和商务服务业	26.82	26.77	26.81	37.30
科学研究和技术服务业	51.40	49.69	50.66	45.90

续表

行业	2010年	2011年	2012年	2014年
水利、环境和公共设施管理业	27.98	27.03	27.82	53.50
居民服务、修理和其他服务业	78.63	87.89	88.03	81.80
教育	87.15	85.26	85.22	79.00
卫生和社会工作	89.87	89.40	89.54	61.30
文化、体育和娱乐业	49.31	48.19	49.22	45.20
公共管理、社会保障和社会组织	86.84	86.33	85.58	81.90

资料来源：根据《安徽省统计年鉴》（2011~2015）进行测算。

从表4-11可以看出，进入经济新常态后，安徽省行业劳动者报酬比重发生了比较大的变化，第一产业劳动者报酬比重进一步提高，由96.11%提高到98.30%，第二产业劳动者报酬比重也逐步提高，由36.97%提高到39%，特别是工业劳动者报酬比重也有一定的提高，第三产业劳动者报酬比重提高幅度最大，由2010年的48.11%提高到2014年的51.40%，比较好地验证了我国经济进入新常态后，劳动者报酬逐步提高的趋势，虽然金融业的劳动者报酬比重下降，但多数行业的劳动者报酬比重都有提高的趋势。

3. 经济新常态条件下山西省行业劳动者报酬比重的变化趋势

山西省是我国的煤炭资源、电力资源大省，进入经济新常态前，劳动者报酬比重比较低，是我国中部地区的典型代表，进入经济新常态后，劳动者报酬比重变化比较大，行业劳动者报酬比重的变迁能更好地说明经济转型地区经济新常态条件下劳动者报酬比重呈变迁趋势，如表4-12所示。

表4-12　山西省2010~2014年行业劳动者报酬比重变迁　　单位：%

行业	2010年	2011年	2012年	2013年	2014年
第一产业	71.04	74.08	74.98	77.80	77.80
第二产业	34.46	36.39	41.60	41.69	43.70
工业	32.11	34.62	40.25	40.94	42.46

续表

行业	2010年	2011年	2012年	2013年	2014年
建筑业	53.42	51.99	53.09	47.56	46.28
第三产业	42.22	43.31	42.61	45.75	46.30
批发和零售业	26.92	26.31	26.42	26.15	26.40
交通运输、仓储和邮政业	35.55	42.10	39.45	45.28	46.05
住宿和餐饮业	33.30	33.32	35.03	33.90	33.95
信息传输、软件和信息技术服务业	17.27	18.22	17.00	40.64	40.64
金融业	36.19	38.05	36.58	41.88	41.89
房地产业	7.23	8.38	10.38	12.36	12.65
租赁和商务服务业	37.03	37.03	37.74	37.30	41.04
科学研究和技术服务业	65.51	65.52	64.55	62.15	62.13
水利、环境和公共设施管理业	72.55	72.60	72.03	72.40	72.42
居民服务、修理和其他服务业	38.42	44.39	43.63	48.82	50.27
教育	87.18	87.18	87.28	87.26	87.63
卫生和社会工作	70.38	68.23	71.28	68.03	71.20
文化、体育和娱乐业	61.62	57.41	63.01	63.45	63.46
公共管理、社会保障和社会组织	90.43	90.43	90.60	90.51	90.51

资料来源：根据《山西省统计年鉴》（2011~2015）进行测算。

从表4-12可以看出，进入经济新常态后，山西省行业劳动者报酬比重的变化可以分为三类。第一类是劳动者报酬比重提高比较大的行业，主要包括：第一产业劳动者报酬比重进一步提高，由71.04%提高到77.80%，提高了6.76个百分点；第二产业劳动者报酬比重也逐步提高，由34.46%提高到43.70%，提高了9.24个百分点，工业由32.11%提高到42.46%，提高了10.35个百分点；第三产业劳动者报酬比重也有比较大的提高，由42.22%提高到46.30%，提高了4.08个百分点，交通运输、仓储和邮政业劳动者报酬比重提高了10.5个百分点，信息传输、软件和信息技术服务业劳动者报酬比重迅速提高，金融业劳动者报酬提高了5.7个百分点,房地产业劳动者报酬比重提高了 5.42 个百分点,居民服务、修理和其他服务业劳动者报酬比重也有比较大的提高。第二类是劳动者报酬比重比较稳定的行业主要包括:批发和零售业,住宿和餐饮业,租赁和商务服务业,水利、环境和公共设施管理业,教育,卫生和社会工作,文化、体育和娱乐业,公共管理、社会保障和社会组织,这些行业劳动者报酬比重有一定提高,但提高幅度比较小。第三类是劳动者报酬比重下降的行业,主要包括:建筑业的劳动者报酬比重下降了 7.14 个百分点,科学研究和技术服务业的劳动者报酬比重下降了 3.38 个百分点,总体看劳动者报酬比重具有明显的提高趋势。

4. 经济新常态条件下吉林省行业劳动者报酬比重的变化趋势

吉林省地处我国东北地区,是我国的重工业基地之一,劳动者报酬比重比较低,进入经济新常态前,劳动者报酬比重比较低,进入经济新常态后,劳动者报酬比重变化比较大,行业劳动者报酬比重的变迁能更好地说明重工业比较发达的地区,经过经济结构的转型升级,进入经济新常态条件后劳动者报酬比重呈变迁趋势,如表 4-13 所示。

表 4-13 吉林省 2010~2014 年行业劳动者报酬比重变迁   单位:%

行业	2010 年	2011 年	2012 年	2014 年
第一产业	93.73	91.10	93.47	93.55
第二产业	26.30	26.24	25.78	28.12
工业	22.90	23.07	23.10	25.30
建筑业	48.93	48.73	44.58	48.12
第三产业	38.61	39.39	39.70	44.22
批发和零售业	20.09	20.45	20.26	21.89
交通运输、仓储和邮政业	25.21	25.43	25.56	24.63
住宿和餐饮业	20.42	20.47	20.34	21.58
信息传输、软件和信息技术服务业	16.13	16.30	17.34	17.52
金融业	38.58	39.00	38.62	30.49
房地产业	20.33	20.08	21.13	11.33

续表

行业	2010年	2011年	2012年	2014年
租赁和商务服务业	31.97	31.98	31.99	32.08
科学研究和技术服务业	77.36	77.37	77.37	74.49
水利、环境和公共设施管理业	54.68	54.65	54.65	54.48
居民服务、修理和其他服务业	23.82	23.82	23.83	31.93
教育	77.99	78.15	51.28	78.16
卫生和社会工作	63.83	63.83	63.83	63.26
文化、体育和娱乐业	47.06	47.04	47.05	45.76
公共管理、社会保障和社会组织	86.04	86.04	86.04	86.30

资料来源：根据《吉林省统计年鉴》（2011~2015）进行测算。

从表4-13可以看出，进入经济新常态后，吉林省的行业劳动者报酬比重的变化幅度不大，但第一、第二、第三产业劳动者报酬比重都具有提高的趋势，第一产业的劳动者报酬比重稳定在93%左右，第二产业基本稳定在26%左右，第三产业逐步提高，但通过与上述省市行业劳动者报酬比重比较，吉林省的行业劳动者报酬比重都比较低。

总之，我国经济进入新常态后，随着经济结构的优化、消费对经济增长贡献率的进一步提高、创新驱动力的进一步增强、劳动者人力资本的提高、劳动者报酬比重具有逐步提高的趋势。

第五章 我国劳动者报酬比重的影响因素

经济发展水平影响和制约着劳动者报酬比重,一般来说,在经济转型的第一阶段,随着产业结构的优化,第二、第三产业的发展,必然形成"资本主导型"和"政府主导型"的初次分配制度,劳动者报酬比重必然下降。并进一步分析了经济发展水平对我国区域劳动者报酬比重的影响。进一步揭示了劳动者报酬比重与经济发展的演变规律。研究提出了随着产业结构的优化,资本有机构成由不断提高向适度降低转化,劳动者报酬比重演变的"U"型规律,创新和发展了马克思的资本有机构成理论。研究提出了劳动者报酬比重不仅由按劳分配和劳动力价值决定,还受劳动力供求关系的影响,一般来说,劳动力供求平衡,劳动者报酬比较合理,劳动力供大于求,劳动者报酬比重比较低,劳动力供小于求,出现劳动力资源短缺,劳动者报酬比重比较高,1992年我国进行社会主义市场经济体制改革后,我国劳动者报酬比重受劳动力供求关系的影响,由于劳动力供大于求的状况还没有彻底改变,我国劳动者报酬比重比较低,并且持续下降进行验证,创新了马克思的劳动力供求理论。通过研究税收对劳动者报酬比重的影响机制及我国税收对劳动者报酬比重的影响,提出改革开放后,我国经历了财政包干体制到分税制财政体制的税收制度变迁,不断优化了税收结构,制定和完善了各项税收政策,生产税净额有比较大的提高,但劳动者报酬比重比较低,并且持续下降,呈现出政府税收快速增长,从而"挤压"劳动者报酬,劳动者报酬比重下降。并进一步分析得出税收对区域劳动者报酬比重的重要影响,提出应适当降低生产税净额比重,才能提高劳动者报酬比重，丰富和发展税收理论，指导我国国民收入初次分配制度改革。

第一节 经济发展水平对我国劳动者报酬比重的影响

经济发展水平对劳动者报酬比重有非常大的影响，特别是在经济转型国家。在经济转型的第一阶段，随着产业结构的优化，第二、第三产业的发展，必然形成"资本主导型"和"政府主导型"的初次分配制度，劳动者报酬比重必然下降。随着经济的进一步发展，当地区人均生产总值达到或超过6000美元时，经济发展经历"刘易斯拐点"，劳动者的人力资本迅速提高，劳动力资源出现短缺，劳动者报酬比重开始上升，2010～2013年，我国人均地区生产总值已经接近6000美元，劳动者报酬比重进入"刘易斯拐点"，开始进入逐步提高的阶段。

一、经济发展水平对我国劳动者报酬比重的影响

在"二元经济"的转型过程中，要促进经济发展，第一，必须充分依靠本国的资源禀赋，充分利用本国丰富的资源优势，大力发展第二、第三产业，实现产业结构的优化，形成合理的产业结构，实现农村剩余劳动力的转移；第二，必须引进先进技术并吸收和创新，不断延伸产业链和创新新产品，提高劳动生产率，提高资本有机构成，才能实现国家的工业化和新型城镇化；第三，必须加强农村公共基础设施建设，特别是大力发展农村交通运输业，实现二元经济的"空间或地域"① 转型。由于经济发展水平比较低，为了更好地促进经济发展，完成二元经济转型，在国民收入初次分配中必然形成"资本主导型"和"政府主导型"的制度安排，在

---

① ［美］费景汉、古斯塔夫·拉尼斯：《增长和发展：演进观点》，洪银兴等译，商务印书馆2004年版，第13页。

"资本主导型"和"政府主导型"的制度条件下,政府所得比重高、资本报酬比重高、劳动者报酬比重低的"两高一低",劳动者报酬比重持续下降的初次分配格局。随着经济发展水平的提高,必然促进产业结构的优化,形成比较合理的产业结构;必然促进生产率和技术水平的发展,促进资本有机构成的提高;必然促进农村剩余劳动力的转移,产生劳动力供求缺口,劳动力成为一种稀缺资源,形成城乡一体化发展模式,实现二元经济的空间或地域转型,出现"刘易斯拐点",劳动者报酬比重逐步提高。因此,在二元经济的转型过程中的第一阶段,由于经济发展水平比较低,导致第一产业比重高,第二、第三产业比重低,资本有机构成较低,城镇化水平低,农村剩余劳动力多,经济发展主要依靠劳动者的数量,因此劳动者报酬比重高。随着经济发展水平的提高,产业结构不断优化,第二、第三产业比重提高,全社会的资本有机构成不断提高,劳动者报酬比重出现下降趋势。随着经济的快速发展,产业结构的进一步优化,呈现"三、二、一"的优化产业结构,农村剩余劳动力被完全吸收,劳动力不再成为经济发展的红利,出现"刘易斯拐点",经济发展水平提高,经济发展进入"二元经济"转型的第二阶段,劳动者报酬比重开始上提,直到实现国家工业化和城市化后,劳动者报酬比重比较稳定和合理。

总之,在经济转型国家,在转型的初期,劳动者报酬比重比较高。在转型的第一阶段,经济发展水平与劳动者报酬比重负相关,即随着经济的发展,劳动者报酬比重持续下降;当出现"刘易斯拐点"后,经济发展水平与劳动者报酬比重呈正相关关系,随着经济的发展,劳动者报酬比重持续上升,当实现工业化和实现城乡一体化时,劳动者报酬比重比较稳定和合理。

中华人民共和国成立时,我国是一个典型的二元经济国家,中华人民共和国成立后到改革开放前,我国选择了"赶超发展战略",虽然形成了比较完整的工业体系,但并没有真正实现二元经济的转型,改革开放以后,我国经济发展水平显著提高,建立了比较合理的产业结构,资本有机构成显著提高、工业化和城镇化水平显著提高,比较好地吸收了农村剩余劳动力,城乡一体化发展初显成效,开始进入了"刘易斯拐点",劳动者报酬比重经过持续下降后开始提高，如表 5-1 所示。

表 5-1　1981~2012 年我国人均生产总值与劳动者报酬比较

年份	人均 GDP（元）	劳动者报酬比重（%）	年份	人均 GDP（元）	劳动者报酬比重（%）
1981	492	52.71	1997	6240	51.03
1982	528	53.58	1998	7131	50.83
1983	583	53.54	1999	7654	49.97
1984	695	53.68	2000	8053	48.71
1985	858	52.74	2001	8919	48.23
1986	963	52.82	2002	9399	47.75
1987	1112	52.02	2003	10543	46.16
1988	1366	51.69	2004	12336	41.55
1989	1519	51.55	2005	14185	41.33
1990	1644	53.31	2006	16500	40.61
1991	1893	52.12	2007	20163	39.74
1992	2311	50.04	2008	23708	40.64
1993	2998	49.49	2009	25608	46.62
1994	4044	50.35	2010	30015	45.01
1995	5046	51.44	2011	35198	44.94
1996	5846	51.21	2012	38420	43.80

资料来源：根据《中国统计年鉴》（1982~2014）进行测算。

从表 5-1 可以看出，改革开放后的 1981 年，我国人均 GDP 为 492 元，说明我国经济发展水平很低。我国还是一个以农业为主体的二元经济国家，劳动者报酬比重比较高，达到 52.71%，一直到 1998 年，我国人均 GDP 发展到 7131 元，由于农村大量剩余劳动力的存在和转移，劳动者报酬比重比较低，基本上在 50% 左右波动，1998 年后，我国加大了资本投资力度，经济发展水平迅速提高，人均 GDP 由 1998 年的 7131 元发展到 2007 年的 20163 元，9 年增长了约 1.83 倍，随着资本有机构成的提高，劳动者报酬比重持续下降，由 1998 年的 50.83% 下降到 2007 年的 39.74%，达到我国劳动者报酬比重的最低点。2008年后,我国经济发展水平迅速提高,城镇化率迅速提高,产业结构趋于合理,特别是2010年,我国的人均GDP达到了30015元,2012年达到38420元,人均GDP达到"6086.34美元(2000年购买力平价,1美元=6.3125元)"①,进入了"刘易斯拐点"时期农村剩余劳动力迅速减少,劳动者报酬比重开始提高,2012年达到43.80%,2008~2012年基本在44%左右波动。随着我国经济发展水平的进一步提高,劳动者报酬比重进入到逐步提高的阶段。

我国西部地区,一些经济、文化和社会比较落后的地区,一般都是经济发展水平比较低,产业结构不合理,第一产业比重比较大的地区,劳动者报酬比重比较高,如西部地区的西藏自治区、宁夏回族自治区、青海省、甘肃省、贵州省、广西壮族自治区等,中部地区的安徽省、湖南省、河南省等劳动者报酬比重比较高。一些经济欠发达地区,形成了"二、一、三"或"二、三、一"的产业结构,劳动者报酬比重比较低,如云南省、甘肃省、山东省、辽宁省、贵州省、陕西省、山西省等。而沿海地区,如北京市、上海市、海南省、广东省、江苏省、浙江省、福建省等初步形成了"三、二、一"产业结构,劳动者报酬比重开始上升。地区经济发展水平对劳动者报酬比重影响的问卷调查结果进一步说明,区域经济发展水平对劳动者报酬比重有比较大的影响,一般来说,经济发展水平高,产业结构合理,劳动者报酬比重呈现出先下降再上升的过程,如表5-2所示。

表5-2 地区经济发展水平影响劳动者报酬比重调查　　单位:%

非常大	大	比较大	一般	不大
39.7	20	19.7	17.5	3.1

从表5-2可以看出,地区经济发展水平对我国劳动者报酬比重影响比较大,认为影响非常大的占39.7%,认为影响大的占20%,认为影响比较大的占19.7%,合计占79.4%,只有17.5%的人认为影响一般,3.1%的

---

① 李稻葵、刘霖林、王红领:《GDP中劳动份额演变的U型规律》,《经济研究》2009年第1期,第70页。

人认为没有影响,进一步验证了在经济发展的第一阶段,随着经济发展水平的提高、第二产业比重的提高,劳动者报酬比重下降;随着经济的进一步发展、第三产业比重的提高,劳动者报酬比重逐渐提高。因此,必须深入分析我国区域经济发展水平对劳动者报酬比重的影响。

二、经济发展水平对我国区域劳动者报酬比重的影响

我国1994年开始公布"地区生产总值收入法构成项目",但1995年、2004年、2008年、2013年未公布。一方面,为了更好地研究经济发展水平对劳动者报酬比重影响的趋势;另一方面,为了避免个别年份统计数据没有公布影响分析的可靠性,因此,我们重点考察三期和三年的情况,三年是2010~2012年,是我国人均GDP接近或达到"6000美元"的年份,也是"刘易斯拐点"时期;第一期是指1994年、1996年、1997年、1998年,这四年是我国劳动者报酬比重上升时期;第二期是1999~2003年,是我国劳动者报酬比重迅速下降时期,由于2008年的"地区生产总值收入法构成项目"未公布,2007年受"金融危机"的影响,世界绝大多数国家的劳动者报酬比重都比较低,因此我们选择1999~2003年五年的年平均数;第三期是2009~2012年,这几年的平均数能更好地反映我国进入"刘易斯拐点"时期经济发展水平对劳动者报酬比重的影响。如表5-3所示,表中的地区是按第一期的人均GDP排名。

从表5-3我们可以发现:

(1)在经济发展的第一阶段,一般来说经济发展水平、人均GDP与劳动者报酬比重呈反方向变动。经济发展水平、人均GDP最高的是上海,劳动者报酬比重最低,第一、第二期,人均GDP分别达到15205元和31011元,劳动者报酬比重分别为34.9%和35%。经济发展水平、人均GDP比较低的是西藏,劳动者报酬比重最高,第一、第二期,人均GDP分别达到1984元和5337元,劳动者报酬比重分别为76.2%和67.8%。虽然人均GDP最低的是贵州,虽然由于产业结构不合理,生产税净额比较高,但劳动者报酬比重第一、第二期仍然分别达64.3%和59.7%。同时经济发展水平和

表5-3 我国地区经济发展水平和地区初次分配构成

地区	人均生产总值（元）						第一期初次分配比重（%）			第二期初次分配比重（%）			第三期初次分配比重（%）		
	一期	二期	三期	2010年	2011年	2012年	劳动报酬	生产税净额	资本报酬	劳动报酬	生产税净额	资本报酬	劳动报酬	生产税净额	资本报酬
上海	15205	31011	78293	76074	82560	85373	34.9	22.0	38.8	35.0	24.2	40.8	40.0	19.5	40.5
北京	10264	20709	77482	73856	81658	87475	47.8	15.3	36.9	45.1	12.9	42.0	49.9	15.9	34.2
天津	8165	18881	78124	72994	85213	93173	49.8	13.2	37.0	46.2	16.9	36.9	37.1	15.7	47.2
广东	6381	13761	47269	44736	50807	54095	54.1	14.0	31.9	47.7	16.9	35.4	45.7	15.5	38.8
浙江	6150	14249	54544	51711	59249	63374	47.1	12.2	40.7	47.4	14.2	38.4	40.4	15.6	44.0
辽宁	6102	12451	46233	42355	50760	56649	49.1	13.3	37.6	45.3	13.1	41.6	47.7	18.1	34.2
江苏	5786	13275	56933	52840	62290	68347	50.5	11.9	37.6	48.6	12.2	39.2	42.3	15.1	42.6
福建	5387	12646	43401	40025	47377	52763	51.4	10.3	38.3	48.9	10.0	41.1	51.0	13.2	35.8
山东	4474	10634	44026	41106	47335	51768	45.1	13.2	41.7	47.6	14.3	38.1	43.9	16.0	40.1
海南	4821	7069	26090	23831	18898	32377	61.5	10.7	27.8	58.3	11.6	30.1	51.0	17.1	31.9
黑龙江	4428	9519	29513	27076	32819	35711	46.3	17.6	36.1	45.7	15.2	39.1	38.5	15.0	46.5
新疆	3953	5337	18907	25034	30087	37966	55.8	11.1	33.1	52.5	15.2	32.3	50.9	15.4	33.7
吉林	3705	7632	35017	31599	38460	43415	61.8	12.6	25.6	62.9	8.5	28.6	39.1	15.5	45.4
河北	3377	8471	30951	28668	33969	36584	53.9	10.4	35.7	51.5	9.4	39.1	53.3	12.2	34.5
湖北	3341	7692	30838	27906	34197	38572	58.3	12.8	28.9	57.5	15.5	27.0	46.8	14.6	38.6
内蒙古	3014	6837	52229	47347	57947	63886	58.9	10.0	31.1	63.1	9.7	27.2	44.3	13.7	43.0
青海	2911	5854	26568	24115	29522	33181	62.3	9.8	27.9	60.3	11.0	28.7	48.4	15.4	36.2

续表

地区	人均生产总值（元）						第一期初次分配比重（%）			第二期初次分配比重（%）			第三期初次分配比重（%）		
	一期	二期	三期	2010年	2011年	2012年	劳动报酬	生产税净额	资本报酬	劳动报酬	生产税净额	资本报酬	劳动报酬	生产税净额	资本报酬
山西	2820	5733	28196	26283	31357	33628	50.9	14.1	35.0	50.0	12.4	37.6	42.8	16.1	41.1
广西	2771	4819	22386	20219	25326	27952	63.3	11.9	24.8	65.6	11.3	23.1	58.1	12.8	29.1
湖南	2702	5811	27127	24719	29880	33480	62.6	12.5	24.9	62.1	12.7	25.2	49.9	15.9	34.2
宁夏	2686	5384	24692	26860	33043	36394	61.2	11.4	27.4	58.8	13.7	27.5	51.9	12.1	36.0
安徽	2520	5800	22937	20888	25659	28792	54.2	12.2	33.6	52.0	14.3	33.7	49.2	14.1	36.7
重庆	2530	5828	30983	27596	34500	38914	57.4	11.4	31.2	53.8	13.7	32.5	49.7	14.6	35.7
四川	2517	5240	23566	21182	26133	29608	57.7	11.5	30.8	57.0	11.7	31.3	46.0	15.6	38.4
云南	2491	4922	17688	15752	19265	22195	45.8	23.9	30.3	46.2	22.9	30.9	48.6	21.1	30.3
河南	2476	6609	26301	24446	28661	31499	63.5	11.9	24.6	60.5	12.9	26.6	47.9	14.6	37.5
江西	2376	5427	23385	21253	26150	28800	63.5	10.3	26.2	58.6	12.0	29.4	43.3	17.4	39.3
陕西	2345	5196	30277	27133	33464	38564	60.2	11.1	28.7	57.2	13.8	29.0	40.7	17.6	41.7
西藏	1984	5337	18907	17319	20077	22936	76.2	2.5	21.3	67.8	4.7	27.5	64.0	7.9	28.1
甘肃	1925	4231	17739	16113	19595	21978	52.8	15.8	31.4	53.6	16.4	30.0	47.9	16.1	36.0
贵州	1554	2945	12632	13119	16413	19710	64.3	16.8	18.9	59.6	17.3	23.1	53.1	16.2	30.7

人均 GDP 比较高的地区主要集中在东部沿海地区，主要包括上海、北京、天津、广东、浙江、辽宁、江苏、福建、山东和海南等地区，劳动者报酬比较低也是这些地区。经济发展水平和人均 GDP 比较低的地区主要集中在中部、西部地区，劳动者报酬比重比较高，从我国各省（市、区）经济发展水平比较可以看出，在二元经济转型的第一阶段，"初次分配中劳动份额与各省人均 GDP 负相关"①。

（2）在经济发展的第二阶段（2010~2012 年），是我国二元经济发展的转折时期，随着经济发展水平和人均 GDP 的提高，2012 年我国人均 GDP 已达到 6000 美元，因此我们把这一时期称为二元经济的转折时期，即进入"刘易斯拐点"时期，经济发展水平与劳动者报酬比重呈现正方向变化，一般来说，随着经济发展水平的提高，劳动者报酬比重开始提高。从第三期的比较我们可以看出，在这一时期，我国劳动者报酬比重从低水平开始提高，与第二期比较，我国劳动者报酬比重提高比较快的地区，如上海由 35% 提高到 40%，北京由 45.1% 提高到 49.9%。

（3）劳动者报酬比重与经济发展水平的差异性。通过比较分析，我们可以进一步看出，在经济发展水平较为一致的地区，甚至是经济发展水平不一致的地区，初次分配格局特别是劳动者报酬比重表现出相当大的差异。为了更好地探讨经济发展水平对劳动者报酬比重的影响，我们以三期人均 GDP 较为接近为标准，根据经济发展程度把全国各地区分为经济最发达地区、经济发达地区、经济比较发达地区、经济次发达地区和经济落后地区五个组，然后着重对组内各地区的经济发展水平和初次分配进行比较研究。

第一组经济最发达地区：主要包括上海、北京、天津。这三个地区三个时期的人均 GDP 都是我国最高的，但三个地区的经济发展水平在第一、第二期仍然有比较大的差距，在第一期，上海的人均 GDP 是北京的 1.5 倍、天津的 1.9 倍。劳动者报酬比重则是上海最低、北京比较低、天津最高。生产税净额和劳动者报酬比重上表现出显著反向关系，上海存在显著

---

① 李稻葵、刘霖林、王红领：《GDP 中劳动份额演变的 U 型规律》，《经济研究》2009 年第 1 期，第 75 页。

的"利润侵蚀报酬"和"政府挤占报酬"的现象。但在第三期，情况发生了很大的变化。在经济发展水平上，上海第一、天津第二、北京第三；但劳动者报酬比重则是上海和北京有比较大的提高，而天津则大幅度下降，结果导致天津的劳动者报酬比重最低，只有37.1%，出现了"利润侵蚀报酬"的现象，企业营业盈余比重大幅度提高。同时，2010年后，三个地区的人均GDP每年都超过了6000美元以上，只有北京和上海的劳动者报酬开始上升，天津不但没有上升反而下降，主要是由于其第一、第二期劳动者报酬比重比较高，2011年、2012年人均GDP迅速提高引起的。

第二组经济发达地区：主要包括江苏、浙江、内蒙古、广东、辽宁、山东和福建。其人均GDP在第一期接近或超过5000元，第二期接近或超过10000元，第三期超过43000元以上。内蒙古在第一、第二期经济发展水平比较低，但第三期经济迅速发展，人均GDP达到52229元，超过一些东部地区。这些地区的劳动者报酬比重比较好地反映了经济发展水平情况，在第三期，除辽宁和福建的劳动者报酬有一定提高外，其他地区的劳动者报酬比重有一定下降，说明这些地区仍然是我国投资收益率比较高的地区。

第三组经济比较发达地区：主要包括：吉林、重庆、河北、湖北、陕西、黑龙江、山西和新疆。在第三期，这些地区的人均GDP达到18900元以上，是我国经济比较发达地区，其中人均GDP最高的是吉林，达到35017元，最低的是新疆，达到18907元，这些地区在第一、第二期的劳动者报酬比重都比较高，如吉林分别是61.8%和62.9%，在第三期除河北外，随着经济的发展，劳动者报酬比重迅速下降，与二元经济转型的第一阶段相适应，随着经济的进一步发展，劳动者报酬比重将进一步下降。

第四组经济欠发达地区：主要包括湖南、青海、河南、海南、宁夏、四川、江西和安徽。在第三期，这些地区的人均GDP达到22930元以上，是我国经济欠发达地区，农业人口比较多，其中人均GDP最高的是湖南，达到27127元，最低的是安徽，达到22937元，这些地区在第一、第二期的劳动者报酬比重都比较高，如河南分别是63.5%和60.5%，在第三期，随着经济的发展，劳动者报酬比重迅速下降，与二元经济转型的第一阶段相适应，随着经济的进一步发展，劳动者报酬比重仍将进一步下降。

第五组经济落后地区：主要包括广西、西藏、甘肃、云南和贵州。在第三期，这些地区的人均 GDP 达到 23000 元以下，是我国经济落后地区，都位于西部地区，农业人口比较多，其中人均 GDP 最高的是广西，达到 22386 元，最低的是贵州，达到 12632 元，这些地区在第一、第二期的劳动者报酬比重都比较高，如西藏是我国劳动者报酬比重最高的地区，三期分别是 76.2%、67.8% 和 64%，也是我国经济结构最不合理的地区，如云南的劳动者报酬比重分别为 45.8%、46.2% 和 48.6%，主要是云南的生产税净额是全国最高的，三期分别是 23.9%、22.9% 和 21.1%，全国生产税净额最高的分别是云南、上海、贵州和甘肃，经济落后地区有三个省。在第三期，除云南外，随着经济的发展，劳动者报酬比重都迅速下降，与二元经济转型的第一阶段相适应，随着经济的进一步发展，劳动者报酬比重仍将进一步下降。

从总体来看，我国劳动者报酬受经济发展水平影响比较大，在二元经济转型的第一阶段，生产税净额与劳动者报酬比重呈反方向变动，2010～2012 年，我国进入"刘易斯拐点"，劳动者报酬比重开始上升，但地区经济发展水平差异比较大，劳动者报酬比重的变化必然出现多样性。

第二节　资本有机构成对劳动者报酬比重的影响

一个国家或地区的经济发展水平主要是通过不断优化升级产业结构，提高或降低资本有机构成从而影响劳动者报酬比重。改革开放后，我国经济发展不断优化了产业结构，从"一、二、三"产业结构不断优化为"二、三、一"产业结构，经过产业结构的转型升级，开始形成"三、二、一"的产业结构，资本有机构成由迅速提高向适度下降转化，劳动者报酬比重由快速下降、波动性开始逐步上升。因此，深入分析改革开放后我国经济发展对产业结构的影响，进一步分析资本有机构成的演变，分析研究我国资本有机构成的变化及发展趋势对劳动者报酬比重的影响，研究揭示我国劳动者报酬比重的变化规律。

一、我国改革开放后资本有机构成的演变及原因

马克思系统分析了资本主义社会资本有机构成随着资本主义工业化的发展趋势，资本有机构成的提高必然导致无产阶级贫困化。马克思指出资本有机构成是由资本的技术构成决定并反映技术构成变化的资本价值构成。用公式表示，即 C：V。马克思进一步指出，由于科学技术的发展、生产力水平的进一步提高、工业化水平的提高和资本家对剩余价值的无限追求，资本有机构成具有不断提高的发展趋势。因为，在资本主义社会，资本家为了实现追求利润最大化的目标和在市场竞争的有利地位，不断扩大自己的市场份额，不断创新新产品、采用新技术、增加新设备、延伸新产业链，不断扩大生产资料的投资规模，全面提高社会生产力水平，提高剩余价值率和利润率。最终必然出现三种情况，一是可变资本（V）不变，由于不变资本（C）不断增加，从而资本有机构成不断提高；二是可变资本（V）增加，由于不变资本（C）增加的速度超过可变资本（V）增加的速度，资本有机构成仍然不断提高；三是可变资本（V）增加的速度超过不变资本（C）增加的速度，资本平均有机构成呈现下降的趋势。由于科学技术的发展，生产规模的不大扩大，同时由于资本积累的扩大、资本积聚和资本集中加速了资本的扩大，第三种情况是不可能出现的，在第一、第二种情况下，资本有机构成的发展趋势是逐步提高的，这是资本家在市场竞争中追逐利润最大化的必然结果，又是市场竞争的必然趋势。资本有机构成提高，必然产生大量工人失业，劳动力供大于求，劳动力之间竞争更加激烈的现象，必然导致无产阶级的贫困化，劳动者报酬比重下降。

马克思关于资本有机构成提高的发展趋势是建立在第一产业比重下降、第二产业即机器大工业迅速发展的前提下的，随着产业结构的优化升级、随着工业化的进一步发展，特别是第三产业迅速发展并且超过第二产业后，由于劳动力的人力资本存量和增量迅速增加，资本有机构成会适度

下降。一般来说，在工业化发展初期，社会再生产是以手工业为基础扩大再生产，扩大再生产的规模比较慢，资本有机构成提高速度比较缓慢。随着工业化的发展，在机器大工业时期，资本有机构成迅速提高，随着工业化的进一步发展，特别是到了后工业化时期，第三产业迅速发展，资本有机构成适度降低，从而出现资本有机构成变化的三种可能趋势："提高、不变、下降"①。

我国改革开放后，随着我国工业化的进一步发展，我国第二产业特别是工业的迅速发展，企业生产资料的投入不断增加，促进了社会生产力和劳动生产率的迅速提高，资本的物质构成即生产资料和劳动力构成比例不断提高，特别是随着资本密集型企业和技术密集型企业的迅速发展，资本技术构成随之提高，资本有机构成迅速提高，如表5-4所示。

表5-4 1978~2015年我国工资总额和全社会固定资产投资②

单位：亿元

年份	工资总额	全社会固定资产投资	年份	工资总额	全社会固定资产投资
1978	569.00	356.00	1997	9602.00	24941.00
1979	647.00	418.00	1998	9540.00	28406.00
1980	772.00	427.00	1999	10156.00	29855.00
1981	820.00	371.00	2000	10955.00	32918.00
1982	882.00	845.00	2001	12205.00	37214.00
1983	935.00	952.00	2002	13638.00	43500.00
1984	1112.00	1160.00	2003	15330.00	55567.00
1985	1383.00	2475.00	2004	17615.00	70477.00
1986	1660.00	2967.00	2005	20627.00	88774.00
1987	1881.00	3518.00	2006	24262.00	109998.00
1988	2316.00	4314.00	2007	29472.00	137324.00

① 马艳：《马克思主义资本有机构成理论创新与实证分析》，《学术月刊》2009年第5期，第68页。
② 国家统计局：《中国统计年鉴》(1979~2016)，中国统计出版社，1979~2016年版。

续表

年份	工资总额	全社会固定资产投资	年份	工资总额	全社会固定资产投资
1989	2619.00	4000.00	2008	35290.00	172828.00
1990	2951.00	4451.00	2009	40288.00	224599.00
1991	3324.00	5279.00	2010	47270.00	278122.00
1992	3940.00	7582.00	2011	59956.00	311485.00
1993	4916.00	11829.00	2012	70914.00	374695.00
1994	6656.00	17043.00	2013	93064.30	446294.09
1995	8056.00	20019.00	2014	102817.20	512020.70
1996	8964.00	22974.00	2015	112007.80	561999.83

根据表 5-4 计算出改革开放以来我国资本有机构成变化现状。以全社会固定资产投资作为不变资本 C，以工资总额作为可变资本 V，我国的资本有机构成 C∶V，如表 5-5 和图 5-1 所示。

表 5-5　1978~2015 年资本有机构成

年份	资本有机构成（C∶V）	年份	资本有机构成（C∶V）
1978	0.626∶1	1997	2.597∶1
1979	0.646∶1	1998	2.978∶1
1980	0.553∶1	1999	2.940∶1
1981	0.452∶1	2000	3.004∶1
1982	0.958∶1	2001	3.049∶1
1983	1.018∶1	2002	3.190∶1
1984	1.043∶1	2003	3.625∶1
1985	1.790∶1	2004	4.001∶1
1986	1.887∶1	2005	4.304∶1
1987	1.872∶1	2006	4.534∶1
1988	1.863∶1	2007	4.659∶1
1989	1.527∶1	2008	4.897∶1

续表

年份	资本有机构成（C∶V）	年份	资本有机构成（C∶V）
1990	1.508∶1	2009	5.575∶1
1991	1.588∶1	2010	5.884∶1
1992	1.924∶1	2011	5.195∶1
1993	2.406∶1	2012	5.284∶1
1994	2.561∶1	2013	4.796∶1
1995	2.485∶1	2014	4.980∶1
1996	2.563∶1	2015	5.018∶1

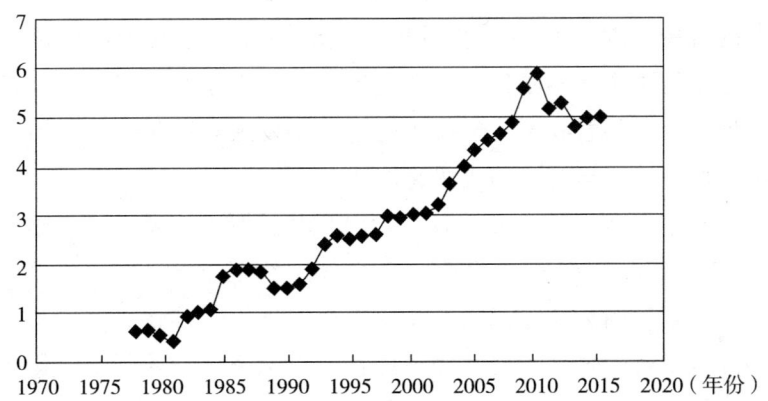

图 5-1 1978~2015 年我国资本有机构成趋势

从表5-5和图5-1可以看出，改革开放以后我国的资本有机构成虽然在1980~1981年、1988~1991年有所下降，1982~1984年、1998~2001年只有非常小的变化外，从长期看呈现迅速提高的趋势，符合马克思关于资本有机构成变化的趋势。根据改革开放以来我国资本有机构成的变化，可以把我国资本有机构成的变化划分为五个阶段。

第一阶段是1978~1984年。这一阶段我国资本有机构成提高十分缓慢，1978年资本有机构成为0.626∶1、1979年为0.646∶1、1980年为0.553∶1、1981年为0.452∶1，1982~1984年基本上是1∶1，说明在这一阶段，我国的工业化、城市化发展比较缓慢，第一产业比重比较大，因此，资本有机构成低。

第二阶段是1985~1992年。这一阶段我国资本有机构成稳步提高，1984年我国开始进行城市经济体制改革，加快了工业化发展步伐，积极引进国外先进技术，第二产业特别是制造业发展迅速，资本有机构成迅速提高，资本有机构成由1985年的1.790∶1提高到1992年的1.924∶1，除在1989~1991年受经济调整的影响，资本有机构成有小幅下降外，我国资本有机构成总体上是提高的。

第三阶段是1993~2003年。这一阶段是我国资本有机构成快速提高的阶段。在这一阶段，我国的资本有机构成由1993年的2.406∶1提高到2003年的3.625∶1，主要是因为我国逐步建立社会主义市场经济体制，市场在资源配置中的基础作用逐步发挥，生产要素主体的积极性进一步提高，市场竞争促进企业不断扩大生产规模；同时由于我国已经进入工业化的迅速发展时期，随着我国科学技术的进一步发展和引进先进技术，企业投资进一步增加，资本有机构成快速提高。

第四阶段是2004~2010年。这一阶段是我国资本有机构成迅速提高的阶段。由2003年的3.625∶1迅速提高到2010年的5.884∶1，2004~2010年都在迅速提高。因为随着我国工业化进程的进一步加快，我国形成了投资导向型经济增长模式，投资对经济增长的贡献率进一步提高，因此，我国资本有机构成迅速提高。

第五阶段是2011~2015年。这一阶段是我国资本有机构成缓慢变动阶段。由2011年的5.195∶1上升到2012年的5.284∶1，下降到2013年的4.796∶1又上升到2014年的4.980∶1、2015年的5.018∶1，在这一阶段，由于我国经济增长进入新常态，资本有机构成的波动性比较小。

二、改革开放后劳动者报酬比重的演变

改革开放后，随着我国资本有机构成的提高和下降，劳动者报酬比重也随之发生变化，劳动者报酬比重随着资本有机构成的提高而下降，随着资本有机构成的下降而提高，如表5-6和图5-2所示。

表 5-6　1978~2015 年我国劳动者报酬比重演变　　单位：%

年份	我国劳动者报酬比重	年份	我国劳动者报酬比重
1978	49.64	1997	51.03
1979	51.45	1998	50.83
1980	51.18	1999	49.97
1981	52.71	2000	48.71
1982	53.58	2001	48.23
1983	53.40	2002	47.75
1984	53.68	2003	46.16
1985	52.74	2004	41.55
1986	52.82	2005	41.33
1987	52.02	2006	40.61
1988	51.69	2007	39.74
1989	51.55	2008	47.99
1990	53.31	2009	46.62
1991	51.20	2010	45.01
1992	50.04	2011	44.94
1993	49.49	2012	45.60
1994	50.35	2013	45.90
1995	51.44	2014	46.50
1996	51.21	2015	47.90

资料来源：2000 年以前数据转引自白重恩、钱震杰：《国民收入的要素分配：统计数据背后的故事》，《经济研究》2009 年第 3 期，第 29 页；2000 年以后数据根据历年《中国统计年鉴》自行测算。

从表 5-6 和图 5-2 可以看出，改革开放以后，我国劳动者报酬比重总体上呈现出先提高后下降然后再缓慢上升的趋势。1978~1984 年，我国劳动者报酬比重呈现出提高趋势，7 年间劳动者报酬比重平均为 52.2%。由于改革开放政策的实施，促进了我国经济的迅速发展，国民经济快速发展，工资总额迅速提高，1984 年劳动者报酬比重达到最高的 53.68%。

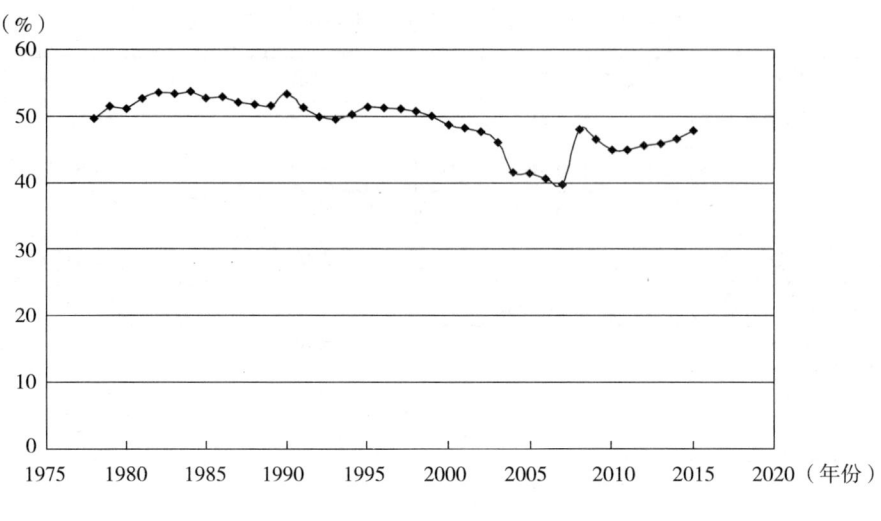

图 5-2　1978~2015 年我国劳动者报酬比重趋势

1979~1995 年我国劳动者报酬比重都在 51% 以上。1995~2008 年我国劳动者报酬比重呈现下降趋势，由 1995 年的 51.44% 下降到 2007 年的 39.74%，出现了改革开放以来我国劳动者报酬比重的历史最低点。在这一时期，虽然有的年份有一定的提高，但总体上呈下降趋势，且持续的时间很长，呈现出劳动者报酬比重低且持续下降的趋势。2009 年，随着经济增长的恢复，我国劳动者报酬比重有了比较大的提高，达到 46.62%，2010 年以后我国劳动者报酬比重又趋于平稳提高，初步出现"U"型的拐点。

三、资本有机构成的演变对我国劳动者报酬比重的影响

影响劳动者报酬比重的因素表现在很多方面，其中最重要的因素是资本有机构成的变化，"在生产要素价格给定的情况下，资本有机构成提高必然使劳动报酬在初次分配中的比例趋于下降；资本有机构成下降必然使劳动报酬在初次分配中的比例将趋于提高"①。我们将资本有机构成和劳动

---

① 梁东黎：《初次分配的要素投入结构视角研究》，《东南大学学报》（哲学社会科学版）2011 年第 3 期，第 20 页。

者报酬比重进行比较得出表5-7，并将两者折线图重叠进行比较得出图5-3。

表5-7 1978~2015年资本有机构成演变规律对劳动者报酬比重变化的影响

年份	资本有机构成（C:V）	我国劳动者报酬比重（%）	年份	资本有机构成（C:V）	我国劳动者报酬比重（%）
1978	0.626:1	49.64	1997	2.597:1	51.0
1979	0.646:1	51.45	1998	2.978:1	50.8
1980	0.553:1	51.18	1999	2.940:1	50.0
1981	0.452:1	52.71	2000	3.004:1	48.7
1982	0.958:1	53.58	2001	3.049:1	48.2
1983	1.018:1	53.40	2002	3.190:1	47.8
1984	1.043:1	53.68	2003	3.625:1	46.2
1985	1.790:1	52.74	2004	4.001:1	41.6
1986	1.887:1	52.82	2005	4.304:1	41.4
1987	1.872:1	52.02	2006	4.534:1	40.6
1988	1.863:1	51.69	2007	4.659:1	39.7
1989	1.527:1	51.55	2008	4.897:1	48.0
1990	1.508:1	53.31	2009	5.575:1	46.6
1991	1.588:1	51.20	2010	5.884:1	45.0
1992	1.924:1	50.04	2011	5.195:1	44.9
1993	2.406:1	49.49	2012	5.284:1	43.8
1994	2.561:1	50.35	2013	4.796:1	45.9
1995	2.485:1	51.44	2014	4.980:1	46.5
1996	2.563:1	51.21	2015	5.018:1	47.9

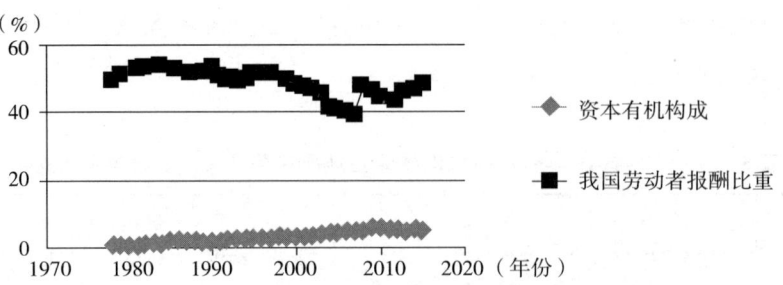

图 5-3 1978~2015 年我国资本有机构成对劳动者报酬比重的影响

从表 5-7 和图 5-3 比较我国资本有机构成的演变对劳动者报酬比重的影响可以看出，资本有机构成的演变对劳动者报酬比重的影响可以概括为：资本有机构成提高，劳动者报酬比重下降，资本有机构成提高到一定阶段后，经济结构进一步优化升级，资本有机构成缓慢下降，劳动者报酬比重逐步提高，两者呈反方向变化。具体表现在以下四个阶段：

第一阶段是 1978~1984 年。我国工业化水平比较低，第一产业比重高，资本有机构成低，劳动者报酬比重高。在这一阶段，我国年均资本有机构成是 0.760∶1，年均劳动者报酬比重为 52.23%，是改革开放后我国劳动者报酬比重最高阶段。主要原因是我国已经建立了完整的工业体系和国民经济体系，但产业结构不合理，第一产业比重高，工业化水平低，不变资本比重低，可变资本比重比较高，资本有机构成低，在经济增长中劳动的贡献大。因此，劳动者报酬比重高。

第二阶段是 1985~1992 年。1985 年，我国进行城市经济体制改革，第二产业特别是工业发展比较快，不断加大引进国外先进技术和设备，资本有机构成逐步提高，劳动者报酬比重开始缓慢降低。在这一阶段，年均资本有机构成是 1.740∶1，年均劳动者报酬比重是 51.92%。与第一阶段比较，资本有机构成提高了 0.980，劳动者报酬比重下降了 0.31 个百分点。同时资本有机构成由 1984 年的 1.043∶1 提高到 1992 年的 1.924∶1，而劳动者报酬比重缓慢下降，由 1984 年的 53.68% 逐步下降到 1992 年的 50.04%。进一步说明了随着资本有机构成的提高，在经济增长中，资本对经济增长的贡献不断增大，我国劳动者报酬比重逐步降低。

第三阶段是1993~2007年,是我国资本有机构成迅速提高,劳动者报酬迅速下降的阶段。在这一阶段,我国的资本有机构成由1992年的1.924:1提高到2007年的4.659:1,资本有机构成迅速提高,劳动者报酬比重迅速降低,由1992年的50.04%迅速下降到2007年的39.7%,也是我国劳动者报酬比重最低的年份。这一阶段的年均资本有机构成是3.260:1,年均劳动者报酬比重降低到47.23%。

第四阶段是2008~2011年,是我国资本有机构成缓慢提高,劳动者报酬比重从低水平缓慢下降的阶段。在这一阶段,我国的资本有机构成进一步提高,由2008年的4.897:1提高到2011年的5.195:1,资本有机构成缓慢提高,劳动者报酬比重小幅度下降,由2008年的48%缓慢提高到2011年的44.9%。

第五阶段是2012~2015年,是我国资本有机构成平稳下降,劳动者报酬比重逐年提高的阶段。在这一阶段,我国的资本有机构成下降平稳,分别为5.284:1、4.796:1、4.980:1和5.018:1,劳动者报酬比重逐年提高,由2012年的43.8%逐年提高到2015年的47.9%。进一步说明,我国的经济结构比较优化后,资本有机构成下降,劳动者报酬比重逐步提高。

从不同地区资本有机构成对劳动者报酬比重影响的问卷调查中发现,不同地区,由于资本有机构成不同,劳动者报酬比重差距比较大,资本有机构成对劳动者报酬比重影响比较大,如表5-8所示。

表5-8 资本有机构成对地区劳动者报酬比重影响调查　　单位:%

非常大	大	比较大	一般	没有影响
38.1	16.3	22.8	17.2	5.6

从表5-8可以看出,不同地区,由于资本有机构成不同,劳动者报酬比重不同,资本有机构成影响比较大,认为影响非常大的占38.1%,认为影响大的占16.3%,认为影响比较大的占22.8%,合计占77.2%,只有17.2%的人认为影响一般,5.6%的人认为没有影响,因此,必须深入分析我国资本有机构成对劳动者报酬比重的影响。

从不同行业资本有机构成对劳动者报酬比重影响的问卷调查中同样发现，不同行业，由于资本有机构成不同，劳动者报酬比重差距比较大，资本有机构成对行业劳动者报酬比重影响比较大，如表5-9所示。

表5-9 资本有机构成对行业劳动者报酬比重影响调查   单位：%

非常大	大	比较大	一般	没有影响
14.7	25.6	30.6	27.5	1.6

从表5-9可以看出，不同的行业，不同的企业，由于资本有机构成不同，劳动者报酬比重必然存在差异，资本有机构成对劳动者报酬比重影响比较大，调查中认为影响非常大的占14.7%，认为影响大的占25.6%，认为影响比较大的占30.6%，合计占70.9%，只有27.5%的人认为影响一般，1.6%的人认为没有影响，因此，资本有机构成不同，行业和企业的劳动者报酬比重必然不同，资本有机构成对劳动者报酬比重的影响比较大。如在第二产业中采矿业、制造业、电力、天然气等行业、企业的资本有机构成，劳动者报酬比重低，第三产业中批发业、交通运输业、信息传输、软件和信息技术服务业、金融业、房地产业的相关企业的资本有机构成高，劳动者报酬比重低，而其他行业企业资本有机构成低，劳动者报酬比重高。

第三节 劳动力供求状况对劳动者报酬比重的影响

劳动者报酬比重不仅由劳动者价值决定，必然受劳动力供求关系的影响，一般来说，劳动力供求平衡，劳动者报酬比较合理，劳动力供大于求，劳动者报酬比重比较低，劳动力供小于求，出现劳动力资源短缺，劳动者报酬比重比较高，因此劳动力供求状况对劳动者报酬比重有比较大的影响，1992年我国进行社会主义市场经济体制改革后，我国劳动者报酬比重受劳动力供求关系的影响,在劳动力长期供大于求的情况下,劳动者报酬比重长期下降,2008年以后在沿海地区出现劳动力短缺,我国劳动者报酬比重开始上升。

一、劳动力供求状况对劳动者报酬比重的影响

(一) 劳动力供给

劳动力供给是指一个国家或地区在一定时期内,"以人时为单位计算的受雇佣劳动力数量"①,是指在一定劳动报酬条件下,劳动者愿意并且能够提供劳动者的劳动使用权,影响劳动力供给的因素主要包括:①劳动者报酬的影响。在其他因素不变的条件下,劳动力供给与劳动者报酬比重呈正向变化,劳动者报酬越高,劳动者供给越多,反之劳动力供给越少,但劳动力供给还受人口出生率和人口政策等一系列因素的影响。②劳动者生活成本的影响。在劳动者报酬一定的条件下,劳动力的供给取决于劳动者的生存成本、发展成本、教育成本、享受成本和机会成本等因素。

(二) 劳动力需求

劳动力需求是一种引致需求、联合需求,是指在一定时期内一个国家或地区,在工资水平一定的条件下,厂商愿意并有能力雇佣的劳动力数量。劳动力的需求量是由产品的需求量引致的,受企业生产经营、服务状况等影响,同时受经济波动和经济周期的影响、企业的固定资产折旧、营业盈余和政府生产税净额的影响,如果经济景气,政府的生产税净额比重比较合理,企业盈余多,劳动力需求量增加。

(三) 劳动力供求状况

劳动力供求状况主要有三种情况:一是劳动力供等于求,即供求均

---

① [英] 大卫·桑普斯福特等:《劳动力市场经济学》,王询译,中国税务出版社2005年版,第6页。

衡，这是一种理想状态；二是劳动力供大于求；三是劳动力供小于求。劳动力供大于求和劳动力供小于求的情况都属于劳动力供求不平衡，会出现劳动力供求缺口。劳动力供求缺口是指劳动力供求之间的差额，劳动力供大于求，出现需求缺口，劳动力供小于求，出现供给缺口，劳动力供等于求，实现供求平衡时，劳动力基本平衡，劳动者报酬比重比较合理。当出现劳动力需求缺口时，劳动者报酬比重比较低；当出现劳动力供给缺口时，劳动者报酬比重比较高。

（四）劳动力供求关系对劳动者报酬比重的影响机制

在劳动力供给等于需求的前提下，劳动者报酬比重能比较好地体现劳动在经济增长中的贡献，比较好地体现市场经济条件下公平和效率统一的原则。在供求不平衡的条件下，无论是供大于求还是供小于求，劳动者报酬比重主要取决于工会组织和企业的讨价还价能力，劳动力供求关系决定着双方的力量对比，一般来说，当劳动力供大于求时，企业处于主导地位，在双方博弈中占有绝对优势，资本报酬比重比较高，劳动者报酬比重比较低。在供小于求时，企业处于被动地位，工会组织处于主导地位，劳动者报酬比重比较高，其运行机制是：

1. 劳动力供求平衡前提下劳动者报酬比重的决定

在劳动力供求平衡的前提下，劳动者报酬比重与资本报酬比重取决于劳资双方讨价还价的能力，真正情况下的劳动者报酬比重体现为劳资双方谈判的结果。在谈判过程中，由于劳动力的分散性，不容易形成统一的力量，因此仍然处于弱势地位，双方的报酬比重主要取决于政府的力量，一般来说政府倾向于提高经济效益，促进经济增长，劳动者报酬比重仍然比较低，但比较接近劳动在经济增长中的贡献。

2. 劳动力供大于求的情况下劳动者报酬比重的决定

在劳动力供大于求的情况下，必然形成资本的稀缺性，劳动力的富裕性，特别是在"二元经济"转型的过程中，由于存在大量的农村剩余劳动力，劳动力供大于求的状况。在这种情况下，由于资本的稀缺性，在经济增长中，由于资本供小于求，资本的资本市场利率必然高，企业或资方在劳动者报酬比重的谈判中处于有利地位,形成"资本主导型"的经济增长模式和初次分配制度,选择人为压低劳动者报酬比重,降低企业成本,提高企业产品的竞争力。但由于劳动力供大于求,劳动力资源丰富,由供求关系决定的劳动者报酬比重低,在初次分配中,劳动者谈判能力差,劳动者及其组织在谈判过程中处于劣势地位,劳动者报酬比重必然更低。同时,在"二元经济"转型过程中,政府一般选择"赶超"发展战略、优先发展战略,在坚持效率优先、兼顾公平的前提下,政府为了获得更多的税收,必然形成"资本倾斜"的初次分配制度安排,从而形成政府收入、企业收入比重高、劳动者报酬比重低的"两高一低"的分配制度安排,劳动者报酬比重必然下降,直到劳动力供求关系基本平衡前,劳动者报酬比重都将持续下降。

3. 劳动力供小于求条件下劳动者报酬比重的决定

在劳动力供小于求的情况下,一般会形成"劳动主导型"的国民收入初次分配制度,劳动者报酬比重会随着劳动力稀缺程度而提高,在形成"U"型的右边逐步上升,达到劳动者合理报酬比重,实现政府收入、企业收入和劳动者报酬比重的最优化。

二、我国劳动力供求现状对劳动者报酬比重的影响

(一) 问题的提出

2004年我国珠三角出现了"用工荒",引起了政府和学术界的广泛关注和深入研究,形成了对现阶段我国劳动力供求关系的不同判断,产生了三种不同的观点。第一种观点是"否定说",以周天勇[①]等学者为代表,认为我国当前城市化水平低、农业劳动力总量大,中国还没有进入"刘易斯拐点"。第二种观点是以都阳等学者为代表的"肯定说",认为我国现阶段

---

① 周天勇:《刘易斯拐点来临要到2020年后》,《学习时报》2010年8月23日。

已经出现了劳动力价格持续上涨,劳动力供给短缺,已开始进入"刘易斯拐点"。① 第三种观点以蔡昉等学者为代表,如蔡昉认为"2004年,劳动力短缺已经成为全国性现象,这种劳动力短缺的出现和普通劳动者工资持续上涨的现象,就意味着中国已经迎来其刘易斯转折点"②。那么,现阶段我国的劳动力供求状况究竟如何?对我国劳动者报酬比重有什么影响?必须对我国劳动者供求状况进行科学判断。

(二)我国劳动力供求状况的科学判断

是否出现劳动力供求缺口是判断一个国家或地区劳动力供求状况的重要指标。主要有三种情况:一是供大于求,二是供小于求,三是供求基本平衡。

1. 我国劳动力供给测算

劳动力供给是指在劳动报酬一定的条件下,国家或地区的劳动者愿意和能够让渡劳动的使用权,根据我国国家统计局的测算公式,劳动力供给=劳动力适龄人口-在校学生人口-在押服刑犯人口-劳动力净流出人口-其他没有劳动能力人口。其中适龄劳动人口的测算,国际上通常以15~64岁的人口进行测算,在校学生是指在法律规定的劳动人口范围内,有能力提供劳动但由于正在接受各种不同层次的教育,又不能参加社会劳动的法定适龄人口。根据我国现中学、小学学制,符合适龄劳动人口的在校学生人数主要是指接受高中教育、高中职业教育的在校学生和接受高等教育的在校学生。在押服刑犯人口是指有意愿又有能力参与社会劳动,但因为严重违反国家法律并正在监狱服刑、劳教的全体人口。我国统计年鉴没有公布各年度的在押服刑犯人口数,我们根据 2003~2011 年的在押服刑犯人口数和 2003~2011 年的年均增长率为 0.83%,测算其他年度的在押服刑犯人口数。对我国来说劳动力净流出人口和其他人口的规模比重非常小,可以忽

---

① 都阳:《农村劳动力流动:转折时期的政策选择》,《经济社会体制比较》2010年第5期,第90-97页。

② 蔡昉:《劳动力供给与中国制造业的新竞争力来源》,《中国发展观察·中国发展高层论坛》2012年专号,第17页。

第五章 我国劳动者报酬比重的影响因素

略不计。

2. 我国劳动力需求测算

劳动力需求是指在一定时期内，在一定劳动报酬条件下社会愿意且有能力聘用的劳动人口数量。劳动力需求是一种由产品和服务的需求引起的，劳动力的需求量受国内外经济形势和经济发展状况的影响。国际上一般用就业人数表示。同时根据劳动力的供给量和需求量可以测算出一定时期内，国家或地区的劳动力供求状况、供求缺口，我们根据以上测算方法，分别测算我国1990~2013年的劳动力供给数、需求数和劳动力的供求缺口，能比较好地反映我国的劳动力供求状况，如表5-10所示。

表5-10 1990~2013年我国劳动力供求状况

年份	适龄人口（万人）	在校学生（万人）	服刑人员（万人）	劳动力供给（万人）	供给增长率（%）	劳动力需求	需求增长率（%）	供求缺口（万人）	供求缺口增长率（%）
1990	76306	1218.6	140.2	74947.2	—	64749	—	10198.2	—
1991	76791	1242.9	141.4	75406.7	0.60	65491	1.10	9915.7	-0.50
1992	77614	1266.1	142.5	76205.4	1.06	66152	1.01	10053.4	0.05
1993	79051	1273.1	143.7	77634.2	1.87	66808	0.99	10826.2	0.88
1994	79868	1350.4	144.9	78372.7	0.95	67455	0.97	10917.7	-0.02
1995	81393	1452.1	146.1	79794.8	1.80	68065	0.90	11729.8	0.90
1996	82245	1544.7	147.3	80553.0	0.95	68950	1.30	11603.0	-0.35
1997	83448	1679.4	148.5	81619.7	1.32	69820	-0.10	11799.7	1.42
1998	84338	1820.5	149.7	82367.8	0.92	70637	2.60	11730.8	-1.68
1999	85157	1997.0	150.9	83009.2	0.72	71394	1.07	11615.2	-0.35
2000	89910	2260.6	152.1	87497.3	5.40	72085	0.97	15412.3	4.43
2001	89849	2590.5	153.4	87105.6	0.70	72797	0.99	14308.6	-0.29
2002	90302	3098.7	154.6	87048.7	0.07	73280	0.66	13768.7	0.59
2003	90976	3601.6	156.3	87218.2	0.19	73736	0.62	13482.2	-0.43
2004	92184	4123.3	155.8	87904.9	0.79	74264	0.72	13640.9	0.07
2005	94197	5570.9	156.3	88469.8	0.64	74067	-0.27	14402.8	0.91
2006	95068	6063.2	156.7	88848.1	0.43	74978	1.23	13870.1	-0.8

续表

年份	适龄人口（万人）	在校学生（万人）	服刑人口（万人）	劳动力供给（万人）	供给增长率（%）	劳动力需求	需求增长率（%）	供求缺口（万人）	供求缺口增长率（%）
2007	95833	6394.3	158.9	89279.8	0.49	75321	0.46	13958.8	0.03
2008	96680	6584.4	162.3	89933.3	0.73	75564	0.32	14369.3	0.41
2009	97484	6774.2	163.6	90546.2	0.68	75828	0.35	14718.2	0.33
2010	99938	6897.6	164.7	92875.7	2.60	76105	0.37	16770.7	2.23
2011	100283	6968.6	165.7	93148.7	0.29	76420	0.41	16728.7	-0.12
2012	100403	6972.2	167.1	93263.7	0.12	76704	0.37	16559.7	-0.25
2013	100582	6827.0	168.4	93586.6	0.35	76977	0.36	16882.6	-0.01
平均	—	—	—	—	1.03	—	0.76	—	0.32

资料来源：根据历年《中国统计年鉴》计算。

（三）我国劳动力供求状况的判断

从表5-10可以看出，我国劳动力的供求状况，主要表现为：

1. 我国劳动力需求状况判断

1990~2013年我国的劳动力需求数一直在增加，尽管受到国际经济形势的影响，有的年份与上年比较，增长率为负，如1997年和2005年，但劳动力需求的绝对数是增加的，从1990年的64749万人增加到2013年的76977万人，年均增长0.76%，劳动力需求出现持续稳定的增长趋势。

2. 我国1990~2003年劳动力供给状况判断

1990~2013年我国的劳动力供给数一直在增加，尽管受大学生扩招、大力发展中等职业高中和大力发展职业学院等的影响，有的年份比上年增长率幅度比较小。2004年，特别是2011年后，增长幅度都比较小，其中2011年是0.29%、2012年是0.12%、2013年是0.35%，2010年在经过大学生扩招进入就业后，"是中国劳动力供求关系变化的分水岭"，我国劳动力供给逐渐由过剩转向短缺。①但在这一时期劳动力供给的绝对数是增加

---

① 徐平华：《中国劳动力供求新变局与对策》，《理论视野》2013年第5期，第38页。

的，从1990年的74947.2万人增加到2013年的93586.6万人，年平均增加1.03%，劳动力供给呈现出稳步增长的趋势。

3. 我国劳动力供求现状判断

从我国的劳动力供求缺口看，1990~2013年我国劳动力供求缺口比较大，其年均供求缺口增长率为0.32%，表明我国在这一时期，劳动力供大于求，失业压力仍然比较大，现阶段，党和国家的工作重点仍然是提高劳动者的就业和创业能力，实现劳动力的充分就业。

三、我国劳动力供求状况对劳动者报酬比重的影响

由于受劳动力供求关系的影响，在"二元经济"转型过程中，我国劳动者报酬比重经历了1991~2009年的持续下降，2010年后随着"刘易斯拐点"出现劳动力供求缺口，劳动者报酬比重达到"U"型拐点后开始提高。具体经历了三个阶段：

第一阶段（1991~2007年）。既是我国劳动力供大于求时期，也是我国劳动者报酬迅速下降的时期。这一时期，在"二元经济"转型过程中，农村大量劳动力向城市和第二、第三产业转移，劳动力供给迅速增加；同时由于资本紧缺，劳动力的需求量比较小，供求极不平衡，劳动者工资比较低，同时由于战略发展的需要，必然形成向"资本倾斜"和"政府倾斜"的初次分配制度，因此我国劳动者报酬比重低，这种状况持续的时间比较长，2007年我国劳动者报酬比重下降到39.7%的最低点（见表5-7）。问卷调查进一步验证了劳动力供给大于需求对劳动者报酬在国民收入初次分配中的影响非常大，劳动力供给大于需求，劳动者报酬比重必然低，如表5-11所示。

表5-11 劳动力供给大于需求对劳动者报酬在国民收入初次分配中的比重的影响调查　　　　　　　单位：%

非常大	比较大	大	一般	没有影响
26.9	22.5	23.4	22.8	4.9

从表5-11可以看出，不同行业、不同企业，在我国"二元经济"转型初期，由于劳动力供给大于需求，在国民收入初次分配中劳动者报酬比重低，劳动力供给大于需求对劳动者报酬比重影响比较大，调查中认为影响非常大的占26.9%，认为影响比较大的占22.5%，认为影响大的占23.4%，合计占72.8%，只有22.8%的人认为影响一般，4.9%的人认为没有影响，因此劳动力供给大于需求，劳动者报酬比重必然低。在我国"二元经济"转型的第一阶段，由于劳动力供给大于需求，劳动者报酬比重低并且不断下降。

第二阶段（2007~2010年）。既是我国劳动力供求关系开始出现拐点的时期，也是我国劳动者报酬提高的转折时期。在这一时期，我国劳动力供给仍然增加，但增幅减少，到2010年后供给增加的百分比小于需求增加的百分比，劳动力供给逐步进入劳动力稀缺阶段，劳动力工资迅速增加，劳动者报酬比重开始提高，由2007年的39.7%提高到2010年的45%（见表5-7）。这是由于劳动力的供求状况对劳动者报酬比重具有重要影响，如表5-12所示。

表5-12　劳动力供求状况对我国劳动者报酬比重影响调查　　单位：%

非常大	大	比较大	一般	没有影响
39.1	21.3	22.8	8.4	8.4

从表5-12可以看出，当我国进入"二元经济"转型的"拐点"时期，由于劳动力供求关系发生了变化，在国民收入初次分配中劳动者报酬比重开始逐渐上升，劳动力供求状况对劳动者报酬比重影响比较大，调查中认为影响非常大的占39.1%，认为影响大的占21.3%，认为影响比较大的占22.8%，合计占83.2%，只有8.4%的人认为影响一般，8.4%的人认为没有影响，因此劳动力供求状况对劳动者报酬比重影响比较大，当劳动力供给小于需求时，劳动者报酬比重开始上升。在我国"二元经济"转型的第二阶段，由于劳动力供给小于需求，劳动者报酬比重开始上升，因此，2008年后，我国劳动者报酬比重开始上升，特别是沿海经济发达地区的劳

动力供给开始减少,劳动者报酬比重开始上升。

第三阶段(2010~2013年)。我国劳动力供给逐渐由过剩转向短缺,劳动力供求缺口连续3年出现负增长,我国经济转型开始进入"刘易斯拐点"时期。在这个时期,"工资不再由生存水平决定,而是更加敏感地受到供求关系的影响"①。劳动者工资有比较大的提高,劳动者报酬比重也迅速提高,特别是沿海发达地区劳动力供给进一步减少,劳动者报酬进一步提高,2013年,我国劳动者报酬比重已提高到45.9%(见表5-7),劳动者报酬比重开始进入"刘易斯拐点"时期,因此说我国劳动者报酬比重也开始进入逐步提高时期。

第四节 生产税对劳动者报酬比重的影响

一、税收对劳动者报酬比重的影响机制

国民生产总值是一个国家或地区在一定时间内(通常是一年)全部生产活动创造的价值总和。国民生产总值的初次分配形成劳动者报酬、固定资产折旧、生产税净额和营业盈余,分别为居民、政府和企业所得,三者是一个此消彼长的关系,生产税净额的比重直接影响劳动者和企业报酬的比重。劳动者报酬比重和企业收入比重与税收收入之间有着明显的负相关关系。在企业收入比重一定的条件下,生产税净额比重提高,劳动者报酬比重下降,生产税净额比重下降,劳动者报酬比重提高;在劳动者报酬比重一定的情况下,生产税净额比重提高,企业收入比重下降,生产税净额比重下降,企业收入比重提高,甚至是生产税净额比重提高,劳动者报酬比重和企业收入比重都下降,生产税净额比重下降劳动者报酬比重和企业收入比重都下降。

---

① 蔡昉:《劳动力供给与中国制造业的新竞争力来源》,《中国发展观察·中国发展高层论坛》2012年专号,第17页。

税收对国民生产总值初次分配的影响主要"体现在初次分配的生产税"①，通过生产税税率、生产税结构和生产税政策来影响劳动者报酬比重。生产税是国民生产总值初次分配中所涉及各税种的总称，政府的初次分配收入主要来自生产税净额；生产税是指对生产单位从事生产、销售和经营活动以及因从事生产活动使用某些生产要素所征收的各种税、附加费和规费。生产补贴是指政府对生产单位的单方面转移支出。生产税净额是指生产税扣除生产补贴以后的余额。在国民生产总值初次分配中的生产税主要包括生产（销售）税、增值税，此外还有契税、房产税、城镇土地使用税、耕地占用税、车船税和印花税等计入企业管理费用中的税收和各种构成企业成本费用的政府性基金和非税收入，如矿产资源补偿费、文化事业建设费等。我国的生产税主要包括各种货物和劳务税及财产行为税等税种。其中生产税，特别是其中的货物和劳务税是我国税收收入最主要的构成主体。

生产税对劳动者报酬比重的影响主要是通过税收制度、税收结构和税收政策影响劳动者报酬比重的。税收制度无疑具有非常重要的作用。税收制度对要素初次分配比重的影响主要是通过税种的设计和组合来影响政府收入、企业收入和劳动者报酬的比重，具有刚性作用，在比较长的时期保持不变。在税收结构中，社会保障税的征收比重会减少资本报酬比重，增加劳动者报酬比重；个人所得税的征收比重会使劳动者报酬比重下降；公司所得税率的上升会降低劳动者报酬的比重；增值税征收比重的提高会降低劳动者报酬的比重。周克清、毛锐、罗欢通过实证分析认为"货劳税所占比重每上升 1 个百分点，劳动收入份额将下降 0.240 个百分点；营业税所占比重每上升 1 个百分点，劳动收入份额上升 0.089 个百分点；消费税每上升 1 个百分点，劳动收入份额将下降 0.044 个百分点，但企业所得税每上升 1 个百分点，劳动在要素收入中所占的份额将上升 0.079 个百分点，个人所得税每上升 1 个百分点，劳动在要素收入中所占的份额将下降

---

① 陈文东：《税收对收入分配的影响及改革展望》，《中央财经大学学报》2012 年第 9 期，第 17 页。

0.068个百分点"①。在税收制度和税收结构基本稳定的前提下,中央政府和地方政府还可以通过税收政策影响劳动者报酬的比重,如可以通过各种税收优惠政策提高劳动者报酬比重,也可以通过一定的税收政策抑制劳动者报酬比重的提高。

税收制度、税收结构和税收政策的制定并不完全取决于生产要素的比较优势,主要取决于政府、企业和劳动者在博弈过程中的地位,在博弈过程中,政府处于绝对地位,税收制度、税收结构和税收政策都由政府制定,政府为了增加财政收入,必然制定确保生产税净额稳定增长的税收制度、税收结构和税收政策,在此前提下保证资本报酬的提高,进一步提高企业经济效益,"我国近20年的历次税改,无论是'1984年税改''1994年税改',还是'2004年税改''增收'都是其直接的或长远的目标之一"②。所以,我国的生产税净额比重有比较大的提高而劳动者报酬比重不断下降。

二、我国税收对劳动者报酬比重的影响

改革开放后,我国经历了财政包干体制到分税制财政体制的税收制度变迁,不断优化了税收结构,制定和完善了各项税收政策,生产税净额有比较大的提高,但劳动者报酬比重比较低,并且持续下降,呈现出政府税收快速增长,从而"挤压"劳动者报酬。如表5-13所示。

表5-13 1992~2013年我国劳动者报酬与生产税净额比较　　单位:%

年份	政府生产税净额	劳动者报酬比重	年份	政府生产税净额	劳动者报酬比重
1992	15.50	50.04	2003	17.74	46.16
1993	16.80	49.49	2004	14.05	41.55
1994	16.30	50.35	2005	14.17	41.33

---

① 周克清、毛锐、罗欢:《税制结构对劳动收入份额的影响机制研究》,《税务与经济》2015年第2期,第67页。
② 许宪春:《国民收入分配政策会影响税收与GDP的比例关系》,《税务研究》2004年第2期,第8页。

续表

年份	政府生产税净额	劳动者报酬比重	年份	政府生产税净额	劳动者报酬比重
1995	12.26	51.44	2006	14.49	40.61
1996	15.50	51.21	2007	14.16	39.74
1997	16.20	51.03	2008	16.10	38.64
1998	14.20	50.83	2009	13.28	46.62
1999	15.93	49.97	2010	12.89	45.01
2000	16.79	48.71	2011	12.96	44.94
2001	16.27	48.23	2012	14.60	43.80
2002	17.15	47.75	2013	14.50	45.60

资料来源：根据历年《中国统计年鉴》资金流量表计算而来。

从表5-13可以看出，我国劳动者报酬比重具有明显的阶段性特征，第一个阶段是（1992~1994年），在财政包干体制下，我国政府的生产税净额的波动比较小，我国劳动者报酬比重的波动性也比较小，基本上达到50%左右。第二阶段是（1994~2005年），通过财政体制改革，充分地调动了中央和地方政府增加财政收入的工作积极性，"国财政收入的增长富有弹性，弹性值高达1.77"①。政府的生产税额比重迅速增加，除1995年以外，大多数年份达到16%以上，最高达到2003年的17.74%，与此相适应，我国的劳动者报酬比重迅速下降，大多数年份都是政府收入比重上升，劳动者报酬比重下降，特别是1999~2003年后，随着政府收入比重的提高，劳动者报酬比重迅速下降，特别是2003年，政府的生产税净额比重达到17.74%，而劳动者报酬比重下降到46.16%。第三阶段是（2005~2008年），2005年的税收改革，政府的生产税净额基本稳定，波动性不大，基本保持在略高于14%，劳动者报酬比重也稳定在41%左右的低水平。2008年我国劳动者报酬比重达到改革开放以来的最低点（38.64%），引起了党和政府的高度重视，采取了有利于提高劳动者报酬比重的税收措施，政府的生产税净额下降，2009~2013年，年均为13.6%，是改革开放

---

① 计毅彪、杜一敏、谭文：《分税制财政体制运行绩效分析》，《财政研究》2008年第1期，第63页。

以来最低的时期,劳动者报酬比重开始增加,出现"U"型右边的"拐点"。我们在调查中也发现,以下中小企业在经济发展中,特别是在经济转型过程中税收对企业发展、经济转型具有比较大的影响,特别是在云南省的税收比较重的前提下,如果要进一步提高劳动者报酬比重,企业的负担更重,将严重影响企业的发展。

三、我国税收对区域劳动者报酬比重的影响

我国税收对劳动者报酬比重的影响比较大,从调研中可以看出,如表5-14所示。

表5-14　我国税收对劳动者报酬比重的影响调查　　单位:%

非常大	大	比较大	有一定影响	没有影响
23.1	24.1	22.2	27.8	2.8

从表5-14可以看出,在我国国民收入初次分配中,税收对劳动者报酬比重的影响比较大,调查中认为影响非常大的占23.1%,认为影响大的占24.1%,认为影响比较大的占22.2%,合计占69.4%,只有27.8%的人认为有一定影响,2.8%的人认为没有影响,主要是因为我国税收对第二产业中采矿业、制造业、电力、天然气等行业企业的影响比较大,由于税收比较高,劳动者报酬比重低,对第三产业中的批发业、交通运输业、信息传输、软件和信息技术服务业、金融业、房地产业、批发零售业的税收比较高,劳动者报酬比重低。对第一产业中的农业、林业、畜牧业、渔业影响不大,甚至没有影响,对第三产业中的科学研究和技术服务业、水利与环境和公共设施管理业、居民服务与修理和其他服务业、教育、卫生和社会工作、文化与体育和娱乐业、公共管理与社会保障和社会组织来说,由于税收比较少,对这些行业的劳动者报酬比重影响比较小,因此,有27.8%的人认为有一定的影响,有2.8%的人认为没有影响。

政府的生产税净额对区域劳动者报酬比重必然产生重要影响,主要是

通过税收制度、税收结构和税收政策对各省（直辖市、自治区）的劳动者报酬比重产生重要影响，但由于各地区的经济发展水平的多样性，尤其是经济结构、产业结构、城镇化进程的差距，对劳动者报酬的影响程度不同。因此，如何探讨政府的生产税净额比重对区域劳动者报酬比重的影响，探讨生产税净额比重对区域劳动者报酬比重的影响规律，引起了学术界的广泛关注，梁东黎根据经济发展水平研究了区域经济发展水平与劳动者报酬比重的关系①，但对生产税净额比重对区域劳动者报酬比重的影响没有进行深入的研究，笔者认为除经济发展水平外，政府的生产税净额比重对区域劳动者报酬比重有重要的影响。

为了更好地研究我国生产税净额比重对区域劳动者报酬比重的影响，我们对1994年以后我国区域生产税净额比重和区域劳动者报酬比重进行加权平均，如表5-15所示。

表5-15 1994~2012年我国区域生产税净额比重与区域劳动者报酬比重年均比较

地区	生产税净额比重（%）	排位（位）	劳动者报酬比重（%）	排位（位）	地区	生产税净额比重（%）	排位（位）	劳动者报酬比重（%）	排位（位）
北京	14.57	11	47.10	22	湖北	14.33	12	53.50	12
天津	15.57	7	44.00	28	湖南	13.59	17	57.65	4
河北	10.87	30	51.70	17	广东	15.48	8	48.30	21
山西	14.15	13	46.72	24	广西	11.91	27	61.40	2
内蒙古	11.11	29	54.50	10	海南	13.01	22	55.70	8
辽宁	14.86	9	46.74	23	重庆	13.42	18	52.93	14
吉林	12.06	25	54.20	11	四川	12.67	23	53.30	13
黑龙江	15.64	5	43.10	30	贵州	16.72	3	57.70	3
上海	21.23	2	36.40	31	云南	22.49	1	46.60	25
江苏	13.34	19	46.50	26	西藏	5.17	31	67.30	1
浙江	14.09	14	44.70	27	陕西	15.61	6	51.90	16

① 梁东黎：《我国初次分配的部门分析与区域分析》，《南京工业大学学报》（社会科学版）2014年第4期，第97页。

第五章 我国劳动者报酬比重的影响因素

续表

地区	生产税净额比重（%）	排位（位）	劳动者报酬比重（%）	排位（位）	地区	生产税净额比重（%）	排位（位）	劳动者报酬比重（%）	排位（位）
安徽	13.61	16	51.55	18	甘肃	16.01	4	51.00	19
福建	11.26	28	49.70	20	青海	12.02	26	56.30	6
江西	13.12	20	54.60	9	宁夏	12.51	24	55.80	7
山东	14.58	10	43.90	29	新疆	13.93	15	52.92	15
河南	14.10	21	56.40	5	平均	13.94	—	51.40	—

资料来源：根据《中国统计年鉴》进行测算。

从表5-15可以看出，1994~2012年我国区域生产税净额比重平均达到13.94%，生产税净额比重不合理，从我们的调查可以看出，我国生产税净额不合理，如表5-16所示。

表5-16 我国税收合理度调查　　　　　　　　　　　单位：%

非常合理	合理	比较合理	有一定合理性	不合理
8.1	20.6	27.2	37.8	6.3

从表5-16可以看出，在我国的税收比重中，税收征收合不合理，调查中认为非常合理的人只占8.1%，认为合理的人占20.6%，认为比较合理的人占27.2%，认为有一定合理性的占37.8%，6.3%的人认为不合理，比较合理、有一定合理性、不合理的共计达到71.3%，因此可以看出我国税收不合理。同时认为不合理、有一定合理性的主要是第二产业的采矿业、制造业、电力、燃气等行业企业，由于税收比较高，劳动者报酬比重低；第三产业的批发业、交通运输业、信息传输、软件和信息技术服务业、金融业、房地产业、批发零售业的税收高，劳动者报酬比重低，而第一产业的农业、林业、畜牧业、渔业税收低，对劳动者报酬比重影响不大，甚至没有影响；第三产业的科学研究和技术服务业、水利与环境和公共设施管理业、居民服务与修理和其他服务业、教育、卫生和社会工作、文化与体育和娱乐业、公共管理与社会保障和社会组织，由于税收比较

少，对这些行业的劳动者报酬比重影响比较小，因此有28.7%的人认为合理和非常合理。

从表5-15和表5-16可以看出，我国生产税净额比重对劳动者报酬比重影响程度可以分为三类：

第一类是影响程度最高的地区主要包括云南、上海、贵州、甘肃、黑龙江和陕西等省（市），这些地区的生产税净额年平均比重排在全国的第一至第六位。云南的生产税净额年平均比重为22.49%，是全国最高并且每年都是最高的，云南是我国人均生产总值最低的省份之一，人均国民收入全国倒数第二，仅高于贵州省，但劳动者报酬比重只排在第25位，与云南的经济发展水平不相称。这不仅仅是"经济发展方式的'抑劳'"[①]引起的，而是由于生产税净额比重过高决定的。因为1994年在实施分税制改革以来，"由于云南税源结构比较特殊，分税制财政体制改革给云南财政收入带来了比其他地区更大的影响"，云南"成为西部地区唯一为中央做净贡献的省份"[②]。上海劳动者报酬比重受生产税净额比重的影响也非常明显，上海的年平均生产税净额比重达到21.23%，高于全国平均生产税净额比重7.29%，是全国第二高的，劳动者报酬比重是全国最低的，年平均劳动者报酬是36.40%，低于全国平均数15%。贵州的年均生产税净额比重是16.72%，在全国排第三，贵州省也是我国最落后的地区之一，人均GDP全国最低，生产税净额比重与地区经济发展水平不相称。甘肃的年均生产税净额比重是16.72%，甘肃也是我国经济发展水平比较落后的地区，但生产税净额排第四，黑龙江和陕西的生产税净额年均比较高分别排第五和第六，劳动者报酬比重与经济发展水平不相称，劳动者报酬比重低的主要原因之一就是由于生产税净额比重过高引起的。

第二类是影响程度高地区。主要包括天津、广东、辽宁、山东、北京、湖北、山西和浙江，这些地区的生产税净额年平均比重分别排在全国

---

① 梁东黎：《我国初次分配的部门分析与区域分析》，《南京工业大学学报》（社会科学版）2014年第4期，第9页。

② 计毅彪、杜一敏、谭文：《分税制财政体制运行绩效分析——兼论分税制财政体制下云南财政改革与发展》，《财政研究》2008年第1期，第65页。

的第七到第十四位,高于全国的平均数,劳动者报酬比重除湖北外,均在43.90%~48.30%,劳动者报酬比重比较低,低于全国平均劳动者报酬比重,特别是在我国生产税净额高于发达国家水平的条件下,劳动者报酬比重必然比较低。

第三类是新疆、安徽、湖南、重庆、江苏、江西、河南、海南、四川、宁夏和吉林。这些地区大多数处于我国中西部地区,生产税净额年平均比重都低于全国平均水平,除江苏外,劳动者报酬比重都在51.55%以上,由于生产税净额比重比较低,劳动者报酬比重比较高。

第四类是青海、广西、福建、内蒙古、河北和西藏。这些地区的生产税净额年平均比重是我国最低的地区,分别是12.02%、11.91%、11.26%、11.11%、10.87%和5.17%,劳动者报酬比重除福建、河北外都比较低,由于税收影响比较小,劳动者报酬比重比较高,其中西藏和广西是我国劳动者报酬比重最高的地区。

总之,政府的生产税净额对我国劳动者报酬比重有比较大的影响,我国现行的税收制度、税收收入结构和税收政策对西部地区的云南、贵州、甘肃和陕西劳动者报酬比重影响比较大,对东部地区的上海、天津影响比较大,因此,要提高劳动者报酬比重,在初次分配中体现公平,加速西部地区的发展,必须深化税收制度、税收收入结构改革,制定有利于降低西部生产税净额比重的税收政策。

第六章 我国劳动者报酬比重影响因素的综合判断

许多学者主要从某一方面分析研究影响劳动者报酬比重的因素，笔者认为影响劳动者报酬比重的因素主要包括经济增长、投资增长、城镇化水平、就业状况、税收征收情况、企业营业盈余、工会力量、劳动者的人力资本、收入分配政策、制度变迁等因素。这些因素以不同的方向影响劳动者报酬比重的演变，根据我国1992~2013年这些影响因素的相关数据，综合计量分析这些因素对劳动者报酬比重高低的影响，由此判断这些因素对我国劳动者报酬比重影响的程度。实证分析的结果表明：我国劳动者报酬比重与经济增长率、就业增长率、劳动者的人力资本呈正相关关系，企业营业盈余、投资增长率、城镇化率、税收增长率、工会组织的发展与劳动者报酬比重呈负相关关系，同时还受我国初次分配政策、初次分配制度变迁等因素的影响，在此基础上我们进一步分析了各因素对我国劳动者报酬比重的影响程度，为提高我国劳动者报酬比重的途径提供计量分析基础。这些影响因素的分析实现了研究方法和研究内容的创新。

第一节 我国劳动者报酬比重的影响因素

选择影响我国劳动者报酬比重的综合影响因素及指标，主要遵循以下几项原则：一是理论性原则，即选择的影响因素及指标必须具有理论依据；二是综合性原则，即所选择的影响因素及指标具有全面性和综合性，能全面反映对我国劳动者报酬比重的影响；三是可操作性原则，即所选择的影响因素及指标能够进行实际计量分析和测算，能计量分析各影响因素对我国劳动者报酬比重的影响程度；四是实践性原则，即影响因素及指标体系能更好地呈现和反映我国劳动者报酬比重演变的实践，如收入分配政策对我国劳动者报酬比重有比较大的影响，但很难计量分析和测算。

根据上述原则，结合我国现有的统计资料，我们认为，影响我国劳动者报酬比重的因素及指标主要包括经济增长、投资增长、城镇化发展水平、就业增长、税收增长、资本有机构成、工会专职人员增长数和劳动者人力资本增量8个主要因素，相应指标是经济增长率、投资增长率、城镇化率、就业增长率、税收增长率、资本有机构成、工会专职人员增长数和劳动者人力资本增量等量化指标。

一、经济增长是影响我国劳动者报酬比重的重要因素

GDPG代表经济增长率。一个国家或地区的国内生产总值代表某一地区经济发展水平，是影响地区劳动者报酬比重的重要因素之一。国内学者主要从经济发展水平引起产业结构优化升级，进一步影响劳动者报酬比重，白重恩、钱震杰（2010）研究认为经济发展阶段与劳动者报酬比重存在"U"型关系，"如果劳动份额从低到高依次为农业、工业和服务业，则随着经济结构转型，总体劳动收入份额将逐渐增加"[①]。罗长远、张军（2009）从经济发展对产业结构影响的视角，运用1987~2004年省级面板数据研究"发现经济发展水平对劳动者报酬比重的影响显著为负，劳动者报酬比重随着经济发展水平的提高而降低"[②]，从理论上分析，经济发展，尤其是经济增长率的提高不仅仅影响产业结构的优化，更重要的是扩大生产规模，增加劳动力需求，劳动者就业增加，劳动力价格进一步提高，能

[①] 白重恩、钱震杰：《劳动收入份额决定因素：来自中国省际面板数据的证据》，《世界经济》2010年第12期，第24页。

[②] 罗长远、张军：《劳动收入占比下降的经济学解释——基于中国省级面板数据的分析》，《管理世界》2009年第5期，第30页。

够吸收更多的农村剩余劳动力，从而提高劳动者报酬比重。更重要的是，经济增长必然进一步提高劳动生产率，提高劳动者人力资本的存量，而劳动者人力资本增量必然提高劳动者在经济增长中的贡献，从而提高劳动者报酬比重。从我们对微观企业的调查可以看出，经济增长率低的企业为保证资本收益，往往降低劳动者报酬比重，劳动者报酬比重越低；经济增长率高的企业，劳动者报酬比重也越高。因此我们提出假设1。

假设1：经济增长率与劳动者报酬比重正方向变化，经济增长率高，劳动者报酬比重就高，经济增长率下降，劳动者报酬比重也就下降。

二、投资率对劳动者报酬比重有比较大的影响

一般来说，在市场经济条件下，投资主要通过三条途径影响劳动者报酬比重：一是通过提高投资增长率，改变生产要素的资源配置方向，资源配置从劳动密集型行业或部门流向资本密集型行业或部门，进一步提高行业或部门的资本有机构成，提高资本对劳动的替代率，从而降低劳动者报酬比重。二是由于投资增长率过高，必然提高资本的稀缺程度，在由市场供求关系决定资本市场利率的市场中，会进一步提高资本利率，要提高企业利润率和企业的市场竞争力，必然人为地压低劳动者报酬比重以降低企业产品成本，形成高投入—低工资的制度安排。三是由于提高投资增长率，在经济增长中投资的贡献率高，资本产出比不断上升，形成"资本主导型"的初次分配制度。在初次分配中起主导地位的是企业，劳动者在劳资谈判中的话语权，形成低效的甚至是无效的工资谈判，劳动者报酬比重必然下降，反之劳动者报酬比重比较高。我们在调查中发现，在劳动密集型行业或企业，由于投资比较少，劳动者的谈判能力比较强，劳动者报酬比重比较高。在资本密集型行业或企业，由于投资多，投资增长率高，从而形成资本主导型初次分配制度，劳动者在工资谈判中处于弱势群体，劳动者报酬比较低。因此我们提出假设2。

假设2：投资增长率与劳动者报酬比重负方向变化，即适度的投资增长率，劳动者报酬比重比较合理，投资增长率过高，劳动者报酬比重低；

投资增长率低，劳动者报酬比重高。

三、城镇化发展对劳动者报酬比重的影响

城镇化率是指城镇人口占国家或地区总人口的比重，是衡量该国家或地区经济发展水平和"二元经济"结构转型的重要变量。在"二元经济"转型过程中，城镇化率越高，第二产业、第三产业越发展，劳动生产率水平越高，劳动者素质越高，人力资本投入越大，劳动者报酬比重越低。城镇化水平越低，第一产业比重越高，第二、第三产业比重越低，经济发展水平越低，劳动者素质越差，人力资本投入越少，劳动者报酬比重越高。随着"二元经济"的转型和工业经济的发展，劳动者报酬比重先下降，当进入"刘易斯拐点"时，劳动者报酬开始缓慢上升，然后劳动者报酬比重上升。世界转型国家劳动者报酬比重一般都经历了随着城镇化水平的提高先下降再上升的过程，从我国区域经济发展层面上看，城镇化率越高的地区，劳动者报酬比重越高，城镇化率越低的地区，劳动者报酬比重越低。因此我们提出假设3。

假设3：在"二元经济"转型的第一阶段，城镇化率与劳动者报酬反方向变动，当城镇化率达到"刘易斯拐点"后，劳动者报酬开始提高，达到劳动者报酬合理比重后基本稳定。

四、就业增长对劳动者报酬比重的影响

衡量就业增长的指标一般是就业增长率，就业增长率是指本年度就业人口比上一年就业人员的增长率。一般来说，就业增长率高，说明经济发展对劳动力的需求量大，出现需求缺口，当劳动力的供给一定时，劳动力价格高，劳动者报酬比重高。反之，就业率低，劳动者报酬比重下降，就业率与劳动者报酬比重正方向变化。但在"二元经济"转型过程中，我国存在数量庞大的农村剩余劳动力，导致巨大的就业压力①，农业转移劳动

---

① 姜磊、王昭凤：《就业压力与劳动者报酬比例——基于我国省级面板数据的分析》，《当代财经》2008年第8期，第35-38页。

者的劳动报酬比重只要能高于或略高于农村收入水平，能够维持劳动者及其家属的最低生活水平，在转移到工业部门或城镇就业时，工业部门和城镇只要提供高于农业部门的工资便可以获得充足的劳动力供给，在劳动力市场上，随着工业化和城镇化的发展，农村剩余劳动力的逐渐减少，劳动者报酬逐步上升，劳动者报酬逐渐接近劳动的边际生产力，随着劳动者工资的增加，劳动者报酬比重逐渐提高。我们在对劳动密集型企业、就业门槛低的企业，特别是在对传统服务业等企业的调研中发现，在改革开放初期这些企业的劳动者报酬比重比较低，随着经济发展水平的提高，劳动者报酬逐步提高，特别是2004年、2008年后，劳动者报酬提高比较快。同时，随着教育事业的发展，劳动者人力资本存量的提高，劳动者报酬的比重随之提高。因此，我们认为在经济增长过程中，就业率的增加与劳动者报酬比重正方向变化。所以我们提出假设4。

假设4：劳动者就业率与劳动者报酬比重正方向变化。

五、政府税收增加对劳动者报酬比重的影响

税收增加对劳动者报酬比重的影响包括直接影响和间接影响，直接影响是在国民收入初次分配中，政府的生产税净额占国民生产总值的比重。从理论视角分析，生产税净额作为税收收入的一部分，生产税净额的增加会提高政府占国民收入初次分配中的比重，在其他条件、分配政策和资本收入不变的情况下，会直接降低劳动者报酬比重，生产税净额的减少可能增加劳动者报酬的比重和资本收入的比重，因此可以看出，税收与劳动者报酬比重反方向变化，特别是当税收增长率超过国民生产总值增长率时，劳动者报酬比重必然下降。间接影响是指在市场经济条件下，企业承担的税赋会转嫁给消费者，因此政府提高生产税后，企业实际上将增加的税收转嫁给劳动者，劳动者的劳动报酬必然下降。我国现在的税收结构是以间接税为主，必然形成企业将大量的税赋转嫁给劳动者，劳动者报酬的一部分会不断流向企业和政府，劳动者报酬比重会进一步下降。同时税收增长率高，资本收入减少，企业的投资收益减少，制约企业投资，增加失业，

劳动者报酬比重进一步下降。特别是在经济转型过程中，由于企业的发展环境、投资环境比较差，税收对企业发展的影响更为显著，对劳动者报酬比重的影响更大。我们在调查中发现，一些中、小企业、民营企业的领导反映，由于税收比较重，为了保证企业的发展，必然降低劳动者报酬比重。因此我们进一步提出假设5。

假设5：税收与劳动者报酬比重负方向变化，税收增长率越快，劳动者报酬比重下降越快，税收增长率越慢，劳动者报酬比重下降越慢，税收比重合理，劳动者报酬比重比较合理且比较稳定。

六、企业营业盈余对劳动者报酬比重的影响

从宏观上看，劳动者报酬比重、生产税净额、固定资产折旧和企业营业盈余是此消彼长的关系，在生产税净额、固定资产折旧一定的条件下，企业营业盈余越高，劳动者报酬比重越低，企业营业盈余越低，劳动者报酬比重越高，当出现"利润侵蚀报酬"时，劳动者报酬比重下降，企业营业盈余和劳动者报酬比重都比较合理，劳动者报酬比重处于合理阶段。从我国省级面板数据也可以看出，东部发达地区的企业营业盈余高，而劳动者报酬比重低，中部次发达地区的企业营业盈余比较高，而劳动者报酬比重比较低，西部地区的企业营业盈余低，而劳动者报酬比重高（除云南外，云南是企业营业盈余比较高的，劳动者报酬比重低，不仅低于西部地区，甚至低于中部、东部的一些省份，主要是因为云南是全国生产税净额最高的省份）。从微观企业看，企业的利润率高，劳动者报酬就低，利润率提高，劳动者报酬必然降低。在经济转型过程中，资本相对短缺，而劳动力资源丰富，必然出现"利润侵蚀报酬"，劳动者报酬比重下降。从我们对我国东部、中部和西部地区的微观企业的调查可以看出，东部地区企业的利润率最高，投资环境最好，劳动者报酬比重最低；中部次之，西部地区企业的利润率最低，投资环境比较差，劳动者报酬比重最高。在调查中还发现垄断企业的利润率最高，劳动者报酬比重最低；大中型企业的利润率比较高，劳动者报酬比较高，中小型企业，特别是竞争型企业的利润

率比较低，劳动者报酬比重比较高。为此我们提出假设6。

假设6：企业营业盈余比重引起劳动者报酬比重负方向变化，企业营业盈余越高，劳动者报酬比重越低，企业营业盈余比重趋于稳定，劳动者报酬比重比较合理并趋于稳定。

七、工会组织对劳动者报酬比重的影响

在垄断竞争市场条件下，劳动者报酬比重不仅由劳动力供求状况决定，劳资双方力量对比对劳动者报酬比重的高低具有重要影响，影响的程度主要依靠工会组织和资方真正在工资谈判中的作用和地位决定。一般来说，工会组织健全、工会覆盖率高、工会组织真正代表劳动者的意愿，代表劳动者的利益，具有比较强的谈判能力，在其他条件不变的条件下，能提高劳动者的工资，从而提高劳动者报酬比重。反之会降低劳动者报酬比重。因此，成熟的市场经济国家，都建立健全了工会组织垄断下的市场化劳动力价格决定机制，具有比较完善的劳动法律法规，具有规范的劳资关系集体工资谈判机制，在劳资双方的博弈中合理地确定劳动者报酬和资本收入在国民收入初次分配中的比重，劳动者报酬比重和资本收入比重均比较合理且比较稳定。改革开放以后，特别是近几年我国进一步加强了工会的组织建设，工会覆盖率进一步提高，工会组织提高劳动者报酬比重的意愿和能力进一步增强，积极组织工会力量与资方进行工资谈判，在初次分配中劳动者报酬比重有一定的提高。姚先国等（2009）对浙江省进行的研究表明，"企业工会覆盖率对于企业平均工资有较大的正面影响，一个企业工会覆盖率多1%的话，那么其平均工资一般也会高0.12%"[①]。同时工会对劳动者失业保险费、养老保险和医疗保险费等社会福利和社会保障方面会产生正面的作用。在对企业的调查中我们发现通过深化工会改革，工会组织力量得到了一定的加强，工会覆盖率进一步提高，工会组织比较好地利用了"工资谈判机制"提高了劳动者报酬比重。为此，我们进一步提出假设7。

---

① 姚先国、李敏、韩军：《工会在劳动关系中的作用——基于浙江省的实证分析》，《中国劳动关系学院学报》2009年第1期，第28页。

假设 7：工会组织的发展及真正代表劳动者的利益，并有效开展工作，有利于提高劳动者报酬比重，工会组织发展与劳动者报酬比重变化呈正相关关系。

八、教育发展对提高劳动者报酬比重的影响

教育发展能提高受教育者的人力资本，提高受教育者的劳动素质、劳动能力和技术水平，使劳动者能从事更复杂的劳动形态，在劳动力供求平衡的条件下，能提高劳动者报酬比重。因此，经济发达国家人力资本积累越多，劳动者报酬比重越高，教育发展与劳动者报酬比重具有正相关关系。同时，在劳动力市场竞争条件下，具有较高人力资本的受教育者和人力资本比较低的劳动者更能促进生产率的提高，提高经济增长率，促进经济发展，所得到的报酬比重也高于人力资本低的劳动者。因此，随着劳动者人力资本的逐渐增加，劳动者报酬比重逐渐提高。我们通过调查发现，受过高等教育、具有较高人力资本的大学生的收入高于没有受过高等教育、人力资本比较低的劳动者。因此我们认为劳动者人力资本高低与劳动者报酬比重呈正相关关系。所以，我们最后提出假设 8。

假设 8：劳动者的人力资本高低与劳动者报酬比重正方向变化，人力资本越高，劳动者报酬比重越高，劳动者的人力资本越低，劳动者报酬比重也越低。

第二节 计量分析模型与数据说明

一、回归模型

为进一步解释以上假设，我们构建了以下计量模型：

$LS = \beta_0 + \beta_1 GDPG + \beta_2 IVG + \beta_3 URBE + \beta_4 ARGR + \beta_5 TGR + \beta_6 USGR +$

β7PCEL +β8ES +ε

在模型中,LS 被解释变量为劳动者报酬比重占国民生产总值的比重,计算公式如下:劳动收入份额(LS)= 劳动者报酬÷(劳动者报酬+生产税净额+营业盈余+固定资产折旧)。

经济增长率(GDPG)是衡量一个国家或地区的经济发展水平的主要指标,又是影响劳动者报酬比重的重要因素。

投资增长率(IVG)能比较好地反映投资在经济增长中的作用,在经济发展阶段,特别是在"二元经济"转型阶段,对劳动者报酬比重有比较大的影响,我们主要根据《中国统计年鉴》(2014)实际到位的固定资本计算出固定资本增长率。

城镇化率(URBE)是指城镇人口和乡村人口的比率,相关年度的城镇化率来自《中国统计年鉴》(2014)。

就业增长率(ARGR)是指当年的就业人口与上年就业人口的比率,是根据历年《中国统计年鉴》的相关就业人数计算的。

税收增长率(TGR)能更好地体现税收增长速度是否超过国内生产总值的增长速度,能体现税收对劳动者报酬比重的影响,我们是根据2014年《中国统计年鉴》的年度税收收入计算的。

工会对劳动者报酬比重的影响,既要考虑工会组织的覆盖率,又要考虑工会组织在提高劳动者报酬比重中的作用。因此,我们认为用工会专职人员增长率更能体现工会组织在提高劳动者报酬比重中的作用。我们选择用工会专职人员增长率(USGR)表示,既可以反映工会的覆盖面,又可以反映工会组织的能力,工会专职人员增长率是根据历年《中国统计年鉴》的工会专职人员数计算的。

劳动者的人力资本:我们主要选择劳动人口人均受教育年限(PCEL)作为计量指标,能够比较好地体现劳动者的人力资本存量。1996~1999年的数据引自张晓雪等（2002）[①]，2001~2010年的数据引自贺青、张虎（2015）[②]，其余年份是根据《中国统计年鉴》计算的。

企业营业盈余（ES）能比较好地计量分析利润是否侵蚀报酬，侵蚀的度等，相关数据是根据历年《中国统计年鉴》计算的。

二、数据来源

回归模型中各个变量所需要的基础数据均来自《中国统计年鉴》，在初步分析影响我国劳动者报酬比重的宏观经济因素之后，计算统计了1992~2013年影响我国劳动者报酬比重的宏观经济因素，如表6-1所示。

表6-1 我国劳动者报酬比重的综合影响因素分析

年份	我国劳动者报酬比重（%）	经济增长率（%）	投资增长率（%）	城镇化率（%）	就业增长率（%）	税收增长率（%）	工会专职人员增长率（%）	教育经费占国内生产总值比例（%）	劳动人口人均受教育年限（年）	营业盈余比重（%）
1992	50.10	14.2	44.4	27.46	1.0	10.3	0.00	2.71	6.96	22.3
1993	49.49	14.0	61.8	27.99	1.0	29.1	-0.45	2.46	7.04	23.1
1994	50.35	13.1	36.4	28.51	1.0	20.5	1.10	2.44	7.12	23.3
1995	51.44	10.9	15.1	29.04	1.4	17.8	-16.40	2.32	7.21	23.3
1996	51.21	10.0	14.1	30.48	1.3	14.4	29.30	2.35	7.42	21.2
1997	51.03	9.3	7.9	31.91	1.3	19.2	-4.60	2.36	7.49	20.4
1998	50.83	7.8	13.7	33.35	2.5	12.5	-16.10	2.41	7.55	19.0
1999	49.97	7.6	3.6	34.78	1.1	15.3	2.70	2.55	7.62	19.0
2000	48.71	8.4	11.3	36.22	1.0	17.8	3.00	2.58	7.64	19.1
2001	48.23	8.3	14.7	37.66	1.0	21.6	-2.10	2.79	7.76	18.8
2002	47.75	9.1	18.6	39.09	0.7	15.3	0.00	2.90	7.83	19.4
2003	46.16	10.0	30.1	40.53	0.6	13.5	-1.50	2.84	7.90	20.2

[①] 张晓雪、周亚、李克强、姜璐：《劳动人口人均受教育年限的预测分析》，《教育与经济》2002年第1期，第56页。

[②] 贺青、张虎：《教育不平等对收入差距扩大的动态影响分析》，《统计与决策》2015年第7期，第109页。

续表

年份	我国劳动者报酬比重(%)	经济增长率(%)	投资增长率(%)	城镇化率(%)	就业增长率(%)	税收增长率(%)	工会专职人员增长率(%)	教育经费占国内生产总值比例(%)	劳动人口人均受教育年限(年)	营业盈余比重(%)
2004	41.55	10.1	27.2	41.76	0.7	20.7	0.00	2.79	8.01	24.6
2005	41.40	11.3	26.9	42.99	0.5	19.1	4.60	2.79	8.02	29.6
2006	40.61	12.7	25.8	44.34	0.4	20.9	13.80	2.93	8.04	30.7
2007	39.74	14.2	26.8	45.89	0.4	31.1	10.90	3.12	8.19	31.3
2008	39.20	9.6	21.3	46.99	0.3	18.9	17.10	3.33	8.27	28.7
2009	46.62	9.2	36.8	48.34	0.3	9.8	5.80	3.59	8.38	24.7
2010	45.01	10.4	14.2	49.95	0.4	23.0	15.80	3.65	9.10	26.9
2011	44.94	9.3	12.1	51.27	0.4	22.6	15.60	3.93	9.21	26.5
2012	43.80	7.7	18.4	52.57	0.4	12.1	8.10	4.28	9.32	25.7
2013	44.30	7.7	20.0	53.73	0.4	9.9	7.10	4.33	9.43	24.2

资料来源：根据《中国统计年鉴》(2014) 进行测算。投资增长率是按全社会固定资产投资实际到位资金计算。

三、回归模型与实证检验

利用上述资料，运用 SPSS 软件，进行回归，其模型是：

$$LS = 0.642GDPG - 0.002IVG - 1.066URBE + 1.108ARGR - 0.096TGR - 0.028USGR + 11.68PCEL - 0.419ES$$

$$(0.83)\quad(0.51)\quad(-3.7)\quad(0.03)\quad(-1.48)$$

$$(-0.45)\quad(-1.58)\quad(7.64)$$

括号中是各回归系数的 t 检验值。R-Square = 0.999，表示拟合度较好。从回归结果可以看出，我国劳动者报酬比重与经济增长率、就业增长率、劳动人口人均受教育年限呈正方向变化，与投资增长率、城镇化率、税收增长率、工会专职人员增长率和企业的营业盈余比重呈负方向变化。经济增长率提高1%，劳动者报酬比重可以提高0.64%，就业增长率提高1%，劳动者报酬比重可以提高1.108%，劳动人口人均受教育年限提高1年，劳动者报酬比重可以提高11.680%。相反，投资增长率提高1%，劳动者报酬比重下降0.002%，城镇化率每提高1%，劳动者报酬比重下降1.066%，税收增长率提高1%，劳动者报酬比重下降0.096%，工会专职人员增长率提高1%，劳动者报酬比重下降0.028%，企业的营业盈余比重提高1%，劳动者报酬比重下降0.419%。我国劳动者报酬比重仍然受初次分配政策等因素的影响，且这些因素是主要影响因素。在这些因素中，对劳动者报酬比重下降影响最大的是企业的营业盈余比重和税收增长率，存在明显的"利润侵蚀报酬"和"税收侵蚀报酬"现象，同时城镇化发展，投资主导型发展模式等因素都会引起我国劳动者报酬比重的下降。所有数据与我国劳动者报酬比重的演变相符，模型有效。

四、综合影响因素对我国劳动者报酬比重影响的经验验证

从这些综合影响因素对我国劳动者报酬比重影响的过程看，模型的回归系数都是显著的，与我国劳动者报酬比重演变的事实相符合。

（一）经济增长与我国劳动者报酬比重正方向变化

计量分析显示我国经济增长与劳动者报酬比重的相关系数为正，支持了假设1，即对我国来说，经济增长能提高劳动者报酬的比重，因为在"二元经济"转型过程中，我国的经济增长方式是以粗放型经济增长方式为主的经济增长方式，由于科技含量低，产品创新、技术创新和管理创新能力弱，经济增长的动力主要依靠劳动者数量的增加，劳动对经济增长的贡献比较大，劳动者报酬比重也比较高，随着经济增长率的提高，劳动者报酬比重也逐渐提高。同时，我国改革开放后，特别是1992年确定社会主义市场经济体制改革目标后，我国的经济增长率长期提高，生产规模不断扩大，就业率不断提高，劳动者的人力资本不断增加，提高了劳动者在经济发展中的贡献，进一步提高了劳动者报酬比重。

（二）投资增长率与劳动者报酬比重呈负相关关系

回归模型显示投资增长率与我国劳动者报酬比重的相关系数为负，支

持了假设2，即对我国来说，劳动者报酬比重与投资率呈负相关关系。投资增长率提高1%，劳动者报酬占比下降0.002%，虽然投资增长率对劳动者报酬比重的影响不是很显著，但还是有比较大的影响。从表6-1可以看出，我国投资增长率比较快的是2003~2007年，平均年增长率达到27.36%，这一时期，也是我国劳动者报酬比重持续下降最快的时期，2008~2013年是我国投资增长率比较慢的时期，平均年增长率达到8.98%，劳动者报酬比重反而逐步提高。我国劳动者报酬比重的演变进一步验证了我们关于投资增长率与劳动者报酬比重反方向变化的假设。

（三）城镇化率与我国劳动者报酬比重呈负相关关系

回归模型显示城镇化率与我国劳动者报酬比重的相关系数为负，支持了假设3，即对我国来说，城镇化率与我国劳动者报酬比重呈负相关关系，相关系数为-1.066，相关系数最高，即在"二元经济"转型前，城镇化的发展对我国劳动者报酬比重影响最大，如2007年我国城镇化率比2006年提高1.55%，劳动者报酬比重下降0.87%。同时，我国区域城镇化率与劳动者报酬比重的关系进一步验证了这一假设，例如，我国城镇化率最高的分别是上海、北京、天津，而我国劳动者报酬比重最低的是上海，其次是天津，北京也比较低；我国城镇化率最低的是西藏、贵州、甘肃，劳动者报酬比重也最低。城镇化率比较高的是东部沿海地区，劳动者报酬比重最低的也是东部沿海地区，城镇化率最低的是西部地区，劳动者报酬比重最高的地区是西部地区。

（四）就业增长率与我国劳动者报酬比重呈正相关关系

回归模型显示我国就业增长率与劳动者报酬比重的相关系数为正，支持了假设4，即对我国来说，就业增长率与劳动者报酬比重呈正相关关系，相关系数为1.108，相关系数比较高，但由于我国就业增长率比较低，近几年年均就业增长率为0.4%，提高就业增长率对提高劳动者报酬比重有影响，但影响不大。原因是我国农村剩余劳动力转移到第二、第三产业时，转移初期，工业劳动者报酬略高于农业劳动者报酬比重，随着农村剩余劳动力的减少,劳动者报酬的增加,劳动者报酬比重上升,当出现劳动力供求缺口时劳动者报酬比重比较合理。

(五)税收增长率与劳动者报酬比重呈负相关关系

回归模型显示税收增长率与我国劳动者报酬比重的相关系数为负,支持了假设5,即对我国来说,税收增长率与我国劳动者报酬比重呈负相关关系,相关系数为-0.096,相关系数比较高,由于我国税收增长率比较快,远远超过国内生产总值增长率,1992~2013年,税收增长率年均达到17.97%,超过国内生产总值增长率8%左右,仅税收增长导致劳动者报酬比重下降近1%,出现严重的"税收侵蚀劳动者报酬",在税收挤压下,劳动者报酬比重必然下降,我国税收持续增长,导致劳动者报酬比重持续下降。从表6-1也可以看出,1992~1998年,我国税收增长率相对比较低,年均增长率为17.68%,劳动者报酬比重达到50%左右,1999~2007年,我国税收增长率逐步提高,年均增长率达到20%,2007年达到最高的31.1%,劳动者报酬比重持续下降,2007年下降到改革开放以来的最低点的39.74%。这是因为对微观企业来说,提高税收增长率会直接降低劳动者报酬比重。说明在我国现行税收制度和税收结构下,政府生产税提高,企业增加的税收更多地转移给劳动者。因为如果不转移增加的税收,税收增长率的提高必然会影响资本收益,企业生产规模扩大,影响就业,进一步影响劳动者报酬比重。这一回归结果支持了假设5。

(六)工会专职人员增长率与劳动者报酬比重呈负相关关系

回归模型显示工会专职人员增长率与我国劳动者报酬比重的相关系数为负,与假设5不一致,即对我国来说,工会专职人员增长率与我国劳动者报酬比重呈负相关关系,相关系数为-0.029,相关系数比较低,同时,我国工会专职人员增长率比较低,对我国劳动者报酬比重影响比较小。回归结果与我国现有的研究结果也不一致。例如,姚先国等(2009)对浙江省进行的研究表明,工会覆盖率每上升1%将使该部门的人均工资提高0.12%,工会组织的发展与劳动者报酬比重呈正相关关系。原因主要是

"厂商偏向的制度环境与劳动份额的持续降低"①。在国有企业和集体企业中，工会组织的从属地位决定了工会组织不能充分发挥提高劳动者报酬比重的作用，而一些民营企业虽然成立了工会组织，但工会负责人由企业党组织负责人担任，在一些家族企业，工会负责人往往由企业负责人的亲人担任，当发生劳资矛盾或者在谈判过程中不仅不能代表劳动者的利益，甚至直接从资方的利益出发来开展工作，因此劳动者报酬比重反而下降。我们对工会组织在维护劳动者报酬比重方面作用的发挥进行调查研究时发现，我国企业工会组织在维护劳动者报酬比重方面，确实没有很好地发挥作用，如表6-2所示。

表6-2 我国企业工会组织维护劳动者报酬比重作用发挥问卷统计

单位：%

非常好	好	比较好	一般	不好
8.4	23.1	13.1	50.9	4.6

从表6-2可以看出，企业工会组织特别是民营企业的工会组织维护劳动者报酬比重的作用发挥不充分，没有真正代表劳动者的利益、体现劳动者的意愿，调查中认为非常好地维护劳动者报酬比重的只占8.4%，认为好的占23.1%，认为比较好地维护劳动者报酬比重的占13.1%，比较好地维护劳动者报酬比重以上的合计只占44.6%，认为一般的占50.9%，4.6%的人认为不好。认为一般和不好的共计达到55.5%，因此可以看出我国企业工会组织不能维护和提高劳动者报酬比重。主要是因为我国国有企业、集体所有制企业、混合所有制企业的工会组织没有维护和提高劳动者报酬的能力，也没有提高劳动者报酬的意愿，民营企业的工会组织负责人更多的是企业领导及亲属，主要代表企业利益，因此，工会组织的作用不能充分发挥，工会专职人员的增加与提高劳动者报酬比重呈负相关关系。

---

① 孙慧文：《我国劳动收入份额持续下降的制度解释》，《经济问题探索》2011年第3期，第42页。

(七) 劳动者人力资本存量与劳动者报酬比重呈正相关关系

回归模型显示我国劳动人口平均受教育年限与劳动者报酬比重的相关系数为正，支持了假设7，即对我国来说，劳动人口平均受教育年限与劳动者报酬比重呈正相关关系，相关系数为11.68，相关系数最高，即人力资本存量越高，劳动者报酬比重越高。与已有的研究成果比较一致，我们在调查中也发现，科技含量高的企业和技术密集型企业的劳动者报酬比重高于其他企业10%左右。劳动者受教育状况对劳动者报酬比重的影响比较大，如表6-3所示。

表6-3　劳动者受教育状况影响劳动者报酬比重调查统计　　单位：%

非常大	大	比较大	有一定影响	没有影响
20.6	27.2	21.3	25.3	5.6

从表6-3可以看出，在我国劳动者报酬比重的影响因素中，劳动者的受教育状况是影响劳动者报酬比重的重要因素，调查中认为影响非常大的占20.6%，认为影响大的占27.2%，认为影响比较大的占21.3%，以上合计占69.1%，认为有一定影响的占25.3%，认为没有影响的占5.6%，因此可以看出我国劳动者受教育状况对劳动者报酬比重有重要影响，且是影响劳动者报酬比重的重要因素。劳动者受教育年限增加，人力资本存量增加，劳动者的人力资本增量增加，劳动者在经济增长中的贡献增加，劳动者报酬比重必然提高。我国劳动者受教育年限比较高的第三产业的科学研究和技术服务业、水利与环境和公共设施管理业、居民服务与修理和其他服务业、教育、卫生和社会工作、文化与体育和娱乐业、公共管理与社会保障和社会组织，由于劳动者受教育年限比较高，这些行业的劳动者报酬比重也比较高，因此劳动者人力资本存量与劳动者报酬比重呈正相关关系。

(八) 企业的营业盈余比重与我国劳动者报酬比重呈负相关关系

回归模型显示企业的营业盈余比重与我国劳动者报酬比重的相关系数

为负,和假设 8 一致,即对我国来说,企业的营业盈余比重与我国劳动者报酬比重负相关,相关系数为-0.419,相关系数最高,说明我国存在严重的"利润侵蚀报酬"的问题,这同已有的研究成果完全一致。同时,我国劳动者报酬比重下降最快的时期是 2003~2007 年,这一时期也是我国企业营业盈余比重最高的时期,如 1994 年税制改革后的 1995~1999 年的 5 年中,年平均营业盈余比重是 20.58%,劳动者报酬年平均比重是 50.90%,而劳动者报酬比重下降最快的是 2003~2007 年,年平均营业盈余比重达到 27.28%,上升了 6.70%,年平均劳动者报酬比重是 41.89%,下降了 9.01%。进一步验证了营业盈余比重与我国劳动者报酬比重呈负相关关系(见表 6-1)。

总之,回归模型显示,影响我国劳动者报酬比重的因素既有正相关因素,也有负相关因素,这些因素综合发生作用,共同影响我国劳动者报酬的比重。同时还有一些因素,如分配制度变迁、政府的能力和意愿、国际贸易等因素,在这些相关因素中,由于负相关因素大于正相关因素,我国劳动者报酬比重持续下降。

第三节 基本结论及政策建议

根据影响我国劳动者报酬比重综合因素的实证分析,从综合的角度考察影响劳动者报酬比重的因素,给出了劳动者报酬比重低且持续下降的综合解释。进一步提出提高劳动者报酬比重的政策建议。

一、必须保持经济中高速增长

劳动者报酬比重与经济增长率呈正相关关系,在经济新常态条件下,在"二元经济"转型的第一阶段进入第二阶段的转折时期,加快经济发展,保持经济中高速稳定增长既有利于实现我国经济总量的增长,又有利于扩大就业,提高城镇化率,全面完成"二元经济"的转型,为实现中国梦奠定坚实的经济基础，全面提高人民的生活水平，同时能够提高劳动者报酬的比重。

二、大力发展教育，全面提高劳动者的人力资本增量

劳动人口人均受教育年限与劳动者报酬比重呈正方向变化，并且是影响劳动者报酬比重最重要的因素，提高劳动人口人均受教育年限能够缩小收入差距，提高劳动者报酬比重。但与发达国家相比，我国劳动人口人均受教育年限比较低，1990年美国是13.7年，中国是6.8年，2000年美国是13.4年、中国是8年，2010年美国是13.4年、中国是9.1年。[①] 美国劳动力人口人均受教育平均达到大专水平，而我国只达到初中水平。因此，只有进一步加大教育投入，促进教育发展，提高劳动人口人均受教育年限，才能在促进经济增长的同时，提高劳动者报酬比重。

三、提高就业率是提高劳动者报酬比重的必要补充

我国劳动者报酬比重与就业增长率呈正相关关系，提高就业增长率对劳动者报酬比重有显著的正向影响，就业率提高，劳动者报酬份额提高，因此控制失业率、提高就业率对提高劳动者报酬比重的作用极其重要。从政策的视角看，虽然我国农村剩余劳动力已基本转移，人口红利逐渐消失，但在今后一段时期内，我国中部、西部地区仍然存在大量农村剩余劳动力，全国各地的大学生仍然没有实现充分就业，更没有实现"就好业"。因此，在提高就业增长率时，要重点落实以下两个方面，一方面是进一步促进经济发展，提高经济增长率，转变经济增长方式，扩大就业渠道，实现充分就业。另一方面是大力发展高等教育和职业教育，全面提高劳动者的职业技能，特别是提高农村剩余劳动力的就业技能，实现劳动者的充分就业。

[①] 张海水：《中美劳动人口受教育程度的现状比较与启示》，《复旦教育论坛》2014年第1期，第36页。

四、合理控制企业营业盈余比重

影响我国劳动者报酬比重下降的最主要的因素是企业的营业盈余比重过高,主要由于"利润侵蚀报酬"导致劳动者报酬比较低,由于企业的营业盈余比重提高的过程导致劳动者报酬比重持续下降。而营业盈余比重高且持续上升既有市场内的因素,也有市场外的因素,如我国"赶超发展战略"的影响、投资倾斜的偏向、政府偏向的分配制度安排等。因此,提高劳动者报酬比重,最重要的是充分发挥市场在资源配置中的决定作用,合理界定企业营业盈余比重,在不影响企业发展的前提下把企业营业盈余比重控制在合理范围内。

五、实现税收增长率略高于经济增长率的税收增长模式

税收增长率与我国劳动者报酬比重呈负相关关系,相关系数比较高,说明税收增长率高是我国劳动者报酬比重下降的主要因素,要提高劳动者报酬比重必须降低税收增长率。与发达国家相比,我国的生产税净额比重比较高,增长率快,对劳动者报酬比重影响更大。因此,必须适当控制税收增长率,实现税收增长率略高于经济增长率的税收增长模式,在不影响我国财政支出的前提下,降低生产税净额比重,提高劳动者报酬比重。

六、全面深化工会体制改革,充分发挥工会在提高劳动者报酬比重中的作用

从工会组织的性质、地位和作用分析,工会组织力量的增长与劳动者报酬比重正相关,但我们回归分析后发现,工会组织力量的增长与劳动者报酬比重负相关,说明工会组织没有发挥利用"工资谈判机制"提高劳动者报酬比重,有的工会有时还起反作用。但在市场经济条件下,劳动力市场必然存在厂商垄断和工会垄断,在工会组织既没有能力又没有意愿提高

劳动者报酬的前提下,劳动者报酬比重必然低并且持续下降。因此,要求提高劳动者报酬比重,必须深化工会投资改革,提高工会组织的地位和作用,充分发挥工会组织在提高劳动者报酬比重中的作用。

七、加快城镇化发展,提高城镇化率

虽然从分析中发现,我国的城镇化率与劳动者报酬比重呈反方向变化,在"二元经济"转型的第一阶段,城镇化率提高,劳动者报酬比重下降,但城镇化发展是"二元经济"发展的必经阶段,"二元经济"第一阶段完成后,劳动者报酬比重将随之提高,各级政府应遵循城镇化发展规律,尽量缩短城镇化进程。

八、改革投资方向

虽然从实证的视角分析,投资率与劳动者报酬比重呈反方向变化,但并非要减少投资。因为只有增加投资,才能促进经济发展,提高经济增长率;才能提高就业率,实现充分就业目标,加快城镇化发展。要实现提高投资,提高劳动者报酬比重,在经济新常态下,必须适度控制投资规模,改变投资方向,支持产业结构的转型升级。

总之,必须提高劳动者报酬比重的正相关因素,降低影响劳动者报酬比重的负相关因素,全面提高我国劳动者报酬比重。

第七章 我国劳动者报酬比重对经济发展的影响

我们通过实证研究认为,改革开放以后,我国劳动者报酬比重比较低且长期持续下降,对我国经济发展产生了比较大的影响,导致居民的消费不足、形成粗放型的经济增长方式、人力资本报酬没有得到真正体现、经济结构不合理、收入差距拉大等问题,影响和制约了我国的经济发展。因此,提高劳动者报酬比重,能更好地转变经济增长方式,促进我国的产业转型升级、优化产业结构,全面提高人力资本报酬比重、缩小收入差距,形成公平合理的国民收入初次分配制度,实现广大人民共享改革发展成果,保持经济新常态条件下经济的中高速增长,全面建成小康社会,促进中国梦的实现。

第一节 提高劳动者报酬比重能促进我国经济的稳定增长

一、初次分配比重影响经济增长的传导机制

初次分配影响经济增长的传导机制主要是通过改变初次分配中劳动者报酬、政府的生产税额、企业的固定资本折旧和营业盈余的比重影响投资率和消费率,进一步影响经济增长。在经济学说史上,早期的经济学家一

般都认为,劳动者报酬比重低更能促进经济增长,因为富人的边际储蓄倾向比穷人高,向富人倾斜的初次分配制度会降低劳动者报酬比重,提高资本所得比重,促进边际储蓄率高的富人的资本积累,随着资本积累的增加,必然提高投资率,进一步促进经济增长。同时,劳动者报酬比重低,资本所有者报酬比重高,财富主要集中在少数富人手里,必然导致基尼系数增加,造成收入差距扩大,富人的边际储蓄倾向比穷人高,将进一步促进财富向边际储蓄高的富人积累。正因为富人的储蓄倾向较高,那么当GDP 增长率与储蓄率正相关时,将促进经济增长,从而形成初次分配—储蓄—投资—经济增长的传导机制来促进经济增长。随着内生经济增长理论的发展,一般认为,初次收入分配越平等,更多的个体将对人力资源投资,人力资本的提高进一步促进经济增长,从而形成初次分配—人力资本投资—人力资本积累—经济增长的传导机制来促进经济增长。我国的初次分配主要是通过影响投资和消费来促进经济增长的。具体包括:

(一) 劳动者报酬比重低促进了投资增长

从我国的初次分配实际情况来看,我国储蓄的主体包括企业、政府和居民,其中占主导地位的是企业和政府。企业储蓄迅速增加主要是因为改革开放以来,特别是建立社会主义市场经济体制、向资本倾斜的初次分配制度的设立以来,我国劳动者报酬比重低,并且持续下降,企业的分配比重迅速提高、储蓄率迅速增加。企业分配比重的提高又促进了政府生产税净额的增长,而政府的公共支出并未同步增长,因此政府的储蓄率也不断提高,储蓄不断增加。同时,由于我国生产率的迅速提高,劳动者报酬比重虽然迅速下降,但劳动者的收入迅速增加,储蓄也随之增加。改革开放以后,我国生产税净额和资本收益快速增加,进一步促进了企业和政府储蓄的增加,储蓄的快速增加为增加投资和经济增长提供了丰富的资金,促进了我国经济的持续稳定增长。但储蓄的迅速增长不一定促进经济增长,当劳动者报酬比重迅速下降,必然会导致消费不足、总需求不足,制约经济增长。

(二) 劳动者报酬比重低抑制了消费增长

根据卡莱茨基概念分配理论，我们认为劳动者的消费倾向会远高于资本所得的消费倾向，而劳动者消费与劳动者收入呈正相关关系，即劳动者消费与劳动者报酬比重呈正相关关系。因此，劳动者报酬比重的提高会导致消费需求的上升。1992年我国的消费率达到62.4%，1996年达到59.2%，1997年后随着我国劳动者报酬比重持续下降，与此相对应，我国最终消费率也逐渐下降，至2010年，我国的最终消费率已下降到了48.2%。同时，我国的消费贡献率也持续下降，2000年，我国的消费贡献率达到65.1%，下降到2003年的35.8%，2004年、2005年的39%，2007年的39.6%，2008年后随着我国劳动者报酬比重的逐步提高，我国最终消费率也逐渐上升，2013年达到50%。由此可见我国消费率低且持续下降的主要原因正是国民收入初次分配中劳动者报酬比重低且持续下降，并不是劳动者储蓄比重提高形成的，虽然劳动者的储蓄比重有一定的提高，但提高比重很小。因此，国民收入初次分配中劳动者报酬比重的高低决定了消费在经济增长中作用的大小。劳动者报酬比重低并且持续下降直接导致消费对经济增长贡献率的降低，最终形成越来越依靠投资和出口的经济增长模式。从2000年后，我国经济增长的贡献率越来越依靠投资和净出口的持续增加，投资和净出口拉动经济增长的贡献也不断提高，而消费对经济增长的贡献率则不断下降，投资和出口对经济增长的贡献率远远超过了消费对经济增长的贡献率。

一般来说，劳动者报酬比重低，社会消费总量少，社会总需求减少，将进一步影响经济增长速度，调查结果进一步证明了劳动者报酬比重低，必然影响社会总需求，从而制约经济增长，特别是在经济新常态条件下，经济增长主要依靠消费拉动，消费在经济增长中的贡献进一步增加，如表7-1所示。

表 7-1 提高劳动者报酬比重对提高该地区总需求的影响调查统计

单位：%

非常大	大	比较大	没有影响
23.8	43.1	20.3	13.8

从表 7-1 可以看出，劳动者报酬比重低，社会总需求减少，在其他条件不变的条件下，经济增长率下降，反之，社会总需求增加，经济增长率上升，这一结论得到了企业、地方政府的普遍认同。调查中认为提高劳动者报酬比重对提高社会总需求影响非常大的占 23.8%、认为影响大的占 43.1%、认为影响比较大的占 20.3%，以上合计占 87.2%，认为没有影响的占 13.8%。因此，可以看出提高我国劳动者报酬比重对提高社会总需求有重要影响，在经济新常态条件下，提高劳动者报酬比重能进一步增加社会总需求，增加消费对经济增长的贡献率，保证经济中高速增长。

二、我国国民收入初次分配影响经济增长的实证分析

（一）模型设计和数据来源

为了更好地分析我国国民收入初次分配对经济增长的影响，验证我国初次分配对经济增长的影响程度，我们根据索洛模型：$Y = a + b\ln L + c\ln K + d\ln G$，其中，L 为劳动，K 为资本，G 为政府的生产税净额，b 为劳动者报酬比重，c 为资本所得比重，d 为生产税净额比重，构建了我国国民收入初次分配的经济增长模型。

根据模型，我们主要选择了国民收入初次分配主体的比重对投资和就业的影响，进一步分析对经济增长率的影响，因此，我们选择了经济增长率作为被解释变量。在解释变量方面，选择投资增长率和就业增长率能更好地体现投资和就业对经济增长的贡献，为了反映要素收入结构，我们根据收入法核算的国民生产总值构成项目计算劳动者报酬比重、固定资产折旧比重、生产税净额比重和营业盈余比重。

回归模型中各个变量所需要的基础数据均来自《中国统计年鉴》，在初步分析我国劳动者报酬比重是经济增长的主要影响因素之后，计算统计了1992~2013年我国国民收入初次分配各主体比重对经济增长的影响度，如表7-2所示。

表7-2 1992~2013年我国初次分配对经济增长的影响　　　单位：%

年份	经济增长率	投资增长率	就业增长率	劳动者报酬比重	生产税净额比重	固定资产折旧比重	营业盈余比重
1992	14.20	44.40	1.00	50.10	15.50	12.20	22.30
1993	14.00	61.80	1.00	49.50	16.80	10.60	23.10
1994	13.10	36.40	1.00	50.35	16.30	10.10	23.30
1995	10.90	15.10	1.40	51.44	12.30	13.00	23.30
1996	10.00	14.10	1.30	51.21	15.50	12.20	21.20
1997	9.30	7.90	1.30	51.03	16.20	12.40	20.40
1998	7.80	13.70	2.50	50.83	14.20	15.90	19.00
1999	7.60	3.60	1.10	49.97	15.90	15.10	19.00
2000	8.40	11.30	1.00	48.71	16.79	15.40	19.10
2001	8.30	14.70	1.00	48.23	16.27	16.70	18.80
2002	9.10	18.60	0.70	47.75	17.15	15.70	19.40
2003	10.00	30.10	0.60	46.16	17.74	15.90	20.20
2004	10.10	27.20	0.70	41.55	14.05	19.80	24.60
2005	11.30	26.90	0.50	41.40	14.17	14.90	29.60
2006	12.70	25.80	0.40	40.61	14.49	14.20	30.70
2007	14.20	26.80	0.40	39.74	14.16	14.80	31.30
2008	9.60	21.30	0.30	39.20	16.10	7.19	28.70
2009	9.20	36.80	0.40	46.62	13.30	15.40	24.70
2010	10.40	14.20	0.40	45.01	12.90	15.20	26.90
2011	9.30	12.10	0.40	44.94	13.00	15.60	26.50
2012	7.70	18.40	0.40	43.80	14.60	15.90	25.70
2013	7.70	20.00	0.40	44.30	14.60	15.70	24.20
平均	10.22	22.78	0.82	46.48	15.09	14.98	23.73

资料来源：根据《中国统计年鉴》计算而来。

（二）回归模型及经验验证

利用上述资料，运用 SPSS 软件，进行回归，其模型 7-1 是：

$$YR = 0.0924KR + 0.791LR + 0.095Wb + 0.219Tp - 0.076Fcd + 0.334SP - 0.771$$
$$(3.19)\quad(1.38)\quad(3.07)\quad(2.7)\quad(1.59)\quad(4.09)\quad(-3.0)$$

括号内是各回归系数的 t 检验值。R-Square = 0.812，表示拟合度较好。从模型 7-1 的回归结果可以看出，投资增长率、就业增长率、劳动者报酬比重和营业盈余与经济增长率呈正方向变化，经济增长率与生产税净额比重、固定资本折旧比重和向资本和政府倾斜的初次分配政策呈反方向变化。投资增长率提高 1%，经济增长率提高 0.0927%，就业增长率提高 1%，经济增长率提高 0.791%，就业是提高经济增长率中最重要的因素；劳动者报酬比重提高 1%，经济增长率可以提高 0.0953%，提高劳动者报酬比重对提高我国经济增长率具有比较重要的现实意义；营业盈余比重提高 1%，经济增长率可以提高 0.334%，说明我国在 1992 年后增强企业的投资动机，提高投资率，能更好地促进经济增长。另外，生产税净额是影响我国经济发展的最主要因素，其比重提高 1%，经济增长率下降 0.219%；固定资产折旧比重提高 1%，经济增长率下降 0.076%，向政府倾斜的初次分配政策等因素也是影响我国经济增长的重要因素。

三、劳动者报酬比重影响我国经济增长的经验验证

从计量分析可以看出，提高劳动者报酬比重能更好地提高居民消费率，同时随着经济发展，人民生活水平和居民的储蓄倾向均有所提高，劳动者报酬比重的提高能更好地促进经济增长。同时在改革开放后，我国经济的增长主要是依靠投资的增长和就业的增长，是通过提高企业的营业盈余比重，提高经济增长率的结果。由于我国的生产税净额比重比较高，且持续增长，固定资本折旧比重比较高，制约了经济增长。所有数据与我国经济增长的事实相符，模型有效。具体表现在：

(一) 投资增长率与经济增长率正方向变动

1992~2013年我国经济增长率最快的有两个时期，一是1992~1996年，5年的年均增长率是12.44%，高于1992~2013年（年均增长率为10.22%）年均增长率2.22个百分点，也是我国投资增长率最高的时期，投资增长率年均为34.36%，高于1992~2013年年均增长率11.58%。二是2003~2008年，6年的年均经济增长率是11.32%，高于1992~2013年年均增长率1.1个百分点，也是我国投资增长率第二高的时期，投资增长率年均为25.24%，高于1992~2013年年均增长率2.46个百分点。1992~2013年经济增长率最低的两个时期：一是1997~2002年，年均经济增长率是8.42%，低于1992~2013年年均增长率1.8%，是我国经济增长的最低时期，也是我国投资增长率最低的时期，投资增长率年均为11.63%，低于1992~2013年年均增长率11.15%。二是2009~2013年，5年的年均经济增长率是8.86%，低于1992~2013年年均增长率1.36%，是我国经济增长率比较低的时期，也是我国投资增长率比较低的时期，投资增长率年均为20.30%，低于1992~2013年年均投资增长率2.48%。比较好地验证了投资增长率与经济增长率呈正方向变化，说明模型分析有效。

(二) 就业增长率与经济增长率呈正方向变化

1992~2013年，我国经济增长率与就业增长率的相关关系因就业增长率变化比较小，没有投资增长率与经济增长率的相关性显著，但仍然有比较好的相关性。就业增长率比较高的时期是1992~1998年，我国的就业增长率最高，经济增长率也比较高。1999年，我国就业增长率开始下降，我国的经济增长率也开始下降。2000年后，我国就业增长率开始下降，我国的经济增长率开始进入新长态条件下的稳定增长阶段。

(三) 劳动者报酬比重与经济增长率呈正方向变化

与我国经济增长率最快的两个时期相适应，第一个时期也是我国劳动者报酬比重最高的时期，1993年劳动者报酬比重是49.9%，其余年份都在

50%以上。说明这一时期,主要是通过提高劳动者报酬比重来提高消费率,扩大国内市场需求,促进经济增长。与第二个时期相适应,虽然我国劳动者报酬比重低且持续下降,但这一时期的投资增长率比较高,固定资产折旧率也比较高,通过固定资产折旧进一步刺激有效需求,同时进一步扩大开放,拓展国外生产,促进经济增长,因此,这两个时期经济增长率都比较高。

与我国经济增长率比较低的两个时期相适应,第一个时期,我国劳动者报酬比重开始缓慢下降,从1997年的51.03%下降到2002年的47.75%,由于劳动者报酬比重低,国内有效需求不足,又受亚洲金融危机的影响,消费对经济增长的拉动率比较低,因此,经济增长速度比较慢,经济增长率比较低。第二个时期,虽然我国劳动者报酬比重低且持续下降,但这一时期的投资增长率比较高,固定资产折旧率比较高,通过固定资产折旧刺激有效需求,同时进一步扩大开放,拓展国外市场,促进经济增长,但由于劳动者报酬比重比较低,经济增长比较缓慢,经济增长率比较低。2009~2013年,也是我国经济增长率比较低的时期,主要是由于产业结构转型升级对我国经济增长有比较大的影响,但由于我国劳动者报酬比重缓慢上升,提高了国内消费水平,增加了市场需求,促进了经济的稳定增长,但由于我国经济增长进入新常态,经济增长率比较低。

从我国区域经济增长看,"劳动收入份额越高,区域经济增长的速度越快,这是因为劳动收入份额越高的地区,居民消费水平越高,经济增长越显著"[1]。从我们的调查也可以看出,北京、内蒙古、福建、河北、广西等地区劳动者报酬比重相对比较高,经济发展水平比较快,而云南、贵州、甘肃等省,相对于经济发达地区而言,劳动者报酬比重比较低,经济发展慢。进一步说明了劳动者报酬比重与经济增长呈正相关关系。提高劳动者报酬比重对区域经济发展的影响调查进一步证明了提高劳动者报酬比重能促进经济增长,如表7-3所示。

---

[1] 谢少华:《要素收入结构对区域经济增长的影响——基于我国省际面板数据的实证研究》,《劳动经济》2015年第4期,第8页。

表 7-3 提高劳动者报酬比重对区域经济发展的影响调查　　单位：%

非常大	大	比较大	一般	没有影响
20.6	20.3	48.1	7.8	3.2

从表 7-3 可以看出，劳动者报酬比重低，社会总需求减少，在其他条件不变的条件下，区域经济发展水平低，反之，能更好地促进区域经济发展，这一结论得到了地方政府的普遍认同。调查中认为提高劳动者报酬比重对区域经济发展影响非常大的占 20.6%，认为影响大的占 20.3%，认为影响比较大的占 48.1%，以上合计占 89%，认为影响一般的占 7.8%，认为没有影响的占 3.2%，因此可以看出提高我国劳动者报酬比重对促进区域经济发展产生重要影响，在经济新常态条件下，提高劳动者报酬比重能进一步增加社会总需求，增加消费对经济增长的贡献率，促进区域的中高速增长。

（四）营业盈余比重与经济增长率呈正方向变动

营业盈余比重提高，能更好地提高储蓄率，增加投资，促进经济增长。反之，营业盈余比重下降，储蓄率下降，投资减少，经济增长率下降。我国 1992~2013 年经济增长与营业盈余比重的变动关系也进一步说明，营业盈余比重与经济增长率呈正方向变动。1992~1997 年，我国营业盈余比重比较高，年均为 22.27%，这一时期，我国的经济增长比较快。1998~2002 年，我国营业盈余比重比较低，年均为 19.06%，这一时期，我国的经济增长比较慢。2003~2007 年，我国营业盈余比重最高，年均为 27.28%，我国的经济增长也最快。2008 年后，我国营业盈余比重比较平稳，经济增长进入新常态。

（五）生产税净额与经济增长呈反方向变动

生产税净额主要通过两个方面影响经济增长，一方面，生产税净额比重提高，企业营业盈余比重下降，企业投资的积极性降低，投资减少，经济增长率下降；反之，生产税净额比重下降，企业营业盈余比重上升，企业投资的积极性提高，投资增加，进一步促进经济增长。另一方面，生产税净额比重提高，劳动者报酬比重下降，居民的消费率下降，市场需求减少，经济增长率下降；反之，生产税净额比重下降，劳动者报酬比重上升，居民消费率提高，市场需求增加，进一步促进经济增长。1992~1996年是我国经济增长率最高的时期，年均增长率高达12.44%，同时也是我国生产税净额比重比较低的时期，年均为15.28%。2003~2008年的年均生产税净额比重是15.12%，年均增长率是11.32%。说明生产税净额比重越高，劳动者报酬比重越低，经济增长率越低。反之，1997~2002年是我国生产税净额比重最高的时期，年均为16.32%。同时也是我国经济增长的最低时期，年均增长率只有8.42%，2009~2013年，是我国生产税净额比重最高的时期，年均为16.32%，也是我国经济增长率比较低的时期，年均增长率是8.86%。虽然这一时期，我国的生产税净额比重也比较低，主要是受国际市场的影响，同时我国经济增长进入新常态。我国生产税净额比重与生产税净额比重的相互变动比较好地验证了生产税净额比重与经济增长率呈反方向变动，说明模型分析有效。

（六）固定资产折旧与经济增长呈负相关关系

1992~1997年以前，我国固定资产折旧比重比较低，年均为11.73%，这一时期，我国的经济增长比较快。1998~2002年，我国固定资产折旧比重比较高，年均为15.76%，这一时期，我国的经济增长比较慢。2003~2007年，除2004年外，我国固定资产折旧比重比较低，我国的经济增长比较快。2008年后，我国固定资产折旧比重比较平稳，经济增长进入新常态。

（七）政府的分配意愿和市场垄断

我国经济增长还受政府的分配意愿和市场垄断等其他因素的影响，政府的分配意愿和市场中资本市场的垄断等因素会形成"利润侵蚀报酬""税收侵蚀报酬"和"税收侵蚀利润"进一步减少投资和消费，与经济增长呈反方向变动。

总之，我国经济发展的经验进一步验证了劳动者报酬比重等因素对我国经济增长的影响与事实相符，模型有效。因此，我们在充分发挥市场在劳动者报酬比重方面的决定作用的同时，在初次分配中也要充分发挥政府和工会组织在提高劳动者报酬比重方面的作用，才能既提高劳动者报酬比重，又能保证在新常态下促进经济稳定增长。

第二节　我国劳动者报酬比重对收入分配不平等的影响

在国民收入初次分配中，劳动者报酬比重下降，必然扩大收入差距，对国民收入不平等产生重要的影响。我们通过1993~2013年我国国民收入初次分配中劳动者报酬比重、生产税净额比重和资本所得比重对基尼系数影响的实证分析，结果显示，我国劳动者报酬比重与基尼系数反方向变动，政府的生产税净额比重和企业资本所得比重与基尼系数呈正方向变动，要缩小收入差距，实现平等分配，应提高劳动者报酬比重，把劳动者报酬、生产税净额和资本所得比重控制在科学合理的范围内。

一、国民收入初次分配对收入分配不平等的影响

我国劳动者报酬比重比较低，不仅影响经济增长，同时形成了收入分配的不平等，收入差距拉大，主要表现在随着中国资本积累规模的扩大，资本所得比重高，资本收益率高于经济增长率，资本所有者的财富增长速度远远大于劳动者报酬的增长速度，财富主要由资本所有者集聚。同时，由于我国劳动者报酬比重比较低并且持续下降，收入差距不断扩大，收入分配不平等问题越来越严重。

衡量收入差距的指标主要包括罗伦兹曲线、基尼系数、城乡收入差距比、行业收入差距比等，但我们认为基尼系数能更好地衡量一国整体收入差距的大小。因此，我们选择了基尼系数作为分析我国收入差距和收入不平等的工具。

1992年我国开始确立社会主义市场经济体制改革目标以来，我国经济

增长率迅速提高,但收入差距也不断扩大,基尼系数不断提高,如图7-1所示。

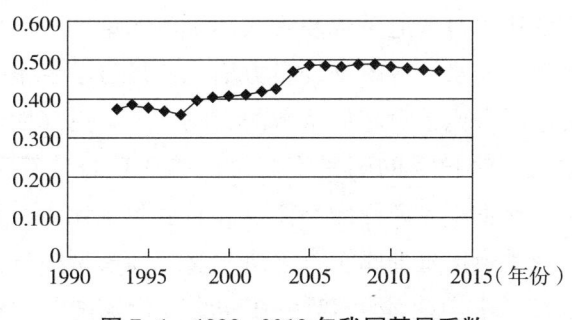

图7-1　1993~2013年我国基尼系数

资料来源:1993~2003年的数据来源于夏华:《基尼系数在中美收入差距的比较中失灵了吗?》,《生产力研究》2008年第2期,第6页。2004~2013年的数据来源于中国统计局。

从表7-4和图7-1可以看出,我国的基尼系数从1993年开始进入缓慢下降阶段,从1994年的0.388下降到1997年的0.360。1998年进入持续上升阶段,从1998年的0.397一直上升到2008年的0.491,其中2004年进入快速上升阶段。2019~2013年开始进入缓慢下降阶段,从2009年的0.490下降到2013年的0.473。说明我国的收入差距比较大,收入分配不合理。影响收入差距的原因是多方面的,但其中最主要的原因是初次分配中我国劳动者报酬比重比较低,主要表现在劳动者报酬比重下降,资本所得比重上升,收入和财富主要向资本所有者集聚,基尼系数不断扩大,初次分配不合理。

二、我国劳动者报酬比重影响基尼系数的实证分析

(一)模型设计和数据来源

为了更好地分析我国劳动者报酬比重低且持续下降对基尼系数和初次分配不平等的影响,验证我国初次分配对基尼系数和初次分配不平等的影响程度,我们用WL代表劳动者报酬比重,R代表资本所得比重,T代表

政府的生产税净额比重，构建了我国国民收入初次分配结构对基尼系数和收入不平等的影响模型。

根据模型，我们主要选择了国民收入初次分配主体在国民收入初次分配中各自分配到的比重对基尼系数和收入不平等的影响，因此，我们选择了基尼系数为被解释变量。在解释变量方面，选择劳动者报酬比重、生产税净额比重和资本所得比重对基尼系数的影响。为了更好地反映要素收入结构，我们根据收入法核算的国民生产总值构成项目计算劳动者报酬比重、固定资产折旧比重、生产税净额比重和营业盈余比重，其中，固定资产折旧比重和营业盈余比重都属于资本所得。回归模型中各个变量所需要的基础数据均来自《中国统计年鉴》，在初步分析我国劳动者报酬比重低是基尼系数的主要影响因素之后，计算统计了1992~2013年我国国民收入初次分配各主体比重对基尼系数的影响度，如表7-4所示。

表7-4　我国初次分配对基尼系数的影响　　单位：%

年份	基尼系数	劳动者报酬比重（WL）	生产税净额比重（T）	资本所得比重（R）	年份	基尼系数	劳动者报酬比重（WL）	生产税净额比重（T）	资本所得比重（R）
1992	0.368	50.04	15.50	34.46	2003	0.427	46.16	15.90	34.47
1993	0.374	49.50	11.68	38.83	2004	0.473	41.55	14.93	37.93
1994	0.388	50.35	12.00	37.66	2005	0.485	41.40	14.93	43.67
1995	0.379	51.44	12.27	36.29	2006	0.487	40.61	14.16	45.23
1996	0.373	51.21	12.89	35.89	2007	0.484	39.74	14.81	45.45
1997	0.360	51.03	13.63	33.58	2008	0.491	39.20	16.12	35.89
1998	0.397	50.83	14.47	32.39	2009	0.490	46.62	15.20	38.18
1999	0.404	49.97	15.07	32.55	2010	0.481	45.01	15.24	39.74
2000	0.407	48.71	15.40	33.22	2011	0.477	44.94	15.61	39.45
2001	0.411	48.23	15.72	32.83	2012	0.474	43.80	15.89	40.31
2002	0.418	47.75	15.67	33.41	2013	0.473	44.30	15.89	39.81

（二）回归模型及经验验证

利用上述资料，运用 SPSS 软件，进行回归，其模型 7-2 是：

$$Gin = -0.0023WL + 0.791LR + 0.022T$$
$$(-3.82) \quad (7.77) \quad (8.47)$$

括号内是各回归系数的 t 检验值。R-Square = 0.997，表示拟合度很好。从模型 7-2 的回归结果可以看出，劳动者报酬比重与基尼系数呈反方向变动，生产税净额比重、资本所得与基尼系数正方向变动。我国劳动者报酬比重提高 1%，基尼系数下降 0.023；我国劳动者报酬比重下降 1%，基尼系数上升 0.023，提高劳动者报酬比重能降低基尼系数，改善收入分配不合理的现状。生产税净额比重提高 1%，基尼系数提高 0.022，其是影响基尼系数最重要的因素，与其他国家国民收入的初次分配相比，我国的生产税净额比重比较高，因此，要降低基尼系数，必须降低生产税净额比重。资本所得比重高也是影响我国基尼系数的一个重要因素，资本所得比重提高 1%，基尼系数提高 0.006，反之，资本所得比重下降 1%，基尼系数下降 0.006，要改变我国不合理的收入分配状况，必须降低资本所得比重。

三、劳动者报酬比重影响我国基尼系数的经验验证

从计量分析可以看出，提高劳动者报酬比重能更好地缩小资本所得比重，减少生产税净额比重、降低基尼系数，改变我国不合理的收入分配状况。反之，我国劳动者报酬比重下降，会进一步提高我国的基尼系数，扩大收入差距。1993~2013 年，我国初次分配的经验进一步验证了基尼系数的变动，所有数据与我国基尼系数变动的事实相符，模型有效。具体表现在：

（一）我国劳动者报酬比重与基尼系数呈反方向变动

我国劳动者报酬比重与基尼系数呈反方向变动，即劳动者报酬比重提

高、基尼系数下降、收入差距缩小，收入分配比较合理。劳动者报酬比重不合理、比较低并且下降，基尼系数上升，收入差距扩大，收入分配不合理。1993~2013 年我国劳动者报酬比重与基尼系数变动关系比较好地验证了这一规律。这一时期我国劳动者报酬比重与基尼系数的变动可以分为三个阶段。第一阶段是 1993~1997 年，我国的基尼系数最低，年均是 0.375，收入差距比较小，收入分配比较合理，劳动者报酬比重最高，年均是 50.71%。第二阶段是 1998~2008 年，我国的基尼系数不断上升，2008 年达到最高点 0.491，年均是 0.444，收入差距扩大，收入分配不合理，而劳动者报酬比重比较低并且持续下降，其年均是 44.92%，比第一阶段下降了 5.79%。第三阶段是 2009~2013 年，我国劳动者报酬比重开始缓慢上升，年平均 44.93%，基尼系数开始缓慢下降，从 2008 年的 0.491 下降到 2013 年的 0.473，进一步验证了我国劳动者报酬比重与基尼系数反方向变动，模型有效。

（二）我国生产税净额比重与基尼系数呈同方向变动

我国生产税净额比重与基尼系数呈同方向变动，即生产税净额比重提高，基尼系数上升，收入差距扩大，收入分配不合理。生产税净额比重比较低并且下降，基尼系数下降，收入差距缩小，收入分配比较合理。1993~2013 年我国生产税净额比重与基尼系数变动关系比较好地验证了这一结论。这一时期我国生产税净额比重与基尼系数的变动可以分为三个阶段：第一阶段是 1993~1997 年，我国的基尼系数最低，年均是 0.375，收入差距比较小，收入分配比较合理，生产税净额比重最低，年均是 50.71%。第二阶段是 1998~2008 年，我国的基尼系数不断上升，2008 年达到最高点 0.491，年均是 0.444，收入差距扩大，收入分配不合理，而生产税净额比重比较高并且持续上升。第三阶段是 2009~2013 年，我国生产税净额比重比较稳定，基尼系数开始缓慢下降，从 2008 年的 0.491 下降到 2013 年的 0.473，进一步验证了我国生产税净额比重与基尼系数同方向变动，模型有效。

（三）资本所得与基尼系数同方向变动

我国资本所得比重与基尼系数同方向变动，即资本所得比重提高，基尼系数上升，收入差距扩大，收入分配不合理。资本所得比重比较低并且下降，基尼系数下降，收入差距缩小，收入分配比较合理。1993~2013年我国资本所得比重与基尼系数同方向变动关系比较好地验证了这一规律。这一时期我国资本所得比重与基尼系数的变动可以分为三个阶段：第一阶段是1993~1997年，我国的基尼系数最低，年均是0.375，收入差距比较小，收入分配比较合理，资本所得比重最高，年均是36.45%。第二阶段是1998~2008年，我国的基尼系数不断上升，2008年达到最高点0.491，年均是0.444，收入差距扩大，收入分配不合理，而资本所得比重在2003年后持续上升，2004年达到37.95%，2005年达到43.67%，2007年达到最高的45.45%，2004~2007年也是我国基尼系数上升最快的时期。第三阶段是2009~2013年，我国基尼系数比重开始缓慢下降，从2008年的0.491下降到2013年的0.473，但仍然很高，年平均0.479。同时在这一时期资本所得虽然有所下降，但仍然很高，年均达到39.5%，因此基尼系数虽然开始缓慢下降，但仍然很高。我们在对不同企业调查时同样发现，特别是在民营企业，资本所得比重比较高，劳动者报酬比重比较低，收入差距比较大，进一步验证了我国资本所得比重与基尼系数呈同方向变动，问卷调查进一步证明提高劳动者报酬比重对解决收入不平等，缩小收入差距具有十分重要的积极作用，如表7-5所示，模型有效。

表7-5 提高劳动者报酬比重对缩小收入差距的影响　　　单位：%

非常大	大	比较大	一般	不大
29.0	18.7	20.9	27.3	4.1

从表7-5可以看出，劳动者报酬比重低，企业盈余比重高，收入差距扩大，社会不平等加剧，反之，劳动者报酬比重高，企业盈余比重低，收入差距缩小，社会更加平等，这一结论得到了企业、地方政府和劳动者普遍认同。调查中认为提高劳动者报酬比重能缩小收入差距，构建平等分配制度具有非常大的影响的占29.0%，认为影响大的占18.7%，认为影响比较大的占20.9%，以上合计占68.6%，认为影响一般的占27.3%，认为影

响不大的只占 4.1%，因此可以看出提高我国劳动者报酬比重对缩小收入差距，实现社会平等具有十分重要的现实意义。

同时，调查中还发现，提高劳动者报酬比重能更好地构建社会主义和谐企业，如表 7-6 所示。

表 7-6　提高我国劳动者报酬比重对构建社会主义和谐企业的影响

单位：%

非常大	大	比较大	一般	没有影响
26.6	21.3	19.7	26.6	5.8

从表 7-6 可以看出，劳动者报酬比重低，企业盈余比重高，收入差距扩大，社会不平等加剧，不利于构建社会主义和谐企业，反之，提高劳动者报酬比重，劳动者报酬比重高，企业盈余比重低，收入差距缩小，社会更加平等，企业矛盾减少，这一结论得到了企业、地方政府和劳动者普遍认同。调查中认为提高劳动者报酬比重对构建社会主义和谐企业有非常大影响的占 26.6%，认为影响大的占 21.3%，认为影响比较大的占 19.7%，以上合计占 67.6%，认为影响一般的占 26.6%，认为没有影响的占 5.8%，因此可以看出提高我国劳动者报酬比重对缩小收入差距、实现社会平等和构建社会主义和谐企业具有十分重要的现实意义。

总之，我国劳动者报酬比重与基尼系数呈反方向变动，要促进基尼系数下降，改变不合理的收入分配状况，必须在初次分配中提高劳动者报酬比重，降低生产税净额比重和资本所得比重，三者的比重保持在合理范围内。提高劳动者报酬比重对解决区域收入不平等、缩小收入差距具有十分重要的积极作用。

第三节　劳动者报酬比重对其他经济增长因素的影响

劳动者报酬比重不仅影响投资、消费，而且进一步影响经济增长，同

第七章 我国劳动者报酬比重对经济发展的影响

时还通过影响劳动者的人力资本、劳动生产率、产业结构的转型升级、对外贸易等经济增长因素影响经济增长。因此，笔者在深入研究劳动者报酬比重影响投资、消费和经济增长的基础上，进一步研究劳动者报酬比重对提高劳动者的人力资本增量、提高生产率、影响产业结构的转型升级和对外贸易的影响，进一步探讨劳动者报酬比重对这些因素的影响机制。

一、提高劳动者报酬比重能更好地促进企业的创新发展

在经济新常态条件下，企业发展的动力是创新驱动，要实现创新驱动，必须提高劳动者报酬比重，提高劳动者报酬比重对企业发展具有重要的积极作用。在调查中可以看出，提高劳动者报酬比重能促进人力资本的提高，实现企业的创新驱动，实现企业的创新发展，如表7-7所示。

表7-7　提高劳动者报酬比重对企业发展的积极影响调查　　　单位：%

非常大	大	比较大	一般	没有影响
43.1	12.2	26.6	12.5	5.6

从表7-7可以看出，提高劳动者报酬比重，企业盈余比重下降，能增加消费，增加社会总需求，提高消费在经济增长中的贡献率，增加人力资本增量，促进企业的创新发展。反之，如果劳动者报酬比重低，企业盈余比重高，社会需求减少，消费在经济增长中的贡献率下降，从而人力资本存量减少，企业的创新驱动力下降。这一结论得到了企业、地方政府和劳动者普遍认同。调查中认为提高劳动者报酬比重能促进企业的创新发展，对企业创新驱动影响非常大的占43.1%，认为影响大的占12.2%，认为影响比较大的占26.6%，以上合计占81.9%，认为影响一般的占12.5%，认为没有影响的只占5.6%，因此可以看出提高我国劳动者报酬比重能促进企业的创新发展。

促进企业的创新发展，必须提高劳动者的人力资本，劳动者报酬比重对人力资本投资的影响一般呈现正方向变动。一般来说，劳动者报酬比重

低,劳动者人力资本投资少,劳动者报酬比重高,劳动者人力资本投资增加,随着劳动者人力资本增加,进一步促进经济增长。因为,劳动者报酬比重在很大程度上决定劳动者和资本所有者阶层人力资本投资的差异性。在生产税净额一定的条件下,如果劳动者报酬比重低,资本所有者阶层获得更多的利润,虽然资本所有者阶层的人力资本投资水平比较高,但其人力资本投资水平增长空间有限,人力资本投资增加有限,而劳动者阶层由于收入比较低,人力资本投资水平比较低,其人力资本投资水平的增长空间比较小。因此,从整个社会看,人力资本投资水平比较低。相反,如果劳动者报酬比重比较高,会进一步激发劳动者阶层人力资本投资水平的提高和资本所有者阶层人力资本投资水平的降低,劳动者阶层人力资本投资水平的增长数额将大于资本所有者阶层人力资本投资减少的数额,因而实现整个社会人力资本投资水平的提高。因此,劳动者报酬比重的高低与人力资本投资水平的高低呈现出正相关关系。因此,我们可以看出,劳动者报酬比重的提高有利于提高劳动者阶层的人力资本存量和增量,进一步提高劳动生产率,促进经济增长。同时随着劳动者阶层人力资本的提高和"二元经济"拐点的出现,产业结构的转型升级,劳动者报酬比重也会增加。"人力资本投资对劳动报酬比例的影响为正,增加人力资本投资可以提高劳动报酬比例。"① 我们在第六章计量分析认为,劳动人口人均受教育年限与劳动者报酬比重呈正方向变动,并且是影响劳动者报酬比重最重要的因素,提高劳动人口人均受教育年限能够缩小收入差距,提高劳动者报酬比重。

二、提高劳动者报酬比重能更好地促进我国产业结构转型升级

在我国长期的"二元经济"转型过程中,由于存在大量的低廉劳动力,劳动者报酬比重比较低,从而形成粗放型经济增长方式,"企业即使粗放经营也能得到较高的利润,维持了目前高储蓄、高污染、低效率的粗

---

① 范慧、费利群:《人力资本投资对中国劳动报酬比例的影响分析》,《中国人口·资源与环境》2012年第9期,第126页。

放型经济增长方式"①。导致资源配置的低效率、产业结构失衡和经济转型升级困难重重等。因此,要转变经济增长方式,实现经济结构转型升级,必须提高劳动者报酬比重,因为:

首先,劳动者报酬比重低,必然产生一大批利用廉价劳动力为主的粗放型企业,这些企业在博弈过程中,利用廉价劳动力低成本带来的收益远远高于引进先进生产技术、提高劳动生产率等方面带来的收益。因此,企业必然选择利用廉价劳动力的粗放型增长路径,只要劳动者报酬比重低,必然缺乏转变经济增长方式的内部动力,在转型过程中企业缺乏转型的积极性。我们在对企业的调查中发现,特别是在中部、西部地区,许多企业仍然依靠廉价劳动力获得发展,转型的积极性不高,形成政府要求转型但企业没有积极性的被动局面。因此,要实现转型升级,必须提高劳动者报酬比重,形成转型升级的倒逼机制,通过提高劳动者报酬比重,"给企业施加劳动力成本上涨的压力,'通过利益导向'将企业外部压力内源化,从而激发企业提升人力资本投资、改善技术结构和产品结构升级"②。

其次,劳动者报酬比重低必然抑制劳动力人力资本的增长,劳动者的人力资本投资回报率低,必然挫伤劳动者人力资本投资的积极性,形成高素质劳动者供给不足,成为产业转型升级的人力资本障碍,从而妨碍经济增长方式的转变和产业结构的转型升级。

最后,劳动者报酬比重低必然影响我国的需求结构,进一步影响产业结构,导致产业结构失衡。劳动者报酬比重低会降低劳动者的消费比重,增加资本所有者阶层的消费比重,导致消费不足,在消费需求结构引导下,产业结构将偏向资本所有者阶层,导致产业结构失衡和产业结构不合理。

改革开放以来,我国的产业结构演变正是按照产业结构发展规律不断优化,第一产业比重不断下降、第二产业比重不断上升到适度下降、第三产业比重不断上升的比较优化的产业结构。与三次产业的资本有机构成相适应,三大产业的劳动者报酬比重呈现出相当明显的差异,第一产业劳动

---

①② 李中建、金慧娟:《劳动报酬占比变动倒逼经济转型机理分析》,《商业时代》2014年36期,第39页。

者报酬比重最高,其次是第三产业,最低的是第二产业。同时,随着我国产业结构的变迁,劳动者报酬比重逐步下降,符合"二元经济"转型的发展规律。但进入"刘易斯拐点"后,我国第一产业比重基本稳定,第二产业比重开始下降,第三产业比重逐步提高,因此,只有提高我国劳动者报酬比重,才能进一步稳定第一产业,促进第二产业比重下降,提高劳动者的人力资本存量和增量,促进第三产业的迅速发展,进一步优化产业结构。因此,只有提高劳动者报酬比重,才能促进产业结构的转型升级,优化产业结构。这也得到了一些学者研究的证实,如范德成、张伟研究得出"工业化是劳动报酬份额下降的原因,而加强农业的基础地位、稳步推进以第三产业为主导的经济转型有助于改善初次分配恶化的局面"[1]。我们在对劳动者报酬比重对企业转型升级影响的调查中发现,劳动者报酬比重提高比较快的地区,经济转型升级越好,劳动者报酬比重提高趋势呈现出东、中、西走势,特别是北京、上海劳动者报酬比重提高比较快。经济转型升级同样呈现出东、中、西走势,北京、上海等地区的经济转型升级比较好,而西部地区,由于劳动者报酬比重下降,经济转型升级比较差。

调查结果进一步证实了提高劳动者报酬比重能进一步促进企业的转型升级,如表7-8所示。

表7-8 提高劳动者报酬比重对促进企业转型升级的积极影响　　单位:%

非常大	大	比较大	一般	没有影响
22.8	17.5	25	17.2	17.5

从表7-8可以看出,提高劳动者报酬比重,企业盈余比重下降,虽然企业的创新资本减少,但劳动者的收入增加,人力资本投资增加,能进一步提高企业的创新能力,促进企业转型升级。反之,如果劳动者报酬比重低,企业盈余比重高,虽然企业投入创新资本增加,但劳动者的人力资本普遍低,企业创新动力不足,企业转型升级困难重重,不利于企业转型升

---

[1] 范德成、张伟:《中国三次产业结构与初次分配结构变动关系的实证研究》,《数理统计与管理》2013年第5期,第769页。

级。这一结论得到了企业、地方政府和劳动者普遍认同。调查中认为提高劳动者报酬比重能促进企业转型升级，对企业转型升级影响非常大的占22.8%，认为影响大的占17.5%，认为影响比较大的占25%，以上合计占65.3%，认为影响一般的占17.2%，认为没有影响的只占17.6%，因此可以看出提高我国劳动者报酬比重能促进企业的转型升级。

三、提高劳动者报酬比重能全面提高劳动生产率

劳动者报酬比重与劳动生产率是相互影响的。主要表现为劳动生产率提高为提高劳动者报酬比重提供基础，同时，提高劳动者报酬比重能促进劳动生产率的提高。根据马克思剩余价值理论，劳动生产率与劳动者报酬比重主要表现为：一是劳动生产率提高，劳动者工资不变，劳动报酬比重下降，资本利润份额上升。二是劳动者实际工资增长率低于劳动生产率增长率，劳动报酬比重下降，资本所得比重提高。三是劳动者实际工资增长率等于劳动生产率增长率，劳动报酬比重、资本所得比重不变。四是劳动者实际工资增长率高于劳动生产率增长率，劳动报酬比重上升，资本所得比重下降。① 提高劳动者报酬比重，就是要使劳动者实际工资增长率高于劳动生产率增长率。在我国现阶段，劳动者报酬比重远远低于劳动生产率的提高速度，因此提高劳动者报酬比重，还包括劳动者报酬比重提高幅度低于或等于劳动生产率增长的幅度。

在"二元经济"转型的拐点时期，由于农村剩余劳动力转移基本完成，劳动力红利基本消失，经济增长主要依靠人力资本的增加，劳动生产率的提高；只有提高劳动者报酬比重，才能增加人力资本，提高劳动生产率。提高劳动者报酬比重主要通过两种途径提高劳动生产率：一是通过增加劳动者的人力资本存量，提高劳动者的劳动技能和创新能力来提高劳动生产率，促进经济增长。二是通过劳动者人力资本的增加，倒逼企业承担劳动力成本上涨的压力，通过采用先进技术、充分应用创新人才，全面完

---

① 彭必源：《马克思关于劳动生产率与劳动报酬份额的理论及其现实意义》，《商业时代》2012年14期，第22-23页。

成企业的转型升级,将外部压力内源化,形成新的竞争力,全面提高劳动生产率,促进企业的发展。

四、提高劳动者报酬比重有利于形成新的出口竞争力

改革开放以后,我国主要利用劳动者报酬比重比较低的禀赋优势,大力发展劳动密集型的产品,不断扩大出口,发展对外贸易。劳动力报酬比重比较低的竞争优势决定了我国的出口产品必然是以低成本的加工制造产品为主。在经济全球化背景下,我国企业主要以加工制造、代工和贴牌生产的方式参与世界生产竞争,自主创新品牌少,在这种情况下,我国的产品要占领市场,提高生产占有率,必须形成价格优势。在此情况下,为了在竞争中保持价格竞争优势的同时提高资本所得比重,企业必然要降低劳动力成本,而我国在"二元经济"转型过程中农村存在大量的剩余劳动力,劳动力供求缺口大,劳动力供给大于需求,再加上我国长期以来形成的低工资制度的惯性影响和低效的集体工资协商机制,必然形成以劳动者报酬比重低为代价的出口竞争优势,促进我国对外贸易的发展。改革开放以后,特别是2000~2009年,我国劳动者报酬比重低并且迅速下降,对外贸易对经济增长的贡献率不断提高,特别是2005年达到22.2%,拉动经济增长率达2.5%,2006年达到16.1%,拉动经济增长率达2.1%,2007年达到18%,拉动经济增长率达2.6%。这种以劳动者报酬比重低为代价的出口竞争方式在"二元经济"转型初期是必要的,促进了我国对外贸易的发展,也促进了我国经济增长。但不符合产品的生命周期,出口产品数量多,生产占有率高,但创造的外汇少,产品缺乏长期的竞争力,特别是在我国"二元经济"转型进入"刘易斯拐点",农村剩余劳动力转移完成、人口红利消失后,我国产品必然缺乏竞争力。2009年我国进出口对经济增长的贡献率逐步下降。为了更好促进对外贸易的发展,在人口红利消失后,必须提高劳动者报酬比重,促进外贸企业转型升级,初步形成具有长期竞争力的品牌产品,提高产品的长期竞争力。但提高劳动者报酬比重必然会增加企业成本,导致企业的竞争力下降,在调查中,很多政府领导、

企业管理者和一部分企业员工认为提高劳动者报酬比重必然会增加企业成本，企业的竞争力下降，特别是在对外贸易中，企业的竞争力必然下降，2007年以后，由于劳动力供给减少，我国沿海地区的企业由于提高劳动者报酬比重后，企业成本普遍上升，企业的竞争力普遍下降，如表7-9所示。

表7-9 提高劳动者报酬对企业竞争力的影响　　　　　　单位：%

非常大	大	比较大	一般	没有影响
18.8	24.4	31.3	20.3	5.2

从表7-9可以看出，提高劳动者报酬比重，企业的成本上升，企业的竞争力下降。反之，如果劳动者报酬比重低，企业成本下降，竞争力增强。这一结论得到了企业、地方政府和劳动者普遍认同。调查中认为提高劳动者报酬比重必然提高企业成本，企业的竞争力下降，认为对企业竞争力影响非常大的占18.8%，认为影响大的占24.4%，认为影响比较大的占31.3%，以上合计占74.5%，认为影响一般的占20.3%，认为没有影响的只占5.2%，从目前看影响最大的沿海地区的企业，特别是劳动密集型企业，由于提高了劳动者报酬比重，企业的竞争力下降，因此可以看出提高我国劳动者报酬比重，企业的竞争力必然下降，企业要保持竞争力，必须提高企业的创新能力，才能在提高劳动者报酬比重的前提下进一步增强企业的竞争力。

总之，提高劳动者报酬比重，不仅能提高劳动者的消费，扩大市场需求，增加居民的储蓄率，促进经济增长，同时还能够增加进出口，提高劳动者的人力资本，促进企业转型升级，进一步促进我国的经济增长，最后，还能缩小我国的收入差距，改变初次分配的不平等。通过对提高我国劳动者报酬比重对经济增长的影响和对收入差距的影响分析，进一步说明要改变我国收入分配的不平等，必须从初次分配入手，全面提高劳动者报酬比重，劳动者报酬比重应提高到合理范围内。

第八章 我国劳动者报酬合理比重的理论构建

提高劳动者报酬比重，使劳动者报酬比重更加合理是我国国民收入初次分配改革的重要目标。为了更好地进行初次分配改革，必须构建劳动者报酬合理比重理论，指导我国国民收入的初次分配。根据我国的所有制结构和我国经济发展阶段，我们创新构建了我国经济新常态下的国民收入初次分配理论；构建了马克思主义初次分配理论和按劳分配理论；创新发展了马克思劳动价值理论，提高我国劳动者最低收入，劳动者的最低收入能更好地体现劳动力价值，能比较好地满足劳动者的市场和发展需要；创新和发展了生产要素理论；构建了企业家和劳动者和谐发展理论，实现工资不侵蚀利润，利润也不侵蚀工资，实现企业与劳动者和谐发展；创新和发展了劳资谈判理论，提高工会组织的谈判能力，提高劳动者报酬比重；创新和发展了共享经济发展成果理论，构建了中国特色的共享经济发展成果理论，让劳动者共同享受经济发展成果，从而全面提高劳动者报酬比重。

第一节 我国进入经济新常态下国民收入初次分配理论的构建

一、创新国民收入初次分配理论是经济新常态的内在要求

经济新常态可以概括为：经济增长由高速增长转为中高速增长；经济

结构不断优化升级,第三产业迅速发展,消费需求逐步成为主体,劳动者报酬比重提高,发展成果惠及更广大民众。从要素驱动、投资驱动转向创新驱动。在经济新常态条件下,要保持中国经济的中高速增长,优化经济结构、促进创新驱动,必须深化国民收入初次分配体制改革,创新国民收入初次分配制度,提高劳动者报酬比重,形成"需求型增长模式"① 和创新驱动发展模式。创新国民收入初次分配理论是经济新常态发展的内在要求,是因为:

第一,实现经济从高速增长转为中高速增长,必须创新国民收入初次分配理论。国民收入初次分配是将国民收入分配到劳动者、企业和政府三个不同利益主体。其目的是调动三个主体的积极性,实现政府、企业和劳动者的利益均衡。国民收入初次分配中各利益主体的比重受经济发展速度的影响和制约。一般来说,经济的高速发展选择投资拉动型增长模式,经济的中高速发展选择需求拉动增长模式。投资拉动型增长模式必然要求形成向政府和企业倾斜的国民收入初次分配制度,我国经济高速增长时期就形成了向政府和企业倾斜的国民收入初次分配模式,政府的生产税净额和企业的营业盈余比重高。需求拉动型增长模式必然要求消费需求逐渐成为主体,需求在经济发展中的贡献比增加,必然要求形成向劳动者倾斜的初次分配制度,劳动者报酬比重逐步提高。在我国经济新常态下,要保持经济中高速增长,必须创新国民收入初次分配制度,提高劳动者报酬比重。

第二,实现经济结构优化升级目标,必须创新国民收入初次分配理论。经济结构优化升级是经济新常态下经济结构调整的重要目标。在经济新常态下,经济结构优化升级的方向和目标使第三产业迅速发展,第三产业比重迅速增加、第二产业比重适度下降、第一产业比重最低一般在10%以下,逐步形成"三、二、一"的产业结构。经济结构的优化升级必然要求创新国民收入初次分配理论,提高劳动者报酬比重,让广大人民共同分享经济发展成果,为"经济新常态"条件下经济结构优化升级提供新的方向,进一步推进产业结构的优化,促进低端产业逐渐向高端产业发展,全

---

① 巩师恩:《经济新常态下的收入分配结构优化》,《社会科学研究》2016年第3期,第28页。

面提高劳动者素质。我国传统的向资本倾斜的国民收入初次分配制度不利于促进第三产业的发展，特别是不利于促进高端产业发展，因此，必须创新国民收入初次分配理论，形成有利于促进经济结构优化升级的国民收入分配理论，这样才能促进第三产业的迅速发展，促进经济结构的优化升级。

第三，实现创新驱动目标必须创新国民收入初次分配理论。经济新常态的第三个特征是经济增长主要依靠创新驱动。经济增长由要素驱动、投资驱动转向创新驱动，意味着"劳动力成本的显著上升和新兴业态对经济增长的贡献度不断提高"[①]，根据熊彼特的创新理论，创新主要包括产品创新、技术创新、市场创新、资源配置创新、组织创新。创新的前提是要具有创新型人才，创新驱动的前提是不断增加人力资本投入，提高人力资本质量，培养更多的创新型人才，优化人力资本配置。因此，为了进一步促进创新驱动的经济增长模式，必须深化国民收入初次分配制度改革，进一步提高创新型人才的报酬比重，逐步提高科技创新、企业组织形式创新、经济体制和经营形式的创新，提高经济运行效率，构建新的经济发展动力。

总之，在经济新常态条件下，必须创新国民收入初次分配制度，提高劳动者报酬在国民收入初次分配中的比重，更好地实现经济从高速增长转为中高速增长的转变，促进我国经济结构的进一步优化升级，为经济增长提供新的动力源，形成需求主体型经济增长模式，促进经济的中高速增长，实现人民共享经济发展成果的目标，最终实现共同富裕的目标。

二、经济新常态下我国国民收入初次分配理论的创新

根据经济新常态的基本特征和发展要求，创新我国国民收入初次分配理论主要包括：

---

① 蒋震、安体富、杨金亮：《从经济增长阶段性看收入分配和税收调控的关系》，《税务研究》2016年第4期，第17页。

（一）进一步提高劳动者报酬比重

经济新常态的重要特征是形成需求主导型经济增长模式。需求主导型经济增长模式的标志是消费成为拉动国民经济增长的主动力，消费拉动经济增长的贡献率超过50%。需求主导型经济增长模式的前提是扩大消费，因此必须构建和创新国民收入初次分配制度，提高劳动者报酬比重，降低企业营业盈余比重，适度降低生产税净额比重，进一步优化国民收入初次分配比重，促进需求型经济增长模式的形成。

（二）提高第三产业劳动者报酬的比重

经济新常态的另一个重要特征是促进第三产业迅速发展和经济结构优化升级。经济结构的优化升级主要是促进第三产业的迅速发展，形成"三、二、一"产业结构，最重要的是促进新兴产业的迅速发展。经济结构的优化升级和新兴产业的迅速发展必然提高劳动力成本，劳动力成本提高和新兴产业的发展进一步促进劳动者报酬比重的提高。因为在经济结构优化升级过程中，"经济新常态是经济再平衡的过程"①，在经济结构优化升级过程中，随着第三产业的迅速发展、第三产业比重的提高，劳动者报酬比重必然提高。同时，只有提高劳动者报酬比重，才能促进第三产业的迅速发展，优化升级经济结构。

（三）提高创新型人才报酬比重

经济新常态的第三个特征是形成创新型驱动模式。创新驱动是经济新常态下经济增长的新动力源，促进创新驱动的形成，必然要加大创新型人才的培育力度，增加人力资本投资，提高人力资本存量和增量，进一步优化人力资本资源配置。只有不断提高创新型劳动者报酬比重，才能形成创新型人才队伍，促进创新驱动模式的形成。因此，只有创新初次分配理论，逐步提高创新型劳动者报酬比重，才能促进创新驱动模式的形成，为

---

① 赖德胜、李长安：《经济新常态背景下的和谐劳动关系构建》，《中国特色社会主义研究》2016年第1期，第42页。

经济中高速增长提供动力源。

总之，经济新常态必然要求创新国民收入初次分配理论，形成劳动者报酬比重高、生产税净额比重适度降低、企业营业盈余比重降低，固定资产折旧比重适度的国民收入初次分配结构。

第二节　创新发展国民收入初次分配理论

马克思国民收入初次分配理论，对指导我国国民收入初次分配制度改革具有十分重要的指导意义，也是判断我国劳动者报酬合理比重的重要标准，因此我们必须坚持马克思的初次分配理论。但是，马克思初次分配理论是建立在生产资料单一公有制、没有商品货币、生产力高度发达基础上的，而我国现实的初次分配是建立在生产资料公有制主体、多种所有制形式共同发展、社会主义市场经济和生产力水平比较低的现实基础上，马克思初次分配理论的理想和条件与我国初次分配实践的现实不完全符合，必须创新和发展马克思的初次分配理论，特别是创新和发展按劳分配理论，更好地指导我国国民收入初次分配的实践，全面提高劳动者报酬比重。

一、马克思国民收入初次分配理论的内涵和条件

按照马克思在《哥达纲领批判》中对社会主义社会国民收入初次分配的系统论述，在社会主义社会，已消除阶级差别，劳动者具有平等社会地位，在进行个人消费品分配时，只能以"劳动"为唯一尺度进行分配，即"各尽所能，按劳分配"是社会主义社会的分配原则。在分配个人消费品时，必须进行必要的扣除，扣除的内容主要包括："第一，用来补偿消费掉的生产资料的部分；第二，用来扩大生产的追加部分；第三，用来应付不幸事故、自然灾害等的后备基金或保险基金。"① 剩余的部分用来作消费

---

① 马克思、恩格斯：《马克思恩格斯选集》（第3卷），人民出版社1972年版，第9页。

资料，在用于消费资料分配前，还必须扣除"第一，和生产没关系的一般管理费用""第二，用来满足共同需要的部分""第三，为丧失劳动能力的人等设立的基金"①。在做了以上必要的扣除后，剩余的作为消费资料用于个人消费品进行分配。社会主义社会个人消费品的分配只能以"劳动"作为同一尺度进行分配，按劳分配是共产主义社会的第一阶段分配制度的必然选择②，必须坚持"各尽所能，按劳分配"，这是社会主义社会必须坚持的分配原则。"个人的劳动不再经过迂回曲折的道路，而是直接作为总劳动的组成部分存在着。""每一个生产者，在做了各项扣除以后，从社会领回的，正好是他给予社会的。他给予社会的，就是他个人的劳动量。他从社会领得一张凭证，证明他提供了多少劳动，他根据这张凭证从社会储存中领得一份耗费同等劳动量的消费资料。他以一种形式给予社会的劳动量，又以另一种形式领回来。"③

根据马克思关于国民收入初次分配理论的论述，马克思国民收入初次分配理论主要包括以下三个方面的内容：

第一，社会主义国民收入初次分配主要包括劳动者报酬、固定资产折旧、营业盈余和生产税净额。劳动者报酬包括劳动力价值的补偿、"在对剩余价值量做了必要扣除之后使其为全体劳动者按比例合理分享"④，固定资产折旧主要包括用来补偿消费掉的生产资料的部分，企业盈余是剩余价值的一部分，主要是用于扩大生产，国家通过获得生产税净额用来满足国家管理、满足社会成员的共同需要等各种社会需要。

第二，个人消费资料实行按劳分配。即在进行各项扣除后，个人消费资料实行"按劳分配"，劳动者通过按劳分配获得消费资料，劳动成为集体劳动者个人分配消费品的同一尺度。

第三，马克思的初次分配理论必须具备三个条件：一是生产资料全社会共同占有，即单一的全民所有制；二是商品经济的消亡，没有商品交

---

① 马克思、恩格斯：《马克思恩格斯选集》（第3卷），人民出版社1972年版，第9-10页。
② 列宁：《列宁选集》（第三卷），人民出版社1995年版，第194-196页。
③ 马克思、恩格斯：《马克思恩格斯全集》（第19卷），人民出版社1963年版，第21页。
④ 刘佑铭：《论中国特色社会主义收入分配制度》，《学术研究》2017年第4期，第89页。

换；三是社会生产力的高度发展。

二、创新国民收入初次分配理论的必要性

马克思关于社会主义社会的初次分配理论是建立在生产资料全社会共同占有的基础上的，是建立在商品经济和商品交换已经消亡，社会生产力高度发达的基础上的。而我国现阶段并不具备这些条件，我国国民收入初次分配是建立在以生产资料公有制为主体、多种所有制经济共同发展的所有制结构上的，是建立在社会主义市场经济条件下的，是建立在生产力水平比较低的基础上的。同时马克思初次分配理论两次扣除的比例也很难科学决定，按劳分配也很难进行计量分析，因此必须创新我国国民收入初次分配理论。具体包括：

（一）必须科学界定国民收入分配主体的比重

根据马克思国民收入初次分配理论，在社会主义条件下，国民收入初次分配必须处理好国家、企业和劳动者三个利益主体的关系，科学界定企业、政府和劳动者收入的比重。马克思初次分配理论虽然提出了各项扣除，但各项扣除的比重并没有科学界定，各项扣除的比重主要取决于政府、企业和劳动者在初次分配中的地位，一般来说，政府、企业在初次分配中起决定作用，因为各项扣除比重高，很难做到合理的扣除，不能做到"社会总产品"的扣除与经济发展水平相适应，而劳动者在经济发展中往往处于不利的地位，劳动者报酬比重低。因此，必须创新和发展马克思国民收入初次分配理论，科学界定各项扣除的比重，即科学界定生产税净额、劳动者报酬、固定资产折旧和营业盈余的比重。

（二）解决初次分配理想与现实的矛盾迫切需要创新国民收入初次分配理论

马克思虽然对社会主义社会国民收入初次分配理论和按劳分配理论做了十分准确的表述，但他的表述是一种理想的表述，其理论前提：一是消

灭了差别,即在社会主义社会,不存在阶级差别;二是单一的全民所有制,在单一的全民所有制制度下,具有平等社会地位的劳动者按劳动尺度进行个人消费品的分配;三是生产力高度发达;四是人们的思想觉悟高。而在社会主义市场经济体制下,这四个前提都不完全具备,因此,必须创新国民收入分配理论。

(三) 认真贯彻按劳分配原则必须创新国民收入初次分配理论

根据马克思关于按劳分配的论述,按劳分配是指一种形式的等量劳动同另一种形式的等量劳动相交换,即等量劳动获得相同报酬;是指每个劳动者的报酬比重和他的劳动贡献成正比,即根据劳动者在经济增长中的贡献,在进行各项扣除后"按劳动的数量和质量进行分配"①,多劳多得,少劳少得。真正贯彻执行按劳分配,必须具备三个条件:一是生产资料公有制,二是生产力水平比较发达,三是能科学测度劳动者贡献的大小。而这三个条件在我国传统的计划经济时期不具备,在社会主义市场条件下,我国已形成了公有制为主体、多种所有制经济共同发展的所有制结构,我国生产力水平已比较高,虽然还没有消除各种差别,但各种差别在缩小,因此,只有创新按劳分配理论,科学计量劳动者的贡献,才能真正贯彻按劳分配原则。

三、国民收入初次分配理论的创新

(一) 科学界定国家、政府和劳动者的比重

根据马克思的国民收入初次分配理论,在社会主义市场经济条件下,要提高劳动者报酬比重,必须处理好国家、企业和劳动者三个利益主体的关系,科学界定企业、政府和劳动者收入的比重。一是科学界定政府的生产税净额比重,在扣除时,应根据政府公共管理需要、社会发展需要,根

---

① 邓小平:《邓小平文选》(第2卷),人民出版社1994年版,第101页。

据事权和财权一致的原则进行扣除,满足国家公共管理和发展公共事务的需要。二是从企业发展的需要出发,首先必须根据科学技术发展的需要和固定资产的使用期限,进行固定资产折旧,补偿已经消费的生产资料,促进企业的创新发展;其次是扣除企业创新和扩大再生产基金。三是剩余部分依据按劳分配原则进行分配,分配的消费资料不仅能补偿劳动力的价值,劳动者还能享受部分剩余价值,劳动者报酬比重应高于资本主义国家的劳动者报酬比重。因此,只有提高劳动报酬在初次分配中的比重,才能真正贯彻按劳分配原则,使广大人民分享经济发展成果。

(二) 全面贯彻按劳分配原则

在社会主义市场经济条件下,能否贯彻按劳分配原则一直是学术界争论的焦点,主要有两种观点:一种观点认为社会主义市场条件下不具备马克思设想的按劳分配实现的条件,认为按劳分配是一种理想,在现有条件下不可能执行。另一种观点认为"我国社会主义市场经济与按劳分配原则是可以兼容的"[1],我们认为在社会主义市场经济条件下,可以真正贯彻按劳分配原则,因为在社会主义市场经济条件下,我国建立和完善了以公有制为主体、多种所有制形式共同发展的所有制结构,公有制经济为贯彻按劳分配奠定了所有制基础;我国虽然没有达到马克思设想的社会主义社会的生产力水平,但生产力已经比较发达;同时在社会主义市场经济条件下可以科学计量劳动者贡献的大小,因此完全具备了贯彻按劳分配的条件。

坚持按劳分配原则,就是要在公有制企业坚持按劳动的数量、质量、类型、贡献四个方面进行计量,在市场经济条件下,劳动的数量是由社会必要劳动时间决定的,劳动的质量是凝结在商品中的无差别的一般人类劳动,是通过市场交换实现的。劳动的类型包括简单劳动和复杂劳动、不同劳动者的人力资本、劳动强度、不同行业的劳动等。劳动的贡献是在社会主义市场经济条件下,在公有制企业经济增长中的贡献,不同劳动的贡献都可以根据不同因素在企业经济增长的作用进行计量。因此,通过创新马

---

[1] 和军:《社会主义市场经济条件下能否实现按劳分配》,《求实》2012年第8期,第36页。

克思国民收入初次分配和严格执行按劳分配政策，能更好地提高劳动者报酬比重，在经济新常态条件下，促进经济的中高速发展。

第三节　创新和发展劳动力价值构成理论

马克思的劳动力价值论是我国国民收入初次分配的理论基础，也是判断劳动者报酬合理比重的基础，因此我们必须坚持马克思的劳动力价值理论。但马克思劳动力商品价值构成理论到现在已经有150多年的历史，劳动力商品价值构成已经发生了巨大变化，劳动力商品价值构成的新变化必然要求提高劳动力商品的价值构成。因此，必须丰富和发展马克思劳动力价值构成理论，结合现阶段我国劳动力商品价值构成的实际，根据当代社会劳动力商品的最低生活资料价值对劳动力价值构成理论进行创新和拓展，对我国劳动者最低报酬进行判断，形成我国劳动力价值构成理论，科学制定劳动者最低收入，指导民营经济劳动者报酬比重的界定，全面提高我国劳动者报酬比重。

一、马克思劳动力价值构成的拓展

马克思在《资本论》中分析劳动力商品价值构成时指出，劳动力商品的价值是由生产和再生产劳动力这种特殊商品的社会必要劳动时间决定的。"生产劳动力商品所必要的劳动时间，可以归结为生产这些生活资料所必要的劳动时间，或者说，劳动力的价值，就是维持劳动力占有者所必要的生活资料的价值。"① 这些生活资料必须能够满足生产和再生产劳动力商品的需要。劳动力这种特殊商品的价值构成，主要包括三部分：

（一）劳动力维持自身劳动力再生产所必需的生活资料的价值

要维持劳动力商品的生产和再生产，维持劳动力生存并继续发挥劳动

---

① 马克思：《资本论》（第1卷），人民出版社2004年版，第199页。

力商品的作用，所提供的"生活资料的总和应当足以使劳动者个人能够在正常生活状况下维持自己"。① 劳动力不仅作为劳动者个体存在，同时，劳动者的集合构成当时的社会劳动总量。劳动者维持自身的劳动力商品性质，必然需要最低的生活资料。最低生活资料的满足与否直接关系着劳动力商品的生产和再生产，是劳动力价值构成中的基本部分。

（二）劳动者的教育培训费用

因为劳动力商品的教育培训能够提高劳动者的劳动素质和劳动技能，进一步提高劳动者从事复杂劳动的能力和水平，促进劳动生产率的提高，增加企业的利润空间，提高劳动者报酬比重，"而这又得花费或多或少的商品等价物。劳动力的教育费用随着劳动力性质的复杂程度而不同。因此，这种教育费——对普通劳动者来说是微乎其微的——包括在劳动力所耗费的价值总和中"②。在此基础上，马克思还指出：劳动者的再生产还包括生产过程中形成的知识、技能的积累和传授，这说明马克思看到了劳动力商品的教育培训及其在职业发展过程中劳动者知识技能的提高能更好地提高劳动者的劳动生产率，因此，劳动者必要的受教育或培训的费用是劳动力价值的重要组成部分。由于时代限制，在马克思主义产生时，由于时代的限制，劳动者职后教育费用比重很小，甚至是"微乎其微"。但在现代中国，随着社会经济的发展与科技进步，对劳动者素质的需求越来越高，劳动者只有不断接受教育或在职业过程中不断提高自身的知识和技能，终身学习、终身提高，才能维持劳动者的再生产。因此，劳动者用于教育和培训的费用将不断增加。

（三）再生产劳动力商品所必需的生活资料的价值

对劳动力的过度使用，必然削减劳动者的生理机能和劳动者的劳动技能，随着劳动力年龄的增长，一些劳动力会逐渐退出劳动力市场，必然需要再生产劳动力商品作为有效补给，"劳动力的卖者就必须'像任何活的

---

① 马克思：《资本论》（第1卷），人民出版社2004年版，第199页。
② 马克思：《资本论》（第1卷），人民出版社2004年版，第200页。

个体一样,依靠繁殖使自己永远延续下去'"[1],同时上一代劳动者在退出劳动力市场后,仍然必须生产和发展。因此,劳动力价值中应该体现满足劳动者子女成长的生活所需和满足老人的生活需要,才能实现劳动力供给的不断增加,维持劳动者及其家庭的生活资料需求,保证劳动力市场的劳动力需求和人类的发展,"劳动力的价值不只是决定于维持成年工人个人所必需的劳动时间,而且决定于维持工人家庭所必需的劳动时间"[2]。同时,随着科学技术迅速发展,劳动者子女的教育费用不断增加,劳动者子女的教育费用是由当代人提供的,为了保证劳动者子女必要的教育费用,是代际教育费用,由当代劳动者提供,因此,劳动力商品的价值必然包括劳动者子女必要的教育费用。

二、当代中国劳动力价值构成理论的创新

劳动力价值构成是由社会生产目的和社会生活水平决定的,必然随着社会生活水平的提高而不断提高,受劳动力供求关系的直接影响,改革开放以来,经济迅速增长,劳动力价值逐渐提高,维持劳动力生产和再生产的生活资料呈现多样性和丰富性。劳动力商品的价值构成也发生了变化,主要包括:

(一)维持劳动者自身生存和发展的生活资料价值不断增加

随着科学技术的迅速发展,人们生活水平的提高,劳动者的生活资料需求更加丰富多样,劳动者维持自己再生产的生活资料价值不断增加,并呈现多样性的特点。从物质资料看,劳动者的物质资料需求包括衣、食、住、用、行。但随着我国市场经济的发展,劳动者的物质需求层次不断提高,既要满足劳动者基本的生活资料,还要满足劳动者的健康需求,既能满足劳动者基本的衣、食、住、用和行的需求,还要能满足劳动者最低文化需求和发展需求。

---

[1] 马克思:《资本论》(第1卷),人民出版社2004年版,第199页。
[2] 马克思:《资本论》(第1卷),人民出版社2004年版,第454页。

（二）劳动者养育子女的生活资料费用与教育费用迅速增加

劳动者养育子女提供的必要的生活资料价值的费用和为子女提供的教育费用是劳动力再生产的重要保障，是社会生产和再生产顺利进行的前提条件。在资本主义工业发展早期，劳动者的劳动主要以体力劳动和简单劳动为主，劳动力养育子女的费用和教育费用比较低。现在，劳动者不仅要提供大量的养育子女的费用，而且要付出大量时间、精力。同时，由于现代科学技术的不断发展，劳动者的教育费用不断增加，从胎儿教育到婴儿的启蒙教育、幼儿的早期教育、青少年教育、中等教育以及高等教育等多方面教育越来越受到高度重视，教育费用投入越来越多，劳动力价值构成不断扩大，由简单劳动向复杂劳动为主，由体力劳动向脑力劳动为主转变，全面提高了劳动者素质和能力，全面提高了劳动力的价值构成，劳动者子女的教育费用不断增加。在我国现阶段，除生活费用外，幼儿教育1年需要5000元，高中生需要12000多元，大学本科生每年需要全部费用30000多元，硕士研究生和博士研究生每年大概需要40000~50000元。

（三）劳动者自身教育培训费用的增加

马克思指出要使劳动者"获得一定劳动部门的技能和技巧，成为发达的和专门的劳动力，就要有一定的教育或训练"①。在当代，科学技术的迅速发展对劳动者素质的要求越来越高，从劳动力市场进入工作后，随着知识技术和技能更新的加快，劳动者在劳动过程中需要不断学习和培训，在教育培训过程中，不仅投入必要的教育训练费用，而且机会成本不断增加。教育和培训费用的增加，进一步提高了劳动者的劳动生产率，提高了企业经济效益，劳动者教育费用的进一步增加，同样需要不断创新马克思的劳动力价值构成理论，提高劳动者报酬比重。

---

① 马克思：《资本论》（第1卷），人民出版社2004年版，第200页。

三、我国劳动者报酬没有体现劳动力价值

衡量一个国家初次分配公平的重要标准是看劳动者的报酬是否和劳动力价值相一致,如果劳动者报酬与劳动力价值相一致,初次分配比较公平,如果劳动者报酬低于劳动力价值,初次分配不公平。从我国现阶段的初次分配来看,劳动者报酬低于劳动力价值,收入分配不公平,主要表现在:

(一) 劳动者报酬低于劳动力价值

根据对马克思劳动力价值构成理论的拓展,劳动力价值=劳动力自身的生活资料价值+家庭成员的生活资料价值+子女的教育费用。

劳动力自身的生活资料价值主要包括食品烟酒支出、衣着支出、居住支出、生活用品及服务支出、交通和通信支出、教育文化和娱乐支出、医疗保健支出和其他用品及服务支出,这些支出是劳动力商品的最低支出,2013年全国居民的人均支出是13220.4元,在财政居民中,按现在的社会保障制度和退休政策,城镇居民中退休老人的基本生活费用可以通过社会保障和退休费支出,我们按一户三口人计算,劳动者自身的生活资料价值和子女的生活资料价值支出是39661.2元,按2个劳动力计算,每个劳动力价值应达到19830.6元,平均月收入应达到1652.55元。

劳动力子女的教育费用可以通过社会平均教育费来计量。我国现阶段实行九年制义务教育,教育费用支出主要包括幼儿教育、高中教育和高等教育的相关费用支出。幼儿教育每年需要教育费用支出12000元,高中每年教育费用支出10000元,大学本科生每年教育费用支出需要18000元,按一个本科生计算,共需投入教育费用100000元以上,我们通过调查看出,2008~2012年,我国大学生四年学习期间放弃的收入为144000元,这是大学毕业生在四年学习期间的一种自我投入,把它计入大学毕业生的社会平均养育费,总计为300000元,如果分摊到30年,每个劳动者每年需投入10000元以上。

即我国劳动力价值年平均应达到 30000 元，月均收入应达到 2500 元以上，才能体现劳动力价值，才能维持最低的生活资料的价值，保证劳动力的生产和再生产。

但我国"现阶段从总体上看，我国劳动者所得工资低于劳动力价值，劳动报酬偏低，初次分配不公平"①。"城镇中约有 40%的居民收入低于劳动力价值水平，即难以通过自身收入实现正常的劳动力再生产。"②

（二）最低工资不能保证劳动力生产和再生产的顺利进行

2010 年以来各地都不同程度地提高最低工资标准，2013 年最低工资标准最高的深圳市，最低工资标准是 1500 元，最低的江西省，最低工资标准是 870 元。总体而言，我国各地最低工资标准占当地平均工资的比例仍然很低，远远低于 40%左右的国际水平，如表 8-1 所示。

表 8-1　2013 年我国最低工资标准与平均工资比较

省（区、市）	月最低工资标准（元）	月平均工资（元）	最低工资标准占平均工资的比重（%）
北京	1400	7750.5	18.1
天津	1310	5647.75	23.2
河北	1320	3458.4	38.2
山西	1125	3867.25	29.1
内蒙古	1200	4226.9	28.4
辽宁	1100	3792.1	29.0
吉林	1150	3570.5	32.2
黑龙江	1160	3399.5	34.1
上海	1450	7575.7	19.1
江苏	1320	4764.8	27.7
浙江	1470	4714.3	31.2

---

① 李福安：《论社会主义市场经济条件下政府调节初次分配的理论依据与路径》，《当代经济研究》2010 年第 8 期，第 35 页。
② 张晨、冯志轩：《资本积累视角下的劳动力价值：识别、测算与中国现实》，《经济学家》2015 年第 6 期，第 5 页。

续表

省（区、市）	月最低工资标准（元）	月平均工资（元）	最低工资标准占平均工资的比重（%）
安徽	1010	3983.8	25.35
福建	1200	4044.8	29.6
江西	870	3539.4	24.6
山东	1340	3916.5	34.2
河南	1240	3191.8	38.8
湖北	1100	3658.3	30.1
湖南	1160	3560.5	32.3
广东	1200	4443.2	27.0
广西	1000	3449.3	29.0
海南	1050	3747.6	28.0
重庆	1050	4167.2	25.1
四川	1050	3997.0	26.3
贵州	930	3947.0	23.6
云南	1100	3537.0	31.1
西藏	1200	4814.4	24.9
陕西	1150	3953.8	29.1
甘肃	980	3569.4	27.5
青海	1070	4282.8	25.0
宁夏	1100	4206.3	26.2
新疆	1340	4088.7	32.8

由表 8-1 可以看出，2013 年我国劳动者最低工资标准占平均工资比重最高的是河北省，占平均工资的 38.2%，最低的是北京，只占 18.1%。呈现出经济发展水平越低的地区、人均工资越低的地区，所占比例越高，说明我国最低工资标准提高的幅度不大。2014 年上海的最低工资标准提高到 1820 元，2015 年上海的最低工资标准提高到 2020 元，广东的最低工资标准提高到 1895 元，其他地区也有一定的提高。同时说明我国最低工资标准远远低于劳动力价值，更不能保证劳动力生产和再生产的顺利进行，因此，必须提高我国劳动者的最低工资标准，使其接近 40% 的国际标准，比

较好地体现劳动力价值,保证劳动者及其家属的最低生活费用和劳动者自身及其子女的教育费用,保证劳动者的生产和再生产的顺利进行。

第四节 创新生产要素按贡献分配理论

提高劳动者报酬比重不仅要求劳动者报酬体现劳动力价值,更重要的是劳动者报酬比重必须体现劳动者对经济增长的贡献。为此,必须构建生产要素按贡献分配理论,实现劳动者报酬比重与劳动者对经济增长贡献比重相一致。因此,必须做到:

一、初次分配必须体现劳动者对经济增长的贡献

党的十六大报告"确立劳动、资本、技术和管理等生产要素按贡献参与分配的原则",这是党对马克思主义收入分配理论的丰富和发展,进一步完善了国民收入初次分配制度,能更好地指导我国国民收入初次分配,提高劳动者报酬比重。

正是由于劳动、资本、土地、技术和管理等生产要素在经济增长过程中做出了贡献,劳动、资本、土地、技术和管理等各种生产要素都有参与分配的权力。所谓生产要素按贡献分配,"就是按生产要素在价值的创造中所做的贡献进行分配"①。按劳动贡献分配不仅是按劳动力价值分配,而且包括劳动者分享剩余价值。

因为,在市场经济条件下,商品生产过程中,具体劳动创造商品的使用价值,并转移旧价值;抽象劳动创造商品的价值,劳动力成为商品后,商品生产者的劳动不仅创造出劳动力自身的价值,而且还能创造出剩余价值。在商品的总价值 C+V+M 中,C 用来补偿生产过程中所耗费的生产资料的价值,V 是支付给劳动者的工资,即劳动力创造自身价值的价值,在

---

① 蔡继明:《从按劳分配到生产要素按贡献分配——中国改革开放 30 年收入分配制度演变与分配理论创新》,《经济学评论》2008 年第 2 期,第 90 页。

资本主义社会以工资形式体现,是劳动力价值的货币表现。然而,在资本主义生产过程中,劳动力不仅创造自身的价值,而且还创造剩余价值。如果生产要素按贡献分配,就是在等价补偿劳动力商品价值后必须参与剩余价值的分配。因为,剩余价值是所有生产要素投入的贡献。在剩余价值的创造过程中,劳动和生产资料都是重要的投入因素,因此,剩余价值的分配应包括资本、技术、土地等生产要素,更应包括劳动、管理等要素,劳动和管理必然具有剩余价值的分配权。但在资本主义社会,资本主义私有制决定了资本家必然剥夺工人参与剩余价值的分配权,在国民收入初次分配中,无产阶级只能按劳动力商品价值进行分配,剩余价值被资本家无偿占有。

在社会主义市场经济条件下,在公有制企业,资本与劳动等生产要素之间通过市场优化资源配置进行生产,能更好地促进生产力的提高,生产更多的剩余价值。由生产资料公有制决定,社会主义社会生产的目的是满足人们日益增长的物质文化需要,最终实现共同富裕。因此,社会主义市场经济条件下的"生产要素按贡献分配",不仅要求劳动者按劳分配,"实质是按劳动贡献分配"①,而且要求劳动和资本等生产要素共同享有"剩余价值"。劳动者不仅要补偿劳动力商品价值,而且必然有"剩余价值"的分配权。按劳动贡献分配,能更好地提高劳动者报酬比重,实现"国强民富"的中国梦,让人民共享经济发展、改革开放的经济成果,构建社会主义和谐社会。同时按劳动贡献分配能更好地体现公平,缩小收入差距,又能调动劳动者的积极性,体现效率,在初次分配中既体现公平,又提高效率,实现公平与效率的统一。

二、按劳动贡献分配的计量

按劳动贡献分配不仅是社会主义国民经济初次分配的分配原则,而且具有现实的可操作性,是可以计量的。既可以从宏观上进行计量分析,也

---

① 蔡继明:《按生产要素贡献分配理论:争论和发展》,《山东大学学报》(哲学社会科学版) 2009 年第 6 期,第 7 页。

可以从微观企业进行计量,通过计量研究分别测算劳动在经济增长中的贡献,依据劳动对经济增长的贡献进行分配。

根据新古典经济学分配理论,在满足一定经济条件下,劳动的价格或贡献是由其边际产出决定的,在政府的生产税净额一定的条件下,初次分配中劳动和资本所得的比重取决于各自的边际产出和在生产中的投入量,劳动者报酬比重还要受劳动者的人力资本影响,即劳动的贡献或初次分配中的比重不仅受劳动者投入数量的影响,更重要的是受劳动投入质量的影响。这不仅是计量劳动在经济增长中贡献的基本方法,也是评价初次分配中劳动者报酬比重是否合理的重要标准。

具体计算可以通过估计柯布—道格拉斯生产函数研究一定时期、一定地区劳动和资本的边际产出,并计算出劳动和资本的产出弹性。

$$Y = AK^{\alpha}L^{\beta} \qquad (8-1)$$

其中,A 为经济增长中的技术水平;Y 为国家或地区[从宏观上可以指一个国家,从中观上可以指省(市和区)]的产出;K 为国家或地区的资本投入;L 为国家或地区的劳动投入。在完全竞争市场条件下,假定规模报酬不变,则 A+B=1,那么,资本价格等于其边际产出,劳动者的报酬也等于其边际产出。从生产要素分配的视角看,B 为劳动者报酬比重,A 为资本报酬比重,分别代表了劳动和资本对经济增长的贡献。国家或地区生产函数形式为:

$$\ln Y = \ln A + \alpha \ln K + \beta \ln L \qquad (8-2)$$

然后根据相关统计年鉴获得国家或地区资本投入数据和劳动投入数据,并通过统计年鉴的有关数据计算出劳动者的受教育年限,代表劳动者的人力资本投入。通过生产函数模型计算出我国劳动、资本的产出弹性系数,即劳动、资本对经济增长的贡献,根据劳动、资本的产出弹性系数分别计算劳动资本报酬比重。

根据劳动、资本到生产要素的产出弹性系数或贡献进行分配,能更好地体现生产要素按贡献分配的原则,合理提高劳动者报酬比重,既体现效率,又体现公平,更好地保证劳动者分享劳动力创造的剩余价值和改革开放成果,充分调动劳动者的积极性,共同实现"国强民富"的中国梦。

三、形成中国特色的分享经济理论

分享经济是美国经济学家马丁·L. 威茨曼在其1984年出版的《分享经济》一书中首先提出的一种新工资制度，是指劳资共享收益分配的一种经济，其中利润分享制和收益分享制是最典型的形式。在利润分享制中，工人的工资等于固定工资加一定比例的奖金，即固定工资加事先决定的比例奖金，工人可以通过事先决定的比例奖金分享利润的一部分；在收益分享制中，工人全部收入来自企业净收入中给定的那部分，工人可以分享企业的部分净收入。在中国市场经济改革过程中，已形成具有中国特色社会主义分享经济理论。① 在我国现阶段，构建具有中国特色的社会主义分享经济具有重要的经济效应，主要表现为：

（一）宏观经济效应

1. 国强民富效应

"实现国强民富"是中国人民百年来的梦想和追求。"② 习近平同志在十二届全国人大一次会议闭幕会上进一步指出："实现中华民族伟大复兴的中国梦，就是要实现国家富强、民族振兴、人民幸福。"归根到底是人民的梦。从习近平同志的讲话中可以看出，中国梦的主要内涵包括三层含义，即国家富强、民族振兴、人民幸福，三个目标形成一个有机的整体，其中任何一个目标没有实现，中国梦都没有实现。中国共产党成立后，领导人民为实现国强民富的中国梦而奋斗，基本实现了国强的目标，但在国民收入初次分配中，劳动者报酬比重比较低，并且持续下降，人民生活并不富裕，"我国被迫陷入国强民不富的怪圈"③，其原因主要是在初次分配中，劳动者报酬低于或等于劳动力商品价值，劳动者并没有真正分享经济

---

① 李炳炎：《中国特色社会主义分享经济理论解读》，《现代经济探讨》2009年第10期，第15页。
② 黄茂兴、叶琪：《九十年来中国共产党"国强民富"思想演变与实践探微》，《马克思主义研究》2011年第7期，第35页。
③ 侯云辉：《国强与民富辩证关系探究》，《商业时代》2013年第7期，第7页。

增长成果。在分享经济理论指导下,劳动者在按劳动力价值分配的基础上分享利润的一部分,真正体现按劳动贡献进行分配,劳动者报酬比重不仅合理,而且要提高劳动者报酬比重,更好地实现"民富"的目标,进一步实现国强民富的中国梦目标。

2. 构建社会主义和谐社会效应

我国传统的国民收入分配制度更加注重国家的生产税净额比重,从而出现生产税净额侵蚀工资的现象。为了更好地加快经济发展,政府选择了有利于资本的发展路径和分配制度,由于资本在国民收入分配博弈中占绝对地位,造成了利润侵蚀工资,劳动者报酬比重低并且持续下降。而分享制工资制度能够更好地把企业利益与劳动者报酬紧密联系起来,形成一个有机整体,能更好地构建和谐企业。同时在企业利益和劳动者报酬比较低时,必然形成企业、劳动者与政府的合作博弈,在生产税净额适度减少的前提下,构建和谐的政府、企业和劳动者关系,减少政府、企业和劳动者之间的矛盾和冲突,构建社会主义和谐社会。

3. 促进经济转型升级效应

因为在传统的工资制度下,特别是在二元经济转型过程中,劳动力供大于求,政府为了进一步促进投资,提高生产税净额比重,默许企业按低于劳动力价值决定劳动者工资,劳动者不得不接受低于劳动力价值的工资,劳动者报酬比重比较低,企业为了获得更多的利润,必然进行粗放型的扩大再生产,必然导致产能过剩,而有效需求不足。但在实行分享经济的企业中,劳动者在按劳动力价值分配的基础上参与利润的分享或参与净收益的分配,可以进一步提高劳动者报酬比重,倒逼企业提高生产技术,进行产业的转型升级,促进经济进一步增长。同时还会促进劳动者不断增强人力资本,增强就业竞争力,促进高等学校转型升级,培养社会和企业转型升级需求的劳动力,增强大学生的就业竞争力,从而促进经济发展的转型升级。

(二) 微观经济效应

1. "激奖"效应

分享经济把企业与劳动者的利益紧密联系在一起,当企业利润或经营收入下降时，劳动者报酬和资本报酬都会下降，当企业利润或经营收入上升时，劳动者报酬和资本报酬都会上升，从而形成劳动与资本共担风险、共享发展成果的利益共同体，有利于鼓励劳动者关心企业前途，调动劳动者的积极性、主动性和创造性，使其更加努力工作，全面提高劳动生产率。从我们对企业经营的调查中也可以看出，发展分享经济的企业，劳动者报酬比重普遍高，劳动者的积极性普遍高，劳动生产率也普遍高。

2. 劳资和谐效应

在分享经济中，由于劳资双方共担风险，共享企业发展成果而把劳资双方紧密联系在一起。一方面，在分享经济中，无论是利润分享制还是收益分享制中职位都比较稳定，劳动者有比较多的参与企业管理和参与利润或收益分配的机会和权利，因而劳动者和工会组织都愿意接受分享制度；另一方面，传统工资制度只是由资方承担风险，而在分享经济条件下，当企业经济效益比较低时，企业经营的亏损会因为工资成本下降而减少，而利润也可以通过进一步调动劳动者的积极性而增加。任何一方的不合作都会损害企业整体利益或双方利益，因此决定了"劳资合作"是双方的理智选择，从而形成伙伴关系，正如安德鲁·卡尼基所说："这是资本和劳动问题的解决，因为它能使他们两者无论在繁荣还是在逆境中都成为伙伴。"[1] 这种伙伴关系能更好地解决劳资矛盾，构建和谐企业和构建和谐社会。在我们对我国民营经济企业的调查中，无论是实行利润分享制企业还是实行收益分享制企业，劳资矛盾比较少，劳资关系更加和谐，反之，劳资矛盾比较多，劳资关系很不和谐。因此，分享经济制度，有利于提高劳动者报酬比重、构建和谐企业，进一步构建社会主义和谐社会。

3. 克服劳动力短缺效应

工资制度是在劳动力供求不平衡，劳动力供给大于需求的情况下的劳动者报酬的制度安排。在劳动力供给大于需求的情况下，在劳资双方的博弈过程中，资方处于绝对有利地位，劳动者处于不利地位，劳动者只能获得等于或者低于劳动力价值的工资，劳动者报酬比重比较低。而在劳动力

---

[1] M. L. 威茨曼：《分享经济——用分享制代替工资制》（中译本），中国经济出版社1986年版，第63页。

供求基本平衡时,劳资双方的力量基本平衡,在民营企业或外资企业,劳动者能获得与劳动力价值相等的工资,在国有企业或集体所有制企业,劳动者能比较好地贯彻按劳分配。只有在劳动力供求不平衡,劳动力供给小于需求,劳动力出现短缺时,劳动力处于比较有利地位,才可能实行分享制度,促进企业和劳动者的共同发展。因此,要克服劳动力的短缺现象、克服劳动力短缺效应,必须充分调动劳动者的积极性、主动性和创造性,发展和完善分享经济制度。

第五节 创新劳动者报酬比重决定理论
——提高劳动者报酬比重的制度创新

劳动者报酬比重的高低,不仅受到劳动者供求关系的影响,同时也受到劳动者市场类型影响,在我国劳动力市场上,工会力量和厂商垄断对我国劳动者报酬比重产生了重要的影响,劳动者报酬比重的高低主要取决于工会组织的力量及其作用的发挥,如果工会组织在劳动者报酬比重的博弈过程中居于主导地位,发挥决定作用,劳动者报酬比重比较高,如果工会组织在博弈过程中处于被动地位,劳动者报酬比重比较低。因此要提高劳动者报酬比重,必须创新劳动者报酬比重决定理论,主要包括:

一、完善工会组织理论

(一)劳动者报酬比重的博弈要素

在市场经济条件下,劳动者的报酬及比重,一般不是由国家直接规定的,而是由代表劳动者利益的工会与厂商联盟在博弈过程中进行劳资谈判,通过劳资协议的形式予以确定和调整,在国民收入初次分配中,劳动者报酬比重的决定过程就是一个典型的博弈过程。构成劳动者报酬比重这一博弈的基本要素是:

(1) 劳动者报酬比重博弈的参加者。主要包括厂商或厂商联盟、劳动者、工会和政府等，它们都是能独立决策、独立承担博弈结果的个人或组织，它们共同构成劳动者报酬博弈的组成单位。其中在劳动者报酬比重的博弈过程中，劳动者主要通过其组织工会进行谈判，因此，劳动者报酬比重的博弈谈判主要是工会、厂商或厂商联盟和政府的三方博弈。在劳动者报酬比重的博弈谈判中，只有在三方的力量基本均衡，三方在博弈过程中都能形成统一决策、统一行动、统一承担结果，形成平等谈判主体时，才能保持自身在国民收入初次分配中的合理比重。

(2) 三方收入比重博弈过程中各自可选择的全部博弈行为的集合。即工会、厂商和政府在进行收入比重博弈决策时可以选择的目标、策略和具体方法、做法等。在不同时期、不同的博弈中三方所选择的目标、策略和做法不相同。

(3) 进行收入比重博弈的次序。在博弈过程中，工会、厂商和政府三个博弈方进行多次博弈才能形成比较合理的初次分配比重，必然产生博弈的次序问题。因此，制定初次分配博弈过程，必须制定其中的博弈次序，不同的次序必然是不同的博弈，最后形成合理比重，实现三者都能得到合理的收益比重。

(4) 博弈方的收益比重。对应于政府、厂商和劳动者各自的可能决策选择，都有一个表示博弈各方在该策略组合下比重的高低，然后通过数量大小的比较进行判断分析，选择三方的合理比重。

劳动者报酬比重、生产税净额、固定资产折旧和营业盈余比重的博弈可分为在完全竞争和充分信息条件下的工会、政府和厂商的动态博弈过程和垄断竞争市场且信息不充分条件下的工会、政府和厂商的动态博弈。三方的博弈是一个无限的重复博弈，通过无限的重复博弈，才能形成劳动者报酬比重、生产税净额、固定资产折旧和营业盈余的合理比重，实现劳动者、政府和厂商收益的最佳组合，实现效率与公平的统一。

（二）劳动者报酬比重博弈方的力量平衡

在国民收入一定的条件下，劳动者收入、政府的生产税净额、资本收益是相互对立统一的,如果出现利润和生产税净额侵蚀报酬,劳动者报酬比重必然比较低。然而,三方的收益比重不仅取决于劳动、资本的供求关系和政府的需求,更取决于政府、工会和厂商在收益谈判中的力量对比,因为在市场经济条件下,劳资谈判是初次分配的核心机制。在谈判过程中,谈判的结果是否达到各自的目的,主要取决于它们的力量对比。

在市场经济条件下,在生产税净额比重一定的前提下,一方面,劳动方要求厂商提高劳动者报酬比重、承担义务、保障职业和生活、改善工作和生活条件;另一方面,厂商则要求提高固定资产折旧和营业盈余比重,以提高企业盈利水平。于是劳资双方在劳动者报酬和固定资产折旧、营业盈余比重等多方面发生冲突和矛盾,这些矛盾的解决取决于双方的力量对比。在其他条件不变的条件下,如果厂商的力量比较强大,固定资产折旧和营业盈余比重必然高,劳动者报酬比重必然低;如果工会的力量强大,劳动者报酬比重高,固定资产折旧和营业盈余比重低,如图8-1所示。

		工会力量	
		强	弱
厂商力量	强	Ⅰ	Ⅱ
	弱	Ⅳ	Ⅲ

图 8-1 工会和厂商力量搭配

图8-1中工会和厂商的力量搭配主要有四种情况:第Ⅰ种情况是,在劳动者报酬谈判中,工会和厂商的力量都强,在劳动者报酬的谈判过程中工会和厂商的谈判比较均衡,厂商和劳动者报酬比重比较合理。第Ⅱ种情况是工会组织的力量比较弱,而厂商的力量比较强,双方的力量不均衡,厂商处于绝对地位,在劳动者报酬比重上具有决定权,工会在劳动报酬谈判中处于从属地位,很难发挥在劳动者报酬谈判中的作用,厂商的收益比重比较高,而劳动者报酬比重必然比较低。第Ⅲ种情况是厂商力量弱,工会组织的力量强,劳动力供给小于需求,劳动者报酬比重比较高。第Ⅳ种情况是厂商和工会组织力量都比较弱,政府的力量比较强,厂商收益和劳

动者报酬比重比较低。通过博弈分析，只有在第一种情况下，劳动者报酬比重比较合理，同时，只有当政府具有强烈提高劳动者报酬比重的能力和意愿，劳动力供求基本平衡，厂商的力量逐步减弱、工会组织的力量逐步增强时，劳动者报酬比重才可能提高。

（三）我国劳动者报酬比重变迁的经验验证

在计划经济时期、高度集中的体制下，我国政府具有非常强的政治、经济和计划能力。劳动者报酬完全由政府决定并服从"赶超发展战略"，厂商和工会组织在劳动者报酬决定中几乎没有任何作用，在劳动者报酬的决定上，由国家统一决定和调整劳动者报酬比重，从而导致劳动者总额的增长速度必然低于国民经济增长速度，劳动者报酬比重的增长速度低于企业收益比重的增长速度，形成高资本积累、低劳动者报酬的国民收入初次分配模式，劳动者报酬比重极其低下，比较好地验证了第四种情况。

改革开放后，我国经历了计划经济向市场经济体制的变迁，由传统的农业经济向二元经济转型，生产要素的供求状况决定了劳动者报酬比重低的现状。"优先发展"和"赶超发展"战略，优先发展重工业的战略脱离了农村劳动力转移、劳动力供大于求和资本短缺的实际，没有充分利用中国的比较优势，在劳动力供大于求和资本短缺的情况下，政府为了加快经济发展，必然制定向资方倾斜的国民收入初次分配制度，一方面，形成厂商决定劳动者报酬的优势地位，厂商要求工人勤奋劳动、作出牺牲，以较低的劳动者报酬提高企业的盈利水平；另一方面，由于劳动力供给大于需求，工会组织在劳动者报酬比重的谈判中处于不利地位，劳动者报酬比重必然低。改革开放以来，我国劳动者报酬比重比较低并且持续下降进一步验证了第二种情况。

第四种情况在市场经济发展中一般发生在经济十分繁荣的时期，在这一时期，劳动力需求量比较大，出现供大于求的情况，工会组织的力量比较强，在劳动者报酬谈判过程中，劳动者报酬比重比较高，而资本收益比重比较低或者不盈利，厂商必然减少生产，劳动力需求减少，从而厂商力量提高，劳动者报酬比重必然下降。这是因为在市场经济条件下，劳资两大集团始终既相互依存又彼此对立。

只有在厂商和工会组织力量都比较强，双方力量基本平衡，劳动力供求基本平衡时，劳动者报酬比重才能达到合理程度。2010年后，我国农村剩余劳动力转移进入二元经济的转折点，人口红利逐渐消失，我国劳动力供求状况逐步趋向平衡，厂商的力量逐步下降，工会组织的力量逐步增强，我国劳动者报酬比重逐步提高，特别是在政府的力量有一定下降，形成"小政府、大社会"，厂商和工会组织力量都比较强时，劳动者报酬比重才能在合理范围内波动。

二、增强工会组织力量

在企业和工会组织垄断市场的条件下，劳动者报酬及其比重的谈判过程实际上是劳资双方力量相互较量和制衡的过程。工会要从自己的力量出发，充分权衡和比较企业不同意自己提出的劳动者报酬及其比重的代价和同意自己方案的代价或成本；资方也要从自己的力量出发，充分权衡和比较工会组织不同意自己提出的企业盈余和劳动者报酬及其比重的代价和同意自己方案的代价或成本。

在劳动者报酬及其比重谈判过程中，双方都有自己的目标点和坚持点，工会组织的目标点是希望劳动者得到最高报酬及其比重，坚持点是可以接受的最低报酬及其比重。企业的目标点是利润最大化，希望劳动者报酬及其比重最低化，坚持点是保证预期的企业盈余比重和固定资产折旧比重和能够接受的劳动者报酬的最高比重。在谈判过程中，如果双方的目标点和支持点有一部分相吻合，劳资双方必然选择互惠的分配方案，双方收益比重比较合理。但也存在劳动者报酬比重和资本收益的对立，可能发生谈判的破裂。一是企业闭厂或者减少就业，这是企业极不愿意的选择。二是工人罢工或发生劳资冲突，工人拒绝劳动服务，进一步引起社会问题，这是政府、工会和企业都不愿意发生的极端现象。因此，在劳资谈判中比较理想的目标是实现资本收益和劳动者报酬的合理比重。

我国确立社会主义市场经济体制目标后，工会组织的力量有所增强，

第八章 我国劳动者报酬合理比重的理论构建

工会组织的覆盖面进一步扩大,在劳动者报酬比重谈判中发挥了一定的作用。但我国工会组织的力量发挥不够,劳动者报酬比重比较低,而且低于合理比重。因此,必须进一步深化工会体制改革,创新劳动者报酬比重的谈判制度,增强工会组织的力量,进一步提高劳动者报酬比重,实现政府的生产税净额、固定资产折旧、企业盈余和劳动者报酬比重的合理分配。从我国的工资谈判现状看,由于工会组织的力量比较小,因此形成低效甚至是无效的工作谈判制度,劳动者报酬比重低。我们在调查中发现,我国工会组织在提高劳动者报酬比重中的作用发挥比较差,如表8-2所示。

表8-2 我国工会组织在提高劳动者报酬比重中的作用　　单位:%

非常好	好	比较好	一般	不好
6.9	21.3	28.4	32.8	10.6

从表8-2可以看出,如果工会组织充分发挥提高劳动者报酬比重的作用,则劳动者报酬比重比较高,如果工会组织不能充分发挥提高劳动者报酬比重的作用,劳动者报酬比重必然不合理,劳动者报酬比重比较低。但是我国工会组织在提高劳动者报酬比重中的作用发挥比较差,这一结论得到了企业、地方政府和劳动者的普遍认同。调查中认为工会组织在提高劳动者报酬比重中的作用发挥非常好的只占6.9%、认为发挥好的占21.3%、认为发挥比较好的占28.4%,以上合计占56.6%,认为发挥一般的占32.8%,还有10.6%的认为发挥不好。我们在调查中发现,特别是私营经济企业、外资企业工会组织的作用更差,从而影响劳动者报酬比重的提高。因此,必须进一步深化工会体制改革,充分发挥工会组织在提高劳动者报酬比重中的作用。

工会作为工人阶级的组织载体,是劳动者权益的法定代表,代表劳动者与企业进行劳动者报酬谈判,谈判的内容主要包括劳动者报酬协议、工资和薪金的协议、奖励工资、津贴和福利、工作条件等,其基本职责是最大限度地维护劳动者的合法权益,根据劳动者的要求代表劳动者进行工资谈判协商。但从我们对企业劳动者报酬的谈判效益的调查中可以看出,我国工资集体协商的现实是：工会在工资谈判中的博弈劣势非常明显，在工资决定中的话语权非常有限，而厂商的话语权非常大。劳动者报酬及其比重仍然是由厂商单方决定，工会很难发挥作用，在开展工资集体谈判的企业中，劳动者报酬比重仍然不合理，大多数企业只是按照国家规定的最低工资标准签订劳动者。同时，我国工资集体谈判的覆盖率比较低，工会组织发展比较缓慢，工会力量非常有限。因此，我国工资集体谈判对提高劳动者报酬比重的效果是比较差的。所以必须提高工会的力量。主要包括：

（一）深化工会体制改革

在工资谈判过程中，我国工会的合法性没有得到劳动者的完全认可，谈判作用没有得到充分发挥，主要是因为工会设在企业内，工会主席由党组织负责人或企业负责人兼任，工会委员中很多来自企业中高层管理人员，工会经费主要由企业划拨，劳动者上缴工会的经费很少，工会组织实际上成了企业的一个职能部门，工会谈判中受党组织和企业劳动的严重束缚，没有真正代表劳动者的利益进行谈判，工会在劳动者报酬的谈判中会出现不作为，往往成为政府工会和资方工会，严重脱离工人利益。因此，必须深化工会体制改革，使工会在劳动者报酬及其比重谈判中真正代表劳动者的利益，工会主席应由工会成员自己选举产生，工会经费应该独立核算等。

（二）增强工会的谈判筹码

在劳资双方的谈判中，谈判力量的大小取决于双方的力量对比，双方的力量取决于双方利益的极值点，如果双方都希望达到自己的极值点，则达成协议的希望为零，结果是工会宣布罢工，资方宣布闭厂。如果双方都存在利益的极值点，双方都有谈判的筹码和最后的决定力量，则必然会出现力量的均衡。如果一方存在利益的极值点，另一方不存在利益的极值点，则另一方在谈判中的力量弱小，在谈判中处于弱势地位，只能接受对方的条件。在我国工资谈判中，资方有企业破产倒闭权，有关闭工厂的权利，工人在谈判中力量明显不足，往往处于被动地位，劳动者报酬比重不可能通过谈判得到提高。因此，必须允许劳动者在国家规定和允许的范围内拥有结社权和罢工权,才能增强工会的谈判力量。

(三) 进一步发展工会组织

增强工会的力量,不仅要增强工会组织的谈判筹码,还要增强工会组织的能力,主要包括扩大工会组织的覆盖面,增强工会工作人员人数,提高工会工作人员的谈判能力和谈判技巧,在劳动力报酬比重谈判中充分发挥工会组织的作用,切实提高劳动者报酬比重。

第六节 充分发挥政府在初次分配中的作用

在国民收入初次分配中,不仅要发挥市场在初次分配中的决定作用,同时必须充分发挥政府在初次分配中的作用,才能构建劳动者报酬合理比重的初次分配理论。政府在国民收入初次分配中的作用主要是制定和监督实行最低工资制度,制定和完善劳动者报酬谈判制度,制定和完善初次分配政策。

一、科学制定最低工资制度

在我国现阶段,尽管工会的力量有所发展,但向厂商倾斜的初次分配制度安排没有显著改变,与厂商力量比较,工会组织力量比较脆弱,在劳动者报酬比重及改善劳动条件等方面的谈判过程中,工会处于相对"劣势",劳动者报酬比重低,资本收益比重高,特别是劳动者的最低收入低于劳动力价值,不能满足劳动力再生产的需求,从而影响和制约经济的长远发展。因此,政府必须规定最低工资并保证监督执行,有利于平衡资本劳动力量,减少冲突,降低社会治理费用,构建和谐企业,稳定经济增长。

关于劳动者的最低报酬,根据马克思劳动力价值理论,"劳动力价值的最低界限是由'纯粹生理的要素'决定的","工人阶级为维持和再生产自己,为要延续自己肉体的生存,就必须获得自己生活和繁殖所绝对需要的生活资料,所以这些必需的生活资料的价值,就构成劳动力价值的最低界限"。① 因此,劳动者的最低报酬最少由三部分构成:第一,维持劳动者本人的生存所必需的生活资料的价值;第二,为维持劳动者家属的生存所必需的生活资料的价值;第三,劳动者必需的教育和训练费用。同时,"劳动力的价值包含着一个历史和道德的因素。但是,在一定的国家,在一定的时期,必要的生活资料的平均范围是一定的"②。

确定劳动者最低报酬的方法比较多,但主要使用"比重法"和"恩格尔系数法"。"比重法"是根据城镇居民家庭调查资料,确定一定比例的最低人均收入户为贫困户,统计出贫困户人均费用支出水平,乘上每一就业者的赡养人口数,再加上一个调整数。"恩格尔系数法"是根据营养专家或专门委员会提供的年度标准食品谱及食物摄取量,结合标准食物的生产价格,计算出最低食物支出标准,除以恩格尔系数,得出最低费用标准,再乘上每一就业者的赡养人数,再加上一个调整数。

劳动者的最低报酬受一个国家或地区的经济增长水平和通货膨胀等因素的影响,一般来说,经济增长状况良好,通货膨胀率比较高,劳动者最低报酬就比较高。一般来说,世界上大多数国家最低工资相当于社会平均工资的40%~60%。劳动者的最低报酬是否能反映劳动力价值,是否能维持劳动者的最低生活资料的价值,维持劳动者的生产和再生产,必须通过政府制定相关法律制度并保证实施,保证劳动力的生产和再生产,避免厂商压低劳动者最低报酬。

二、构建市场和政府共同提高劳动者报酬比重理论

(一) 市场在劳动者报酬比重中具有决定作用

在市场经济条件下,必然要发挥生产在资源配置中的决定作用。在市场经济条件下,商品和劳动、资本、土地、管理等生产要素报酬受市场供

---

① 马克思、恩格斯:《马克思恩格斯全集》(第16卷),人民出版社1974年版,第164页。
② 马克思:《资本论》(第1卷),人民出版社1975年版,第194页。

求状况影响,通过市场机制引导生产要素在不同行业、不同生产部门之间合理流动,实现资源的优化配置,进一步促进经济增长。在社会主义市场经济条件下,劳动、资本、土地、管理等生产要素的报酬受市场供求状况的影响,要充分发挥生产要素价格信息传递机制、激励机制、分配比重界定的功能,优化资源配置。通过生产要素市场价格向厂商和劳动者传递市场信息,实现生产要素的价格均衡,确定劳动者报酬与资本收益的合理比重。

国民收入的初次分配是生产领域的分配,其依据是生产要素在国民收入中的贡献比重。在市场经济中,分配生产要素的收益比重必须遵循价值规律、生产要素的市场价格决定生产要素的报酬、生产要素的所有制性质共同决定生产要素所有者的收益比重。

我国的生产资料所有制结构是以公有制为主体、多种所有制经济共同发展,劳动者不仅拥有劳动力生产要素,拥有劳动力所有权,而且还是生产资料的主人。因此劳动者报酬比重不仅是劳动力要素的报酬,而且还应包括资本等生产要素经营的报酬,即在获得劳动者报酬的前提下,还应共享经济发展的成果,共享部分生产盈余。也就是说,公有制为主体的所有制结构与要素报酬原则决定了社会成员的收入以劳动力要素报酬为主,其他要素收入为补充。①

在社会主义市场经济条件下,生产要素的初次分配机制是通过价格机制实现的,生产要素所有者收益比重由生产要素市场价格决定。在完全竞争市场条件下,如果生产要素市场均衡,那么劳动、资本等生产要素的所有者按生产要素在国民收入中的贡献根据市场竞争规律获得相应报酬比重,劳动者报酬比重比较合理。国民收入初次分配既能体现效率,又能体现公平。

市场在初次分配中必然导致政府、企业和劳动者报酬比重不合理,收入分配向政府和企业倾斜,其原因主要是市场在国民收入初次分配中的决定性作用没有得到充分体现,政府在初次分配中的职能没有得到充分

---

① 赵学清:《论价格在社会主义市场经济体制中的分配功能》,《唯实》1998 年第 8 期,第 11—17 页。

发挥。

(二) 初次分配中必须充分发挥政府的职能

为了更好地减少市场失灵,形成初次分配的合理比重,必须充分发挥政府在初次分配中的作用,根据市场在初次分配中的决定作用、存在的问题和政府在初次分配中的职能,政府在初次分配中提高劳动者报酬的职能主要表现在:

1. 充分发挥税收在提高劳动者报酬比重中的作用

政府通过税收提高劳动者报酬比重的作用,主要是通过两条途径实现的。一是科学界定政府的生产税净额,如果政府在初次分配过程中的生产税净额比重过高,劳动者报酬比重和企业收益比重低,必然会挫伤劳动者和企业的积极性,制约经济增长,导致政府的生产税减少。因此,政府必须根据政府在一定时期的财政收入和财政支出,合理制定生产税净额比重,从而提高劳动者报酬比重。二是进行税制改革,提高劳动者报酬比重。以高消费和高投资为特征的粗放型经济增长方式下,流转税累退性在调节国民收入初次分配中,必然恶化国民收入初次分配,其结果是流转税不断提高政府的生产税净额和企业的固定资产折旧和营业盈余比重,并进一步提高资本、土地等生产要素收益的比重,降低劳动者报酬在初次分配中的比重。因此,在我国经济发展进入新常态条件下,应深化流转税累退性等税收体制改革,全面提高劳动者报酬比重。

2. 进一步完善市场体系为提高劳动者报酬比重创造条件

完善的市场体系是实现按劳分配和生产要素按贡献分配,确保生产要素收益达到合理比重的前提条件。生产要素市场健全,构建好统一、开放、竞争、有序的市场体系,生产要素市场价格的形成及运行能准确反映生产要素供求的变化,才能实现国民收入初次分配中生产要素的合理比重。在生产要素市场体系不完善的情况下,特别是在垄断市场条件下,由于存在政府、企业和工会的垄断,一方面,市场主体不能进行自由选择,生产要素的流动受到限制,市场在资源配置中的决定性作用必然受到影响,必然导致分配结果的不公平和不合理;另一方面,由于存在垄断,垄断力量的强弱，必然决定收入报酬的比重。因此，政府必须建立健全完善的市场体系，为提高劳动者报酬比重创造条件。

3. 形成政府支持型工资谈判机制

在社会主义市场经济条件下、在存在企业和工会垄断的条件下，为了更好地节约企业和劳动者之间的交易成本，合理确定劳动者报酬比重，厂商和工会之间必然进行工资谈判。要使工资谈判能达到劳动者合理报酬的程度，必然要求厂商和工会的力量平衡，只有在双方力量平衡的基础上，谈判结果才能实现双方利益的最大化，达到双方利益的合理比重。然而，在工资谈判中，特别是在实现"赶超战略"和经济转型时期，代表劳动者利益的工会组织在工资谈判中始终处于弱势地位，导致劳动者报酬比重比较低。我国现阶段劳动者报酬比重比较低，没有达到合理比重，其重要原因就是劳资双方的力量不平衡，从而形成向政府、资本倾斜的初次分配政策。因此，要提高劳动者报酬比重，就必然要形成政府支持型的工资谈判机制，政府给予工会组织经济上、政策上的支持，才能实现双方力量均衡，实现劳动者报酬的合理比重。

第九章 提高我国劳动者报酬比重的途径

在经济新常态下，提高劳动者报酬比重能更好地促进我国经济保持中高速发展，促进产业结构的优化升级，提高消费在经济增长中的贡献率，进一步缩小收入差距，让广大人民共享经济发展成果，同时，提高劳动者报酬比重也是广大人民的迫切希望，在我们的企业调查问卷中有72%的人认为应该提高劳动者报酬比重，在地区调查问卷中有70.1%的人认为应该提高劳动者报酬比重。我们根据影响劳动者报酬的因素，根据提高劳动者报酬比重理论构建提出了提高劳动者报酬比重，必须全面提高劳动者的素质与技能，这是提高劳动者报酬比重的内在要求；必须进一步加快新型城镇化发展，在经过"U"型拐点后，进一步提高劳动者报酬比重；进一步增强政府提高劳动者报酬比重的能力与意愿，全面提高劳动者报酬比重；充分发挥工会组织在提高劳动者报酬比重中的作用，为提高劳动者报酬比重提供组织保障；适度降低生产税净额比重，进一步提高劳动者报酬比重；充分发挥政府和市场在初次分配中的作用，共同提高劳动者报酬比重；创新提高劳动者报酬的制度安排，为提高劳动者报酬比重提供制度保障。通过这些途径，共同提高劳动者报酬比重，促进我国在经济新常态下的中高速发展，全面优化升级经济结构，形成消费主导型经济增长模式，促进我国经济、政治、文化、社会的全面发展，实现全体人民共享经济发展成果的目标。

第九章 提高我国劳动者报酬比重的途径

第一节 全面提高劳动者的素质与技能

在经济新常态下,为了更好地促进经济的中高速增长、促进第三产业的迅速发展、促进经济结构的优化升级和创新驱动发展,为了更好地贯彻按劳分配和按生产要素贡献分配,必须全面提高劳动者素质,进一步提高劳动者报酬比重。

一、劳动者素质与技能对劳动者报酬比重的影响路径

劳动者素质与技能主要是通过适应经济新常态路径、按劳分配路径和生产要素按贡献分配路径影响劳动者报酬比重,要提高劳动者报酬比重,必须提高劳动者的素质和技能。

(一)适应经济新常态路径

我国经济增长进入新常态后,受经济结构优化升级、第三产业迅速发展的内在机制影响,必然形成消费主导型的经济增长模式,劳动者报酬的消费倾向比较高,在国民收入初次分配中,劳动者报酬比重呈现逐步增长的趋势。我们在第四章已作了论述,但经济结构的优化升级"意味着劳动力从低端产业逐渐向高端产业转移",意味着劳动力从传统产业向新兴产业转移,对劳动者素质提出了更高的要求。也就是说只有符合高端就业、新型产业要求、素质高的劳动者才可能实现高端就业,获得比较高的劳动报酬,提高劳动者报酬比重,反之,劳动者素质低,只能在传统的第二、第三产业就业,劳动者报酬比重仍然比较低,如我国大量农民工,由于素质比较低,只能在传统的第二、第三产业就业,劳动者报酬低,导致报酬比重也比较低。因此只有提高劳动者素质,才能适应新常态下经济的发展,提高劳动报酬和劳动者报酬比重。同时,经济发展的动力从要素驱动、投资驱动转向创新驱动,更要求劳动者具有更高的素质,特别是创新

素质，才能适应新常态下经济的发展，提高劳动者报酬比重。总之，在经济新常态下，提高劳动者报酬比重"关键在于提高劳动者的素质和就业能力"①。在经济新常态下，只有那些素质高、能力强的劳动者才能适应经济新常态下经济的发展，获得更多的劳动报酬，从而提高劳动者报酬比重。

（二）提高劳动者素质是贯彻按劳分配和提高劳动者报酬比重的内在要求

按劳分配是社会主义社会个人消费资料的分配原则，是国有经济、集体经济和混合所有制企业必须坚持的分配原则。按劳分配就是按劳动的数量、质量、类型和贡献进行分配。在经济新常态下，劳动者报酬的多少取决于劳动的数量，特别是劳动的质量、类型和贡献，在数量一定的条件下，劳动质量高，从事复杂劳动，人力资本存量和增量高的劳动者获得的报酬多，劳动者报酬比重高。如从事科学研究、教育、医疗卫生等行业的劳动者报酬比重比较高。因此，要提高劳动者报酬比重，必须加大人力资本投资，提高劳动者素质。

（三）提高劳动者素质也是生产要素按贡献分配的内在要求

生产要素按贡献分配主要是指按劳动、资本、土地、管理、技术等生产要素在经济增长中的贡献进行分配，一般来说，具有较高人力资本的劳动者，在经济增长中贡献大，特别是从事管理、技术发明等的劳动者，对经济增长的贡献大，劳动报酬多，劳动者报酬比重高，因此，要提高劳动者报酬比重，必须提高劳动者素质。

问卷调查结果也进一步证明了提高劳动者报酬比重，必须提高劳动者素质，如表 9-1 所示。

---

① 王德文：《提高劳动收入份额不能光靠涨工资》，《学习月刊》2007 年第 12 期上半月，第 27 页。

表 9-1　我国劳动者受教育状况对劳动者报酬比重影响　　　单位：%

非常大	大	比较大	有一定影响	没有影响
20.6	27.2	21.3	25.3	5.6

从表 9-1 可以看出，我国劳动者素质对劳动者报酬比重影响比较大，主要是因为劳动者素质高，劳动的数量多、质量高，能从事复杂劳动、能在高端产业好行业就业，劳动报酬多，劳动者报酬比重高；反之，劳动者报酬比重低。调查中认为我国劳动者素质对劳动者报酬比重影响非常大的占 20.6%，认为影响大的占 27.2%，认为影响比较大的占 21.3%，以上合计占 69.1%，认为有一定影响的占 25.3%，只有 5.6% 的认为没有影响。我们在调查中还发现，劳动者素质低，劳动报酬也比较低，主要从事低端产业劳动，劳动者报酬比重也低。

二、提高劳动者素质的对策

（一）我国劳动者素质现状

新中国成立以来，特别是改革开放以来，我国教育事业迅速发展，劳动者人均受教育年限从 1985 年的 6.38 年上升到 1990 年的 6.8 年、2000 年的 8 年、2010 年的 9.1 年，进一步上升到 2014 年的 10.05 年①。劳动者的人力资本迅速提升，2014 年我国人均人力资本为 132.7 万元，其中城镇人均人力资本为 193.01 万元，农村人均为 56.19 万元。劳动者的素质迅速提高。但从经济新常态下对劳动者的需求看，高端人才、新兴产业人才仍十分短缺，不能满足经济结构优化升级的需要，调查问卷进一步说明我国企业劳动者素质比较低，不能满足经济结构优化升级的需求，如表 9-2 所示。

---

① 相关数字是根据当年《中国统计年鉴》数据整理所得的。

表9-2 我国劳动者素质调查统计   单位：%

大学及以上学历	大专学历	中专或高中学历	初中	小学
20.3	22.8	32.8	20.3	3.8

从表9-2可以看出，我国劳动者素质普遍比较低，不能满足经济结构优化升级的需求，调查中看出我国劳动者具有大学及以上学历的占20.3%，大专学历的占22.8%，中专或高中学历的占32.8%，中专或高中以上学历的占75.9%，初中学历的占20.3%，小学学历的占3.8%。劳动者素质低不适应在高端产业就业。低素质的劳动力主要适应第一产业和第三产业的传统服务业，高素质的劳动者才能适应第二产业和第三产业的现代服务业。因为"当一个国家或地区进入工业化后期，第二产业对劳动力素质的要求会更高，对数量的需求更少，对成本的敏感度更低"，"第三产业，尤其是现代服务业，则既对劳动力供给数量有较大需求，又对劳动力供给质量有更高要求，可称为高端劳动密集型产业"。① 因此，要求提高劳动者报酬比重，必须提高劳动者素质。

（二）经济新常态下提高劳动者素质的对策

结合经济新常态经济结构优化升级和创新驱动的内在要求，结合提高劳动者报酬比重的要求，提高劳动者素质主要包括：

（1）大力发展高等教育提高劳动者素质。高等教育是提高劳动者素质的主要途径，我国高等学校应根据经济新常态下经济结构优化升级的内在要求和优化方向，进一步调整专业结构，培养适应经济新常态下经济结构优化升级所需要的创新型人才，不断提高劳动者的人力资本存量和增量，提高劳动者的创新能力，全面提高劳动者的素质。

（2）加快职业院校和新建地方高等院校的转型发展，培养和提高适应地方经济结构优化升级所需要的人才，全面提高劳动者素质。我国大学生就业市场存在着一个矛盾，一方面是高等学校培养的一部分学生没有就

---

① 阳立高、龚世豪、韩峰、王业强：《新生代劳动力供给变化对产业升级的影响研究》，《财经理论与实践》2017年第2期，第106页。

业，另一方面是企业招不到自己所需要的人才，其原因是职业院校和新建地方高等院校没有结合经济结构优化升级的内在要求、没有结合地方产业结构优化升级的需要培养人才，导致劳动力需求和供给错位。因此适应经济结构优化升级对人才的需求，必须加快职业院校和新建地方高等院校的转型，结合地方经济结构优化升级的需要，大力培养促进和引领地方经济结构优化升级所需要的人才，全面提高劳动者素质，全面提高劳动者报酬比重。总之，高等学校要结合经济结构优化升级的需要，大力培养经济结构优化升级所需要的从事第二产业和现代服务业所需要的中高端人才。

（3）大力发展中等职业学校，全面提高劳动者素质。从我国劳动者报酬的现状看，劳动者报酬比较低的是从事第一产业和第三产业的传统服务业的劳动者，这些产业的劳动者素质普遍不高，同时，经济结构的优化升级同样需要大量技术熟练的劳动者，只有加快发展中等职业教育，才能培养和提高劳动者的素质，为经济结构优化升级培养所需要的劳动者，普遍提高劳动者素质，全面提高劳动者报酬比重。

第二节　加快新型城镇化的发展

一、新型城镇化发展对劳动者报酬比重的影响路径

城镇化发展是影响劳动者报酬比重的重要因素之一，城镇化进程对劳动者报酬比重的影响主要是通过加速城镇化发展，促进我国产业结构的优化，促进第三产业的发展，提高劳动者报酬比重。从我国的城镇化进程可以看出，我国产业结构变迁的规律是在第一阶段，第一产业比重持续下降，第二、第三产业比重稳定增长，我国劳动者报酬比重下降，随着产业结构继续从第一产业转向第二、第三产业，劳动者报酬比重持续下降。第二阶段是产业结构变迁发展到从第二产业向第三产业变迁时，由于第三产业劳动生产率高于第二产业，劳动者报酬比重必然提高。同时，在工业

化、城镇化进程中，通过城镇化发展，促进我国产业结构的优化和升级，企业由劳动密集型产业转型为资本密集型和技术密集型后，进入其产业链的高端，企业的创新能力增强，利润空间扩大，能更好地提高劳动者报酬比重；同时，城镇化的发展，必然进一步提高劳动者的生存和发展成本，主要包括生活成本、政策成本、社会福利及就业成本等，特别是生活成本的提高必然要求进一步提高劳动者报酬比重。我国改革开放后，城镇化建设迅速发展，但与发达国家相比，我国城镇化率比较低，新型城镇化的发展并没有优化我国的产业结构，没有很好地促进产业结构的转型升级，资本密集型和技术密集型企业比重低，企业的创新能力不足，企业利润空间比较小，劳动者报酬比重还处于下降并接近"U"型发展的拐点，因此要提高劳动者报酬比重，必须加速新型城镇化的发展，促进产业结构的转型升级，既要提高城镇化率，又要提高城镇化质量。

二、加快新型城镇化发展

（一）加快新型城镇化发展速度

中华人民共和国成立后，特别是改革开放以后我国的城镇化迅速发展，1949年我国的城镇化率是10.64%，发展到1978年的17.92%、2013年的53.7%、2014年的54.8%。2014年与1949年比提高了44.16%，与1978年比提高了36.88%，平均每年提高了1.02%。但是，无论与发达国家相比，还是与我国国情相似的发展中国家相比，我国的城镇化率都比较低，不仅低于发达国家，而且也低于发展中国家，还没有达到世界平均城镇化率。如2000年、2005年、2008年、2009年、2010年，世界的平均城镇化率分别是46.7%、48.7%、50%、50.4%、50.9%，而中国是36.22%、42.99%、47%、48.3%、49.9%，2012年中国的城镇化率才超过世界平均城镇化率。因此，必须加快我国城镇化发展进程，提高我国的城镇化率。加快我国新型城镇化发展，首先必须加快我国第二、第三产业的发展，吸收更多的农村剩余劳动力，同时必须加快农业现代化的发展，实现城镇化与工业现代化、农业现代化同步发展，实现城镇化与现代服务业同步发展。从现阶段看应加大农业投入力度，加快农业现代化步伐，全面提高农业劳动生产率，实现城镇化与农业现代化的同步发展，提高农业劳动者报酬比重。

（二）提高新型城镇化建设的质量

在城镇化发展的初期，城镇化率与劳动者报酬比重反方向变化，即随着城镇化的发展，随着农业劳动生产率的提高，虽然农业总产值增加，但在产业结构中第一产业比重必然下降，第二产业比重逐步上升，资本在经济增长中的贡献逐渐增大，在国民收入初次分配中，资本报酬比重逐渐提高，在生产税净额一定的条件下，劳动者报酬比重必然下降。在城镇化发展的中期，随着新型城镇化的发展和城镇化率不断提高，第二产业比重达到一定比重后逐渐下降，第三产业比重逐渐上升，形成"三、二、一"的高层次产业结构，特别是当城镇化进入快速发展时期，随着城镇化率迅速提高，形成劳动密集型和技术密集型产业，企业的创新能力增强，创造的新价值迅速增加，能提供更多的财富进行分配，劳动报酬比重逐步提高，这是现代市场经济条件下新型城镇化发展影响劳动者报酬比重变化的基本规律。但城镇化发展对劳动者报酬比重的影响不仅由城镇化发展速度决定，城镇化发展质量对劳动者报酬比重有更大影响。城镇化发展对劳动者报酬比重的影响是通过影响现代经济结构，进一步影响劳动者报酬的比重，是通过大力发展城镇化从而优化产业结构，生产要素从生产力水平比较低的第一产业向生产力水平比较高的第二、第三产业特别是现代服务业转移，实现劳动、资本、土地、技术等生产要素向城镇集聚，进一步提高国民生产总值，促进经济的增长。通过提高城镇化质量，特别是发展现代新兴工业和现代服务业，通过产业结构的转型升级和新兴产业的发展，使劳动者的人力资本进一步提高，提高利润增长空间，进一步提高劳动者报酬比重。因此，只有进一步提高城镇化质量，才能优化升级产业结构，既能促进经济发展，又能提高劳动者报酬比重。但在我国的城镇化发展过程中，虽然城镇化率提高了，但是产业结构并没有得到优化升级，"在第二产业的发展过程中存在明显的投资结构重型化和传统化的特征"[1]，第三产业的发展过程中资本技术密集型产业投资不足，呈现为基础型、传统型产业投资比重过大，现代型、高科技型产业比重偏小的产业结构，这种产业结构体现出明显的城镇化质量不高，城镇化与农业现代化、新型工业化和现代服务业发展不协调，不利于提高劳动者报酬比重，因此，必须提高城镇化质量，走新型城镇化发展道路，优化产业结构，才能提高劳动者报酬比重。

（三）加快产业结构优化升级促进城镇化与产业结构的协调发展

城镇化和工业现代化、农业现代化、现代服务业的协调发展是新型城镇化发展的最优模式，在城镇化加速发展时期，要发挥城镇化建设促进提高劳动者报酬比重的作用，必然要使城镇化与产业结构协调发展，促进产业结构的优化升级，通过经济结构的优化升级，形成资本密集型和技术密集型产业为主的产业结构，无论是新兴产业还是传统产业，企业产品生产均要达到产业链的高端，企业的创新能力进一步增强，企业利润空间增大，才能进一步提高劳动者报酬比重。因此，在新型城镇化发展过程中，重点是促进产业结构的转型升级，不断延伸企业产品的产业链，增强企业的创新能力和研发能力，生产高端产品，拓展提高劳动者报酬的能力和空间。

第三节 进一步增强政府提高劳动者报酬比重的意愿和能力

党的十七大报告明确提出要提高劳动者报酬在国民收入初次分配中的比重，党的十八大报告进一步提出提高劳动者报酬在国民收入初次分配中

---

[1] 刘燕红、陈鑫磊：《优化我国产业投资结构的若干思考》，《地方财政研究》2013年第7期，第66页。

的比重,各级地方政府也在一定程度上提高了劳动者的最低工资。2008年后我国劳动者报酬比重有一定的提高,但并没有达到合理比重。原因是各级政府尤其是地方政府为了促进地方经济发展,实现"经济赶超"的目标,导致提高劳动者报酬比重的意愿和能力不强,经济增长的动力一般选择投资驱动型、生产要素驱动型,从而制定了向资本倾斜的初次分配制度安排;同时地方政府为了加快地方经济增长,一般选择增加投资的投资扩大型增长模式,形成向资本报酬比重倾斜财政能力和政策能力的支持模式,必然导致提高劳动者报酬比重的财政能力和政策能力准备都不足。因此,要提高劳动者报酬在国民收入初次分配中的比重必须进一步提高政府特别是地方政府提高劳动者报酬的意愿和能力。

一、进一步增强地方政府提高劳动者报酬比重的意愿

首先,增强地方政府提高劳动者报酬比重的意愿是构建社会主义和谐社会的需要。构建社会主义和谐社会关键要解决"劳政和劳企"矛盾。地方政府提高劳动者报酬比重的意愿增强,能科学制定并保证执行提高劳动者报酬比重的相关制度,促使企业提高劳动者报酬比重。因为提高劳动者报酬比重有利于缓和劳动者与地方政府、劳动者与企业管理层之间的矛盾,从而调动劳动者的生产积极性、主动性和创新性,提高企业劳动生产率,构建社会主义和谐社会。其次,增强地方政府提高劳动者报酬比重的意愿,提高劳动者报酬比重,有利于促进经济的可持续发展。因为,提高劳动者报酬比重,能增加社会消费需求、提高劳动者的人力资本、提高科技创新能力,实现经济中高速增长。最后,增强地方政府提高劳动者报酬比重的意愿,提高劳动者报酬比重,有利于保持"新常态"下我国经济的中高速增长。一是在"新常态"下,经济发展的重点是全面提高经济增长质量,经济增长的质量可以用"就业可充分、企业可盈利、财政可增收、风险可控制、民生可改善、资源环境可持续等来衡量"[①]。其中重要的标准

---

① 刘世锦:《如何适应中国经济新常态大逻辑》,《人民论坛》2015年3月(下),第22页。

之一就是改善民生,这是由社会主义生产的目的决定的。同时,民生产业也成为我国经济"新常态"下经济发展的新经济增长点。二是在经济"新常态"下,我国经济"长期增长的动力依然是投资和内需,尤其是消费结构"①,要改变我国的消费结构,增加居民的消费,必须提高劳动者报酬比重。三是"创新驱动成为决定中国经济成败的胜负手"②,要进一步增强创新驱动力,延伸企业产品的产业链,扩大企业的利润空间,必须进一步增加劳动者人力资本的存量和增量。只有增强政府提高劳动者报酬比重的意愿,全面提高劳动者报酬比重,才能科学制定的有利于提高劳动者人力资本的制度安排,进一步增加劳动者人力资本存量和增量,全面提高劳动者的创新能力,促进"新常态"下经济的创新发展。因此,必须进一步增强政府提高劳动者报酬比重的意愿。

虽然中央政府早就提出了构建社会主义和谐社会,提高劳动者报酬在国民收入初次分配中的比重,但许多地方政府仍然制定投资倾斜制度安排,主要依靠增加投资的方式促进经济增长,在经济"新常态"下仍然依靠加大投资来促进地方经济增长,提高劳动者报酬比重的意愿仍然不强。因此,必须进一步增强地方政府提高劳动者报酬比重的意愿,逐步提高劳动者报酬在国民收入初次分配中的比重。

二、提高政府提升劳动者报酬比重的能力

提高劳动者报酬比重不仅取决于政府的意愿,更取决于政府的能力,主要包括政府的财政能力和政策能力。因此要实现劳动者报酬的合理比重,就必须全面提高政府的财政政策能力、税收政策能力和货币政策能力,特别是要提高政府的政策支持能力,制定和严格执行提高劳动者报酬比重的制度安排。

---

① 李祺、代法涛:《经济增长的影响因素与结构特征:理论假说与实证检验——中国经济新常态的一种解释》,《经济问题探索》2015 年第 3 期,第 59 页。

② 陈莹莹:《关于我国经济发展"新常态"的观点综述》,《经济研究参考》2014 年第 66 期,第 38 页。

中华人民共和国成立后,为了改变我国的落后现状,政府选择了"赶超"经济发展战略,形成了优先发展重工业的路径选择。为了实现"赶超"发展目标,促进经济的快速增长,形成了高投入的发展模式,为了提高经济增长的速度,在计划经济体制下,政府具有高度集中的资源配置能力,财政能力和政策能力比较强,为了积累经济发展资本,政府又不得不压低劳动者报酬比重,从而形成了政府的财政政策能力、税收政策能力和货币政策能力强,而提高劳动者报酬比重弱的制度安排,劳动者报酬比重必然比较低。改革开放后,我国选择了"三步走"的发展战略,中心是以经济建设为中心,重点是实现经济"快速发展",为了实现经济的快速发展,实现"三步走"的发展战略目标,必须刺激投资,提高营业盈余比重,降低劳动者报酬比重,降低生产成本,从而形成政府的财政能力和政策能力向资本倾斜的制度安排,资本报酬比重高,而劳动者报酬比重比较低。党的十六大后,我国选择了经济"又好又快发展"的战略,虽然"好"放在前,"快"放在后,但仍然强调"快",特别是地方政府更关注快,为了加快经济增长,仍然把财政能力和政策支持重点放在促进投资,加速经济增长方面,形成向投资倾斜的能力安排,提高劳动者报酬比重的能力较弱,因此,劳动报酬比重持续下降。随着全面建成小康社会和"中国梦"发展目标的实施,必然要求进一步提高劳动者报酬的比重。党的十七大、十八大报告进一步提出要提高劳动者报酬的比重,"中国梦"的实现也必然要求提高劳动者报酬比重。然而,政府特别是地方政府提高劳动者报酬比重的能力仍然不强,主要表现在政府的产业结构优化升级导向能力不强,制定和执行最低工资制度的能力不强,指导行业和企事业单位工会体制改革的能力不强,支持"劳企"工资谈判的能力不足。因此,必须提高政府提高劳动者报酬比重的财政能力和政策能力,必须进一步提高政府在产业结构优化升级的导向能力,引导企业重点发展资本、技术密集型产业的能力,提高企业的创新驱动能力,进一步提升企业的利润空间,这样才能提高劳动者报酬比重。科学制定和严格执行最低工资制度,确保劳动者获得最低工资收入。指导行业及企事业单位深化工会体制改革,健全工会组织,全面提高工会组织的能力,形成劳动者和企业管理者力量均衡的谈判机制，创新提高劳动者报酬比重的制度和非制度安排，形成比较强的提高劳动者报酬比重的政策能力，使政府成为劳动者偏向型的第三方力量，才能真正提高劳动者报酬比重。

第四节 充分发挥工会组织在提高劳动者报酬比重中的作用

工会组织是我国工人阶级利益的代表，体现工人阶级的意志，在劳企谈判中代表劳动者的利益。但从我国工会组织在劳资谈判中的作用看，工会组织在提高劳动者报酬比重过程中的作用不显著，其重要原因是工会组织在提高劳动者报酬比重中的作用没有得到充分发挥，工会组织提高劳动者报酬比重的意愿不强，能力不足。因此，深化工会组织改革，全面提高工会组织提高劳动者报酬比重的意愿和能力，才能充分发挥工会组织在劳企谈判中的作用，合理提高劳动者报酬比重。具体包括：

一、深化工会组织体制改革，进一步明确工会组织是劳动者利益的忠实代表

尽管我国工会章程明确规定，我国工会组织是工人阶级利益的忠实代表，但从我国工会工作的长期实践看，我国工会组织并没有完全代表广大人民的利益，在工资谈判过程中提高劳动者报酬比重的意愿不强。因此必须深化工会管理体制改革，进一步增强工会组织提高劳动者报酬比重的意愿，充分发挥工会组织在提高劳动者报酬比重中的作用。主要表现在两个方面：一是切实履行工会职能，全面提高劳动者报酬比重。工会的主要职能是代表和维护工会会员的根本利益，根据我国工会章程，工会组织是工会会员和广大职工利益的忠实代表，在工会工作实践中应切实代表工会会员的利益，在发生劳企矛盾，工会会员的合法利益受到侵害时，工会组织在"劳企"谈判中应积极争取提高劳动者报酬比重，为工会会员争取福

利,为工会会员提供更多的就业机会,不断改善工会会员的劳动条件。不断完善工会组织的维权机制,切实维护好工会会员的合法权益,充分发挥工会组织在提高劳动者报酬比重中的积极作用,全面提高劳动者报酬比重,全面维护好会员的劳动权益,代表劳动者的利益;工会组织通过对政府进出口政策的影响,不断增加就业岗位、确保劳动者报酬比重与劳动者在经济增长中的贡献比重一致。切实维护低收入者的合法权益,工会组织应维护好劳动者获得最低收入的权益,通过影响政府和企业组织,保证劳动者获得最低收入,全面构建社会主义和谐"劳政、劳企"关系,构建社会主义和谐社会。按照社会主义市场经济规律,积极推动和促进政府不断完善最低工资保障制度,工会组织应主动参与推进社会保障体制改革,创新社会保险制度,重点发展职工互助合作保险事业,切实维护职工社会保障权利,提高工会组织与企业和政府的谈判能力,形成各级工会组织与各级政府组织共同提高劳动者报酬比重的合力机制和三方利益协调机制,真正代表职工参与企业管理和提高劳动者报酬比重。当职工的正当利益受到侵犯和劳动者报酬比重比较低且不合理时,工会组织应支持工会会员在不损害国家利益和企业长远利益的前提下,促使政府降低生产税净额比重,促使企业降低营业盈余比重,合理提高劳动者报酬比重,从而提高劳动者收入,维护好工会会员的正当利益;同时工会组织也要积极引导会员追求合理的劳动者报酬比重、组织会员选择合理提高劳动者报酬的途径,避免采取过激的行为,合法、合理地提高劳动者报酬比重。二是全面提高工会组织提高劳动者报酬比重的意愿,明确规定提高劳动者报酬比重是工会组织的主要工作职能,因为只有"作为劳动者利益的代表者参与合作的前提是所代表的劳动者的利益在合作中能有所提高"①,工会组织才能真正代表和维护工会会员的利益,合理、合法地提高劳动者报酬的比重,最终实现劳动者、企业和政府三方利益的均衡发展,这样既能提高劳动者报酬比重,又能促进经济增长,构建社会主义和谐社会。

---

① 许晓:《中国工会在构建和谐劳动关系中的合作博弈》,《中国劳动关系学院学报》2011年第1期,第5页。

二、全面增强工会组织提高劳动者报酬比重的能力

工会组织提高劳动者报酬比重的能力主要包括经济能力、组织能力、政策能力和谈判能力,四个能力共同组成一个有机联系的系统工程,共同提高劳动者的报酬比重。

(一) 全面增强工会组织提高劳动者报酬比重的经济能力

工会组织的经济能力主要包括工会组织具有足够的工作经费和能够独立使用工作经费的能力。我国改革开放以后,随着经济的发展,工会会员收入增加,我国工会组织经费迅速增长,工会组织提高劳动者报酬比重的经济能力有所增强。在工会经费使用中,主要用于工会会员的福利和组织开展工会活动,用于维护工会会员利益的费用比较少,其原因是工会经费不足,特别是民营企业工会组织的经费严重不足,不能很好地维护工会会员的合法权益,提高劳动者报酬比重。同时不能独立使用工会经费,说明工会组织提高劳动者报酬比重的经济能力不足。因此,要进一步提高我国劳动者报酬比重,就必须提高工会经费的划拨比例。同时创新工会经费使用的相关制度,增强工会组织独立使用工会经费的能力,工会组织可以根据工会法独立使用工会经费,接受会员的监督。

(二) 提高工会组织提高劳动者报酬比重的组织能力

工会组织提高劳动者报酬比重主要是通过集体谈判全面提高劳动者报酬比重。集体谈判要求工会工作人员必须具备较高的经济理论水平、政治素质、谈判素质和技能,全面把握企事业单位和行业发展状况与发展趋势,工会谈判代表必须具备很强的谈判能力,特别是在劳动力供给大于需求的情况下,需要谈判者具备更高的谈判能力和专业能力。因此,要提高劳动者报酬比重,必须提高工会组织的组织能力。一方面根据工会工作的需要,必须合理增加工会专职人员;另一方面必须提高工会专职人员的综合素质,特别是选聘经济政治理论知识全面、热爱工会工作、组织谈判能

力强的高层次人才；同时必须全面深化工会管理体制改革，实行"自下而上"的工会组织领导人的选举，特别是选举一部分普通会员成为工会组织负责人或成为主要负责人。因为由普通员工担任工会主席"相对于由中高层管理者或者企业主近亲属担任工会主席能够显著提高员工福利。普通员工担任工会主席时是通过推动集体合同的签订来保障和提高员工福利的"①。

（三）进一步增强工会组织提高劳动者报酬比重的政策能力

依据我国工会法的有关规定，工会组织最重要的职能是维护工会会员的合法权益，全面提高劳动者报酬比重。工会组织提高劳动者报酬比重的途径主要是制定和完善提高工会会员报酬的政策，并保证工会政策的有效执行。但从我国工会工作的实践中可以看出，工会组织促进和保障劳动者报酬职能不强，维护会员合法权益的政策执行能力不够，工会的合法性没有得到工会会员的完全认可，工会组织的工作主要根据政府和企事业单位的需求开展，工会组织设在企事业单位内部，实际上成为了企事业单位的一个职能部门，工会委员及其领导大部分是企事业单位的管理人员，特别是民营企业，大部分工会领导实际上是企业主要领导的亲属，因此，工会组织并没有也不可能制定和完善提高劳动者报酬比重的有效政策，通过集体谈判等形式维护工会会员合法权益、提高劳动者报酬比重的影响力比较低。因此，要确保工会组织提高劳动者报酬比重政策能力的实效性，就必须深化工会体制改革，确保工会组织的相对独立性，才能确保工会组织提高劳动者报酬比重政策能力的实效性，确保工会组织工作重心转移到制定和执行提高劳动者报酬比重的相关政策上，特别是在劳动力供给大于需求、政府和企事业单位在谈判中处于优势地位的前提下，更需要提高工会组织的政策能力，真正维护好工会会员的合法权益。

总之，只有进一步增强工会组织提高劳动者报酬比重的意愿和能力，使工会组织具有提高劳动者报酬比重的意愿，又有提高劳动者报酬比重的

---

① 罗燕、梁思敏：《我国企业工会主席身份差异是否影响员工福利》，《学术研究》2014年第5期，第75页。

能力时,才能提高劳动者报酬的比重。

第五节 适度降低生产税净额比重

一、我国生产税净额的劳动者报酬比重的影响

税收对我国劳动者报酬比重具有比较大的影响,主要表现在三个方面。第一,生产税净额比重对劳动者报酬比重产生直接的影响,在国民收入一定、固定资产折旧比重和营业盈余比重一定的前提下,生产税净额比重提高,劳动者报酬比重必然降低,生产税净额比重降低,劳动者报酬比重必然提高。第二,生产税净额比重通过影响微观企业经济效益,进一步影响劳动者报酬比重。一般来说生产税净额和企业盈余比重高,企业经济效益好,劳动者报酬比重必然下降。因为在初次分配中,效益好的企业所创造的商品价值包括劳动者报酬、生产税净额、固定资本折旧和企业盈余;效益低的企业创造的价值主要包括劳动者报酬、固定资产折旧和上缴的生产税,有的企业甚至只包括劳动者报酬和固定资本,生产税都无法上缴。因此,在生产税一定的前提下,企业必然降低劳动者报酬比重。第三,生产税净额影响区域间劳动者报酬比重:一是区域间生产税净额不同,必然导致区域间劳动者报酬比重的差别;二是区域间生产税净额不同,必然导致区域间营业盈余比重不同、企业经济效益不同,进一步降低劳动者报酬比重。具体表现在:

(一) 劳动者报酬比重与生产税净额比重呈反方向变化

1992~2013年以来我国生产税净额与劳动者报酬比重演变,如表9-3所示。

表 9-3 1992~2013 年我国初次分配中要素分配主体分配比重

单位：%

年份	生产税净额比重	劳动者报酬比重	企业收益比重	年份	生产税净额比重	劳动者报酬比重	企业收益比重
1992	15.50	50.04	34.46	2003	17.74	46.16	36.10
1993	16.80	49.49	33.71	2004	14.05	41.55	44.40
1994	16.30	50.35	33.35	2005	14.17	41.33	44.50
1995	12.26	51.44	36.30	2006	14.49	40.61	44.90
1996	15.50	51.21	33.29	2007	14.16	39.74	46.10
1997	16.20	51.03	32.77	2008	16.10	47.99	35.89
1998	14.20	50.83	34.90	2009	13.28	46.62	40.10
1999	15.93	49.97	34.10	2010	12.89	45.01	42.10
2000	16.79	48.71	34.50	2011	12.96	44.94	42.10
2001	16.27	48.23	35.50	2012	14.60	43.80	41.60
2002	17.15	47.75	35.10	2013	14.50	45.60	39.90

从表 9-3 我们可以看出，1992~2013 年以来我国生产税净额比重的变迁与劳动者报酬比重演变具有明显的相关关系，生产税净额比重提高，劳动者报酬比重下降，生产税净额比重下降，劳动者报酬比重提高。1992~2013 年，我国的生产税净额对劳动者报酬比重的影响可以划分为三个阶段，第一阶段是 1992~1999 年，我国的生产税净额比重比较高，达到 15.25%，略高于 1992~2013 年的平均数 15.10%，劳动者报酬比重在 50% 左右。第二阶段是 2000~2008 年，是我国生产税净额比重最高的阶段，年均达到 15.70%，随着生产税净额比重的提高，劳动者报酬比重逐步下降，由 2000 年的 48.71% 下降到 2007 年的 39.74%。第三阶段是 2009~2013 年，我国生产税净额比重逐步下降，劳动者报酬比重不断提高，生产税净额由 2008 年的 16.10% 下降到 2009 年的 13.28%、2010 年的 12.89%、2011 年的 12.96%，2012 年上升到 14.60%、2013 年上升到 14.50%，5 年间年均生产税净额比重 13.60%，是 1992~2013 年来最低的时期，随着生产税净额比重的下降，劳动者报酬比重逐步提高。从我国生产税净额比重的变迁与劳动者报酬比重演变可以看出，我国生产税净额比重对劳动者报

酬比重具有比较大的影响。然而，我国的生产税净额比重比较高并且不合理，我们在调查中发现大多数企业和劳动者认为我国的生产税净额比重不完全合理，如表9-4所示。

表9-4　当前我国税收是否合理调查

非常合理	合理	比较合理	一般	不合理
8.1%	20.6%	27.2%	37.8%	6.3%

从表9-4可以看出，我国当前的税收不合理，生产税净额比重比较高，劳动者报酬比重比较低，不利于提高劳动者报酬比重，要提高劳动者报酬比重，必须适度降低税率。这一结论得到了很多企业，特别是房地产行业企业、金融企业、采矿业、制造业、计算机行业等行业的企业管理者和劳动者普遍认同。调查中认为当前我国税收非常合理的只占8.1%，认为合理的占20.6%，认为比较合理的占27.2%，以上合计占55.9%，认为一般的占37.8%，还有6.3%的认为不合理。我们在调查中还发现，一些产品的税率比较高，而一些地区的产业结构不合理，生产税净额比较高，劳动者报酬比重比较低。如云南省主要由于卷烟制造业的发展，生产税净额全国最高，因此必须适度降低税收比重，才能提高劳动者报酬比重。

（二）生产税净额比重影响和制约区域间劳动者报酬比重

同时，我国区域间生产税净额比重进一步影响区域间劳动者报酬比重。区域间劳动者报酬比重变迁的基本规律是资本有机构成提高，劳动者报酬比重下降，资本有机构成主要取决于经济发展水平和产业结构。一般来说，经济发展水平高，产业结构优化，资本有机构成提高，劳动者报酬比重低，资本报酬比重提高。我国劳动者报酬比重总体上呈现了这一规律，但在同一发展水平上，劳动者报酬比重不同，甚至有比较大的差异。如在经济发展水平最高的上海、北京和天津，天津出现"抑劳"，劳动者报酬比重比较低。在经济发达的沿海地区，福建相对"益劳"、山东相对"抑劳"，在我国中部、西部一些比较发达的地区，广西比较"益劳"，安徽比较"抑劳"，在经济发展水平低的地区主要包括云南、贵州和甘肃，云南和甘肃的"抑劳"倾向非常严重①。其原因主要是这些地区政府的生产税净额比重高，如表9-5所示。

表9-5　1994~2012年我国地区劳动者报酬比重演变　　　单位：%

地区	年均生产税净额比重	年均劳动者报酬比重	地区	年均生产税净额比重	年均劳动者报酬比重	地区	年均生产税净额比重	年均劳动者报酬比重
北京	14.57	47.1	安徽	13.61	51.6	四川	12.76	53.3
天津	15.57	44.0	福建	11.26	49.7	贵州	16.72	57.7
河北	10.87	51.7	江西	13.12	54.6	云南	22.49	46.6
山西	14.03	46.7	山东	14.58	43.9	西藏	5.17	67.3
内蒙古	11.11	54.5	河南	13.00	56.4	陕西	15.61	51.9
辽宁	14.86	46.7	湖北	14.33	53.5	甘肃	16.01	51.0
吉林	12.06	54.2	湖南	13.59	57.7	青海	12.02	56.3
黑龙江	15.64	43.1	广东	15.48	48.3	宁夏	12.51	55.8
上海	21.23	36.4	广西	11.91	61.4	新疆	13.93	52.9
江苏	13.34	46.5	海南	13.01	55.7	平均	13.93	51.4
浙江	14.09	44.7	重庆	13.42	52.9			

资料来源：根据《中国统计年鉴》（1994~2012）计算而来。

从表9-5可以看出，我国生产税净额比重最高的前10位依次是云南的22.49%、上海的21.23%、贵州的16.72%、甘肃的16.01%、黑龙江的15.64%、陕西的15.61%、天津的15.57%、广东的15.48%、辽宁的14.86%和山东的14.58%。这些省市除广东省外的劳动者报酬比重与其经济发展水平和产业结构的优化极不相称，特别是云南，由于生产税净额比重全国最高，经济发展水平在全国是倒数第三，年均劳动者报酬比重46.6%，仅高于上海、黑龙江、天津、浙江、江苏和山东，排在全国倒数第七位，与云南的经济发展水平极不匹配。同样出现"抑劳"的上海、天津、山东、安徽、甘肃、贵州等省市，都是生产税净额比较高的地区。反

---

① 梁东黎：《我国初次分配的部门分析与区域分析》，《南京工业大学学报》2014年第4期，第96-97页。

之，凡是比较"益劳"的地区，都是生产税净额比较低的地区，如北京、福建、广西等省市。

（三）生产税净额比重影响和制约区域经济发展

由于区域间生产税净额比重不同，劳动者报酬比重不同，同时企业的营业盈余不同，一般来说，生产税净额比较高的地区，如果劳动者报酬比重相对比较高，企业的营业盈余比较低，投资效益比较低，不利于促进该地区经济发展，严重制约该地区的经济发展。从调查中也可以看出，云南、贵州和甘肃的经济发展水平比较低，其重要原因是生产税净额比较高。云南、贵州、甘肃等西部地区的招商引资力度比较小，特别是外资经济比重比较小，其中一个重要原因是生产税净额比较高，尽管劳动者报酬比重比较低，但企业盈余比重比较低。

二、降低生产税净额比重的对策

根据我国生产税净额对劳动者报酬比重的影响，借鉴其他国家提高劳动者报酬比重的经验，提高劳动者报酬比重的税收政策主要包括：

（一）适度降低我国的生产税净额比重

要提高劳动者报酬比重，必须进一步降低劳动所得税税率和降低生产税的税率，增加资本所得税的税率，因为，在投资率不变的前提下，降低劳动所得税税率，能增加劳动者报酬，提高劳动者报酬比重；降低政府的生产税比重，能提高劳动者报酬比重，同时能增加营业收益，提高企业的经济效益，促进经济发展，增加就业，进一步提高劳动者报酬比重。同时，提高资本所得税的税率，能提高资本效率，改善收入分配结构。

深化财税体制改革，提高劳动者报酬比重，重点是进行生产税改革，因为"在初次分配中，税收制度的影响主要体现在生产税方面"[①]。我国的

---

① 陈文东：《完善税制与收入分配》，《税务研究》2012年第7期，第56页。

生产税税率比较高,年均达到14%左右,而美国是6.9%、日本7.3%、英国12.3%、德国1.3%、法国3.6%、韩国1.5%、墨西哥5.6%、印度6.4%、菲律宾11.3%、南非11%①。我国政府生产税净额明显高于发达国家,也高于其他发展中国家,由于政府的生产税净额高于其他国家,劳动者报酬比重比较低,因此,应根据我国的实际情况,适当降低政府的生产税净额比重。

(二) 深化我国税收体制改革

全面落实结构性减税政策,适当降低政府的生产税净额比重,可以减轻企业的税收负担,促进企业发展生产,能进一步提高初次收入分配中劳动者报酬的比重,因此,必须充分发挥税收优惠政策在初次分配中的调节作用。目前我国劳动力市场供给大于需求,供给弹性非常小,买方市场对劳动者报酬起决定作用,不利于提高劳动者报酬比重,提高劳动者报酬比重的最有效手段是通过税收优惠降低生产税净额比重。

第六节 充分发挥政府和市场在初次分配中的作用

在初次分配中,要提高劳动者报酬比重,必须充分发挥市场在初次分配中的决定作用和充分发挥政府在初次分配中的导向作用,明确界定政府和市场在初次分配中的职能,更好地发挥政府和市场在初次分配中的作用,提高我国劳动者在初次分配中的比重,把劳动者报酬比重控制在合理的范围内。

一、充分发挥市场在提高劳动者报酬比重中的决定作用

在市场经济条件下,市场对资源配置起决定性作用,在国民收入初次

---

① 余芳东:《世界主要国家居民收入分配状况》,《调研世界》2012年第10期,第3页。

分配中起决定性作用，决定着劳动者报酬的比重；生产要素的价格是由市场机制决定的，生产要素所得比重是由市场机制决定的，也是由市场自发调节的。生产要素在市场交换中的价值通过货币所体现，生产要素价值的货币表现为市场价格，市场上各生产要素的所有者通过市场交换获得一定量的报酬，实现生产要素价值的认可。生产要素市场价格的高低，直接决定生产要素所有者报酬及其比重的高低。因此，生产要素的市场价格成为市场经济条件下生产要素所有者在初次分配中获得收入及其比重的重要手段和实现形式。市场在初次分配中的决定作用，就是按生产要素的价值即生产要素所有者向市场提供生产要素的市场价格及其贡献度获得的收入及其比重。

在市场经济体制中，劳动力商品作为生产的重要资源，同样需要通过市场来优化劳动力资源配置。劳动力的市场优化配置，就是劳动者将自己劳动力的使用权通过劳动力市场出让给厂商。劳动力商品的市场价格就是劳动者的报酬，在社会主义市场经济条件下，劳动力商品的所有者通过按劳分配和按劳动力贡献分配获得劳动者报酬。所有参与社会生产的劳动者，包括体力劳动者、脑力劳动者和管理劳动者。劳动者的报酬及其比重是由劳动力的市场价格和劳动者对社会生产的贡献决定的，无论是劳动力价值还是劳动者在社会生产中的贡献都是由市场决定的，区别只在于劳动力价值是在劳动力进入企业之前决定的，劳动者在生产过程中的贡献是在生产过程结束后由市场决定的，生产和再生产所必需的生活资料的价值。

根据马克思劳动价值理论，价值规律是市场经济的基本规律，商品的价值量由生产商品的社会必要劳动时间决定，商品交换是以价值量为基础进行等价交换。对于提高劳动者报酬比重而言，价值规律能够调节劳动者在不同区域和不同行业、不同部门、不同企业之间按比例配置，只有刺激不同区域、行业、部门、企业之间不断创新，提高劳动者报酬及其比重，才能吸引具有较高素质的劳动力，特别是具有丰富人力资本的劳动力，从而提高区域、行业、好企业的核心竞争力，形成产品特色，提高市场竞争力和市场占有率，不断改善经营管理，进一步促进区域、行业和企业的发展。因此，价值规律必然会自发地促进区域、行业和企业提高劳动者报酬比重。

竞争规律是通过竞争机制促进区域间、行业间和企业之间提高劳动者报酬比重，从而提高自己的核心竞争力的。因为在市场经济条件下，竞争规律是指市场经济中各个不同利益主体，为了获得最佳的经济效益，互相争取有利的市场和价格的客观必然性，它和价值规律一样，都是商品经济固有的规律。只有通过竞争，才能促进区域经济的发展、促进行业的发展、提高企业的市场占有率和市场竞争力。而区域之间、行业之间和企业之间的核心竞争力主要是人才之间的竞争。一般来说，竞争力强的地区、行业和企业都具有丰富的人力资本，因此，区域间、行业间和企业间为了自身的发展，都高度重视人才的竞争。为了更好地提高人力资本增量，必然提高劳动者报酬比重。因此，竞争规律必然促进劳动者报酬比重的提高。我国发展社会主义市场经济后，在经济发展水平相同的地区，劳动者报酬比重比较高的地区，对高素质劳动力的吸引力越强，经济发展速度越快。

供求规律则是通过劳动力供求关系的变化引起劳动力价格变化，进一步引起劳动者报酬比重的变化，在供给与需求基本一致，形成均衡价格时，达到劳动者报酬合理比重阶段。一般来说，当劳动者供大于求时，劳动者报酬比重低于合理比重；当劳动者供小于求时，劳动者报酬比重高于合理比重；当劳动者供等于求，实现供求平衡时，劳动者报酬比重比较合理。但劳动力市场总是在均衡和非均衡状态中发展，当劳动力供小于求时，厂商会减少产量，减少就业，促进劳动力的均衡，当劳动力供大于求时，工会组织会促进厂商扩大生产、促进政府扩大出口，增加就业，进一步提高劳动者报酬比重，从而使劳动者报酬比重达到合理区域。

在社会主义市场经济条件下，市场通过价值规律、竞争规律和供求规律这三大规律的驱动作用，优化劳动力资源配置，从而使劳动者报酬比重达到合理区域。

二、充分发挥政府在提高劳动者报酬比重中的主导作用

发挥市场在提高劳动者报酬比重中的决定作用是建立在健全的劳动力市场基础上的，然而与产品市场比较，"要素市场机制的完善比产品市场机制的完善艰难得多"，在"资本、土地、劳动这三大要素中，劳动市场

机制的建立比其他两要素市场机制的建立更艰难"①。因此,必须健全和完善有效的劳动力市场,必须充分发挥政府在提高劳动者报酬比重中的主导作用。这是因为:

一是不完全的市场行为导致区域、行业和企业之间劳动者报酬比重不同。在市场经济的发展过程中,由于劳动力市场分配制度不健全、不完善,在许多领域还存在不完全市场竞争,如在行业之间由于存在行政垄断造成行业间竞争环境不公平,导致行业间劳动者报酬比重不同;由于税收结构不合理,导致区域间生产税净额比重差距比较大,在同一经济发展水平甚至不同经济发展水平的地区,劳动者报酬比重差距比较大,如云南省是我国经济发展水平最低的地区之一,劳动者报酬比重不仅低于同等发展水平的地区,甚至低于一些沿海地区。在二元经济向一元经济变迁的过程中,由于劳动力市场体系不健全,大量农村剩余劳动力向城市转移,劳动力供大于求,劳动力劳动受阻,没有建立和健全劳动者报酬谈判机制,在劳动者报酬谈判过程中,工会组织处于被动地位,在初次分配中"资本侵蚀工资"问题极其严重,导致劳动者报酬比重比较低并且持续下降。

二是市场体系不健全和分配机制不完善导致劳动者报酬比重不合理。随着我国社会主义市场经济体制的建立和完善,与此相适应构建了"按劳分配与按要素分配相结合"的市场分配制度,但劳动力市场并不健全;劳动力市场价格机制不完善,劳动力的市场价格不能准确反映劳动力供求关系,市场机制对劳动者报酬比重的决定作用没有得到充分发挥。同时,劳动者在不同地区、不同行业、不同所有制企业参与收益分配缺乏规范标准,导致劳动者报酬比重的差距比较大,特别是在外延扩大再生产为主的再生产方式下,资本对经济增长贡献比较大的前提下,必然形成劳动者报酬比重低的局面。因此,只有充分发挥政府的主导作用,健全和完善劳动力市场,才能提高劳动者报酬比重,逐步达到合理比重的区域。

三是初次分配相关法制法规不健全形成不利于提高劳动者报酬比重的制度设计。在社会主义市场经济条件下,政府选择粗放型的经济增长方

---

① 汪丁丁:《海的寓言》,中信出版社2003年版,第146页。

式，选择加快经济增长的发展路径，走依靠投资促进经济增长的发展路径，并且形成相关的制度安排，进一步弱化劳动者及其相关组织在工资谈判中的地位，工会组织在提高劳动者报酬比重中的作用没有得到充分发挥，从而形成政府和企业共同侵蚀工资的制度安排，这种制度安排必然导致劳动者报酬比重比较低，并且持续下降，因此，要提高劳动者报酬比重，必须进行制度创新，形成有利于提高劳动者报酬比重的制度安排。

根据政府在提高劳动者报酬比重中存在的问题，在提高劳动者报酬比重过程中，应进一步充分发挥政府的作用，主要包括：

1. 进一步健全和完善劳动力市场

改革开放以来，我国劳动力市场已基本形成，其衡量标准：一是已经形成了劳动力市场供求主体，劳动力的供给主体地位、企业的需求主体地位已经确立，已经确立企业自主用工人、劳动力自主择业的双向选择机制；二是形成了市场决定劳动者报酬的运行机制；三是确立了劳动力供求关系决定劳动者报酬比重的机制。但市场决定劳动者报酬比重主要取决于两个因素：一是必须建立一个更具流动性的劳动力市场体系；二是必须建立在劳动力信息完全充分的基础上、不存在垄断或是垄断双方的力量基本平衡，劳动者才可能得到合理报酬比重。但是我国现阶段虽然建立了劳动力就业市场，而劳动力的流动仍然受到区域限制、行业限制和所有制选择的阻碍，特别是受到户籍制度的限制，劳动者不可能在全社会自由流动，在劳动力不能自由流动的前提下，厂商会利用其劳动者报酬比重的优势地位降低劳动者报酬比重。因此，要提高劳动者报酬比重，必须建立自由流动的劳动力市场。实现劳动力的自由流动，必须建立和健全反映劳动力供求关系的信息市场，构建反垄断机制，形成劳动力的合理竞争机制。

2. 创新提高劳动者报酬合理比重的制度安排

要提高劳动者报酬比重，必须创新提高劳动者报酬比重的相关制度，如政府必须尽量减少不必要的管理制度，通过制定反垄断法进一步减少垄断，推进垄断行业向民间资本开放，大力发展民营经济；通过扩大转移支付，加快发展落后地区的基础设施，增强落后地区的人力资本存量和增量；保证劳动法等法律法规的有效执行，保证节假日加班工资的落实等；

制定和完善最低收入法,并监督实施最低收入,建立健全提高劳动者报酬比重,使劳动者报酬比重达到合理区域的相关法律法规。

3. **支持建立有效的劳资利益平衡机制**

在我国现阶段,在初次分配中劳动者及其代表组织工会始终处于弱势地位,弱势地位的改变,需要得到政府的大力支持。当前最重要的是全面建立和落实工资集体协商制度,在市场经济条件下,工资集体协商制度能更好地实现劳动者合理报酬比重,是符合市场经济规律的一种报酬决定机制。这种谈判机制发挥作用的前提是谈判双方的力量平衡,如果双方的力量平衡,就会实现双方利益的最大化,双方利益都比较合理,资方得到合理的营业收益比重,劳动者获得合理的报酬比重。我国虽然已建立了工资集体协商制度,在政府的组织下,劳资双方通过工资集体民主协商来决定劳动者的报酬及其比重,劳动者报酬比重由资方代表和劳动者代表通过集体协商决定,但由于劳动者方面始终处于弱势地位,劳动者报酬比重始终没有提高。因此,要改变劳动者的谈判地位,就必须在政府的支持下,进一步改革和完善工会制度,从制度上创新劳资协商谈判机制,使工会组织真正成为职工利益的代表者,在谈判中真正代表劳动者的利益,在劳动者报酬比重没有达到合理区域时,能够采取有效措施促进企业提高劳动者报酬比重,直到实现合理报酬比重。

4. **建立健全利益共享机制**

劳动力资本属于劳动者所有,将其投入生产经营后,劳动者应该得到两部分收入,即工资和利润分成。现实中,我国企业分配过程往往把劳动者排除在利润分成之外。建立健全利益共享制度,要求政府修订和完善相关立法,明确劳动者的"劳动股权",落实劳动者作为劳动要素所有者分享企业剩余的权利。

总之,要充分发挥法律手段、行政手段、经济政策的调控作用,充分发挥企业职工的维权意识,才能更好地提高劳动者报酬比重。我们在问卷调查中也进一步证实了提高劳动者报酬比重要充分发挥法律手段、行政手段、经济政策的调控作用,充分发挥企业职工的维权意识等,才能提高劳动者报酬比重,如表9-6所示。

表 9-6　提高区域劳动者报酬比重的主要调控手段　　　　　单位：%

法律手段	行政手段	经济政策	企业职工	工会谈判
18.1	18.8	41.6	15.9	5.6

从表 9-6 可以看出，提高劳动者报酬比重必须依靠法律手段、行政手段、经济政策的调控作用，充分发挥企业职工的维权意识和工会谈判的作用。调查中认为应充分依靠法律手段的占 18.1%，认为主要依靠行政手段的占 18.8%，认为主要依靠经济政策的占 41.6%，说明我国经济政策对劳动者报酬比重影响最大，认为依靠企业职工的维权意识的占 15.9%，说明企业职工的维权意识对劳动者报酬比重影响比较大，能比较好地提高劳动者报酬比重，认为依靠工会组织谈判的只占 5.6%，进一步说明我国工会组织对提高劳动者报酬比重的影响比较小，说明要提高劳动者报酬比重，必须充分发挥政府和市场的作用。

第七节　创新提高劳动者报酬比重的制度安排

在影响劳动者报酬比重的因素中，制度是影响我国劳动者报酬比重最重要的原因，劳动者报酬低的制度安排，必然是向政府和资本倾斜的制度安排。改革开放后，我国的初次分配的制度安排仍然是一种政府主导型和企业决定型的制度安排，这种制度安排必然导致劳动者报酬比重低并且不合理。要提高劳动者报酬比重，必须创新初次分配制度，形成有利于提高劳动者报酬比重的制度安排。

一、我国初次分配的制度变迁

（一）改革开放前劳动者报酬低比重制度的形成

1. 政府主导型的制度安排决定了劳动者报酬比重必然比较低

改革开放以前，为了加速我国的经济发展，我国选择了"赶超发展战略"和优先发展重工业战略，形成一条重积累、轻消费，牺牲农业发展工业的发展路径。为了加速工业的发展，实现赶超发展战略，形成了政府为主体的分配制度安排。从国家与企业的分配比重看，形成了国家垄断利润的制度安排，构建在很长时期内实行统收统支，国有企业上缴绝大部分利润作为财政收入的制度安排，企业收入比重极低。在劳动者报酬方面，同样形成了政府主导的分配制度安排，形成了高度集中的工资管理制度，由国家统一决定和调整劳动者报酬比重。从而形成低工资低报酬的分配格局，形成政府收入比重高、企业和劳动者报酬比重低的初次分配格局，职工工资总额的增长速度远远低于国民经济的增长速度，劳动者报酬比重极低。

2. 生产要素的供求关系决定了劳动者报酬比重低初次分配格局的形成

赶超发展战略和优先发展战略脱离了我国产业发展劳动力资源丰富的生产要素禀赋优势，大力发展资本稀缺的资本密集型产业，由于资本的稀缺性决定了我国必须形成一种人为压低劳动者价格和劳动者报酬比重的制度安排，保证实现赶超发展战略和优先发展战略，而政府主导型分配制度安排能更好地降低劳动者报酬比重，提高资本积累率，促进"赶超战略"和"优先发展战略"的实现。

(二) 我国劳动者报酬比重下降的制度解释

改革开放以后，我国劳动者报酬比重比较低并持续下降，劳动者报酬不合理，主要是因为我国由计划经济向市场经济变迁、由二元经济向一元经济变迁和由政府主导型向政府、企业主导型的制度安排决定的。

1. 计划经济体制向市场经济体制变迁的制度设计决定劳动者报酬比重的下降

在计划经济向市场经济的变迁中，市场在资源配置中的决定作用必然要求政府选择一条不平衡初次分配路径，在效率与公平的选择上，必然选择效率优先、兼顾公平的非均衡分配路径，一般来说，在变迁初期，市场投资主体根据生产要素禀赋优势选择资源型的粗放型经济增长方式，在资本短缺的前提下，资本对经济增长中的贡献逐步提高，因此在初次分配中资本的报酬比重逐步提高，而劳动对经济增长的贡献率逐渐下降，在初次分配中劳动者报酬比重必然逐渐下降。从政府的发展路径看，政府为了加快经济增长，必然创新分配制度安排，1978~1982年，创新了企业留利制度，国家明确规定企业可以使用企业利润的40%，企业有了一定的分配自主权，劳动者报酬比重有一定的提高。1983~2007年，国家进一步创新利改税制度、承包责任制和税利分流制，在政府的生产税净额比重提高的前提下，企业在初次分配中的权利进一步提高，固定资产折旧和营业盈益进一步提高，而劳动者报酬比重则逐步下降，下降到2007年的最低点。2007年以后，国家进一步创新初次分配制度，创新了劳企谈判制度，初步形成了政府、企业、劳动者三元主体共同影响和决定初次分配的制度安排，劳动者报酬比重逐步上升。我国劳动者报酬变迁的制度安排不断影响劳动者报酬比重的变迁并呈现出"U"型变迁规律。

2. 二元经济转型发展的制度安排必然导致劳动者报酬比重低且持续下降

二元经济的转型发展必然导致资本稀缺与劳动力剩余共存。从二元经济向一元经济转型的过程中，经济增长必然离不开资本与劳动要素资源。我国在二元经济转型初期，由于工业化发展需要的资本短缺，特别是由于民间存款极少，而迅速发展工业化的资本需求量极大，为了实现工业化，促进经济迅速增长，必然形成有利于增加政府收入和促进企业迅速发展的初次分配制度安排，在分配中政府处于主导地位，企业发挥决定作用，劳动者报酬比重必然降低。

同时，为了增加我国工业化发展的劳动力需求，政府逐步创新了我国劳动力转移制度安排，逐步允许农村劳动力向城市和城镇转移。改革开放初期，我国农业人口众多，人均土地比较少，劳动力供给几乎是无限的，农村剩余劳动力迅速向城镇和工业转移，他们在农村土地承包责任制不变的前提下，在土地收入补充的前提下，劳动者报酬比重必然很低，随着劳动者供求关系的变化，劳动者报酬比重才逐渐提高。

3. 劳动者在初次分配中的弱势地位决定了劳动者报酬比重低

在初次分配中，分配主体主要包括政府、企业和劳动者，初次分配比重的多少是由分配主体在分配中的地位决定的。在改革开放前，政府在初次分配中处于绝对优势地位，直接制定完全有利于政府的制度安排，企业和劳动者均处于弱势地位，政府收入比重最高，企业和劳动者报酬比重都低。随着计划经济向市场经济的变迁，逐步形成了有利于政府和企业的制度安排，政府和企业是初次分配的主体，决定着初次分配的比重，劳动者仍然处于弱势地位，并且随着二元经济转型，劳动力供求关系的变化，劳动者的地位不断下降，劳动者报酬比重不断下降。2008年后，由于我国劳动者报酬比重很低，已严重影响社会主义和谐社会的构建，制约中国梦的实现，影响全面建成小康社会的实现。因此，政府制定有利于提高劳动者报酬比重的"工资谈判制度"，在一定程度上提高了劳动者报酬比重。

二、提高我国劳动比重的制度创新

（一）我国已具备了提高劳动者报酬比重制度创新的条件

我国初次分配制度的变迁所形成的政府主导型、企业偏向型和劳动者弱势型的制度安排是导致劳动者报酬比重低的根本原因。从制度变迁的路径选择看，这种变迁是与我国经济发展背景、生产要素禀赋紧密相关的，制度创新后必然具有一定的稳定性。如政府主领型分配制度安排是由我国"大政府、小政府"的制度安排决定的，厂商偏向制度安排是由在二元经济转型过程中我国资本的稀缺性和劳动力供给的无限性决定的，只要经济条件没有发生大的变化，这些制度安排必然具有稳定性。只有这些条件发生根本性的变化，才可能发生制度创新。从我国新时期的市场化改革、生产要素禀赋、劳企关系看，我国已经具备了创新提高劳动者报酬比重的条件。

1. 我国初步形成了"强政府、大社会"

改革开放以前，我国形成了政府治理的一元治理模式，从而形成了"大政府、强政府"的治理主体，为保证一元治理的要求，政府必须具有强大的财政能力和政策能力，与计划经济相适应，企业创造的利润基本上全部上缴国家，政府是初次分配的唯一主体，政府决定着初次分配中的比重，政府在初次分配中的比重高，企业和劳动者报酬比重低。改革开放后，随着我国市场经济体制的变迁，在社会治理中初步形成了政府、企业、社会等多重社会治理主体，从而形成了"强政府、强社会""大社会、小政府"的社会治理模式。在这种治理模式中，虽然需要政府具有比较强大的财政能力和政策能力，但政府所需要的财政能力有所下降，特别是"三公经费"使用的进一步规范，必然进一步减少政府的财政支出。因此减少政府生产税净额比重的制度创新条件已经具备，创新初次分配制度切实可行。

2. 生产要素禀赋优势的新变化是提高劳动者报酬比重制度创新的前提

经过改革开放的发展，我国的综合国力显著增强，资本供给增加，资本相对丰富。另外，我国二元经济的变迁，我国劳动力的转移，劳动力无限供给的状况得到显著改善，劳动力供求关系发生了显著变化，在我国沿海地区已出现劳动力供给不足。劳动力供求关系的变化迫切需要创新初次分配制度，切实提高劳动者报酬比重，如创新工资谈判制度，真正形成政府、企业和劳动者共同决定初次分配比重的制度创新，实现政府、企业和劳动者共赢的初次分配格局。

3. 构建新型劳企关系必须创新初次分配制度，提高劳动者报酬比重

在劳动力供求基本平衡的前提下，如果劳动者报酬比重比较低，必然发生不和谐的劳资关系，如劳动者罢工等不和谐事件的发生，因此必须进行初次分配制度创新，如创新工资谈判机制、创新工会组织制度、最低工资制度、实行共享制度等，全面提高劳动者报酬比重，构建社会主义和谐社会。

总之，创新初次分配制度，全面提高劳动者报酬比重，是我国经济发展、构建社会主义和谐社会的内在要求，是符合我国经济发展实际的，是切实可行的。

（二）提高劳动者报酬比重的制度创新

我国劳动者报酬比重低且不合理，必须提高劳动者报酬比重，提高劳

动者报酬比重的重要途径是进行制度创新,根据影响劳动者报酬比重的制度因素,其制度创新主要包括:

1. 创新劳动者报酬比重的谈判机制

当前,我国已建立了工资谈判机制,但工资谈判效果不好,其原因主要是谈判过程中劳动者处于弱势地位,劳动者没有罢工权,只有拒绝接受低工资、超强度工作和恶劣的工作环境的权利,没有能力提高劳动者报酬比重。因此,必须创新提高劳动者谈判能力制度,在一定范围内允许工人有罢工权,全面提高劳动者的谈判能力,建立健全劳动力市场,创新政府、企业和劳动者共同决定初次分配比重制度,保证劳动者报酬提高到合理比重范围。

2. 进一步创新最低工资制度

我国的最低工资比较低并且在现实中没有完全落实,调查中发现60.1%的人认为企业特别是民营企业没有认真贯彻最低工资法。其原因是最低工资制度不完善,各地在制定最低工资制度时缺乏统一的标准,一般来说参照标准过低,劳动者报酬比重必然低。因此,国家应统一制定最低工资指导线,保证最低工资不能低于地方平均工资的40%,制定最低工资时必须确保劳动力生产和再生产的顺利实现。尽快制定和完善最低工资法,并保证劳动者获得最低工资。

3. 创新共享发展成果制度

在中共十八届五中全会上,习近平总书记提出了共享发展理念。共享发展理念从收入分配的视角看,就是要缩小收入分配差距,提高劳动者报酬比重,让广大人民共享经济发展的成果。然而,在我国初次分配制度中还存在着国民收入初次分配向政府和企业倾斜,劳动者报酬比重低且不合理的制度安排;在国民收入初次分配上,企业营业盈余比重过高且不断上升,劳动者报酬比重低且不合理,存在着严重的利润侵蚀工资现象;存在着企业管理者和劳动者的报酬差距过大的制度安排,劳动者不能真正享受改革开放和经济发展的成果。实现劳动者共享发展成果的目标和理念,必须创新初次分配制度安排,在初次分配中必须科学界定政府的生产税净额比重,根据政府的"事权和财权"进行制度创新,适当降低生产税税率;

建立健全生产要素市场，特别是劳动力市场，创新工资谈判制度，实现共享发展成果；创新分配制度，深化分配制度改革、探索实践共享分配制度，让劳动者共同享受经济发展成果，形成政府、企业和劳动者共同享受经济发展成果的初次分配制度。

总之，影响劳动者报酬比重的因素是多方面的，有的因素同劳动者报酬比重正方向变化，有的因素是反方向变化，只有坚持全面的观点，全面深化改革，才能真正提高劳动者报酬比重，劳动者报酬比重才能达到合理的区域。我们在问卷调查（地区）也进一步证实了提高劳动者报酬比重要充分发挥工会的作用、适度降低生产税净额比重、贯彻最低收入法、提高城镇化率、提高劳动者素质等，如表9-7所示。

表 9-7 提高区域劳动者报酬比重的主要途径　　　　单位：%

充分发挥工会组织的作用	适度降低生产税净额比重	贯彻最低收入法	提高城镇化率	提高劳动者素质
14.0	15.6	30.5	33.3	6.6

从表9-7可以看出，提高劳动者报酬比重的途径主要包括充分发挥工会的作用、适度降低生产税净额比重、贯彻最低收入法、提高城镇化率、提高劳动者素质等，在不同的地区、不同的行业、不同的企业，其作用发挥不一，应根据地区、行业、企业的实际选择不同的途径。调查中认为应充分发挥工会作用的占14.0%，进一步说明企业工会组织没有充分发挥提高劳动者报酬比重的作用，认为应适度降低生产税净额比重的占15.6%，说明生产税净额对劳动者报酬比重影响比较大，认为应认真贯彻最低收入法的占30.5%，说明最低收入法对劳动者报酬比重影响比较大，特别是对西部地区和低收入群体影响大，而我国还有一部分企业没有严格执行最低收入法，认为应提高城镇化率的占33.3%，说明城镇化率对劳动者报酬比重影响最大，发展新型城镇化是提高劳动者报酬比重的重要途径。

附 录

劳动者报酬合理比重的理论构建与实现途径研究

调查问卷（企业）

本调查问卷主要是进行国家哲学社会科学科研项目"我国劳动者报酬合理比重的理论构建和实现途径研究"的需要，目的是完成国家哲学社会科学项目的研究任务，构建我国劳动者报酬合理比重理论和提高途径，指导国民收入的初次分配改革。我们一定根据国家保密法进行保密，不会影响各地区、企业和劳动者的保密工作，希望大家给予支持。

我国劳动者报酬合理比重的理论构建和实现途径研究课题组

一、基本情况

1. 该企业属于（　　　）。

A. 农业　B. 林业　C. 畜牧业　D. 渔业　E. 工业　F. 采矿业　G. 制造业　H. 电力　I. 建筑业　J. 交通运输业　K. 邮政业　L. 计算机　M. 批发、零售业　N. 住宿和餐饮业

2. 该企业属于（　　　）。

A. 垄断行业　B. 非垄断行业

3. 该企业在（　　）地区。

A. 东部发达地区　B. 中部地区　C. 西部地区　D. 边疆民族地区

4. 企业的所有制性质是（　　）。

A. 国有经济　B. 集体所有制经济　C. 外资经济　D. 私营经济　E. 混合所有制经济

二、调查内容

1. 提高劳动者报酬比重对企业发展的积极影响（　　）。

1. 非常大　B. 大　C. 比较大　D. 一般　E. 没有影响

2. 提高劳动者报酬比重对企业的转型升级的积极影响（　　）。

A. 非常大　B. 大　C. 比较大　D. 一般　E. 没有影响

3. 提高劳动者报酬比重对构建社会主义和谐企业的影响（　　）。

A. 非常大　B. 大　C. 比较大　D. 一般　E. 没有影响

4. 提高劳动者报酬比重必然增加企业的成本，对企业的竞争力的积极影响（　　）。

A. 非常大　B. 大　C. 比较大　D. 一般　E. 没有影响

5. 本企业劳动者报酬比重占企业初次分配的比重达到（　　）。

A. 60%以上　B. 50%以上　C. 40%以上　D. 30%以上　E. 20%左右

6. 你认为该企业劳动者报酬在初次收入分配中的比重（　　）。

A. 高　B. 比较高　C. 合理　D. 比较合理　E. 比较低

7. 劳动者供给大于需求对劳动者报酬在国民收入分配中的比重的影响（　　）。

A. 非常大　B. 比较大　C. 大　D. 有一定的影响　E. 没有影响

8. 工会组织对劳动者报酬在国民收入分配中的比重的影响（　　）。

A. 非常大　B. 比较大　C. 大　D. 有一定的影响　E. 没有影响

9. 资本有机构成对劳动者报酬比重的影响（　　）。

A. 非常大　B. 比较大　C. 大　D. 有一定的影响　E. 没有影响

10. 税收对劳动者报酬比重的影响（   ）。

A. 非常大   B. 比较大   C. 大   D. 有一定的影响   E. 没有影响

11. 劳动者受教育状况对劳动者报酬比重的影响（   ）。

A. 非常大   B. 比较大   C. 大   D. 有一定的影响   E. 没有影响

12. 你认为是否应提高劳动者报酬比重（   ）。

A. 应该   B. 不应该

13. 你认为提高劳动者报酬比重主要依靠（   ）。

A. 法律手段   B. 行政手段   C. 经济政策   D. 企业职工   E. 工会组织

14. 你认为企业工会组织在维护劳动者报酬比重方面的作用发挥（   ）。

A. 非常好   B. 好   C. 比较好   D. 一般   E. 不好

15. 你认为当前我国的税收（   ）。

A. 非常合理   B. 合理   C. 比较合理   D. 一般   E. 不合理

16. 企业是否认真贯彻最低工资法（   ）。

A. 认真贯彻   B. 没有

17. 企业的劳动者主要是（   ）。

A. 大学及以上学历   B. 大专以上   C. 中专或高中以上   D. 初中以上   E. 小学以上

劳动者报酬合理比重的理论构建与实现途径研究

调查问卷（地区）

本调查问卷主要是进行国家哲学社会科学科研项目"我国劳动者报酬合理比重的理论构建和实现途径研究"的需要，目的是完成国家哲学社会科学项目的研究任务，构建我国劳动者报酬合理比重理论和提高途径，指导国民收入的初次分配。我们一定根据国家保密法进行保密，不会影响各地区的保密工作，希望大家给予支持。

我国劳动者报酬合理比重的理论构建和实现途径研究课题组

一、基本情况

该地区是（　　　）。
A. 东部发达地区　B. 中部地区　C. 西部地区　D. 边疆民族地区

二、调查内容

1. 提高劳动者报酬比重对地区经济发展的影响（　　　）。

A. 非常大　B. 比较大　C. 大　D. 没有影响

2. 提高劳动者报酬比重对地区产业结构升级的影响（　　　）。

A. 非常大　B. 比较大　C. 大　D. 没有影响

3. 提高劳动者报酬比重对构建社会主义和谐社会的影响（　　　）。

A. 非常大　B. 比较大　C. 大　D. 没有影响

4. 提高劳动者报酬比重对该地区总需求的影响（　　　）。

A. 非常大　B. 比较大　C. 大　D. 没有影响

5. 制度变迁对劳动者报酬比重的影响（　　）。

　　A. 非常大　　B. 比较大　　C. 大　　D. 没有影响

6. 地区发展战略对劳动者报酬比重的影响（　　）。

　　A. 非常大　　B. 比较大　　C. 大　　D. 没有影响

7. 该地区的劳动者报酬比重是否合理（　　）。

　　A. 非常合理　　B. 比较合理　　C. 合理　　D. 不合理

8. 你认为是否需要提高劳动者报酬的比重（　　）。

　　A. 非常需要　　B. 比较需要　　C. 需要　　D. 不需要

9. 你认为提高劳动者报酬的比重主要依靠（　　）。

　　A. 法律手段　　B. 行政手段　　C. 经济政策　　D. 企业职工　　E. 工会组织

10. 你认为企业工会组织在维护劳动者报酬比重方面的作用发挥（　　）。

　　A. 非常好　　B. 好　　C. 比较好　　D. 一般　　E. 不好

11. 你认为当前我国的生产税净额（　　）。

　　A. 非常合理　　B. 合理　　C. 比较合理　　D. 一般　　E. 不合理

12. 该地区是否认真贯彻最低工资法（　　）。

　　A. 非常认真　　B. 认真　　C. 比较认真　　D. 不认真

13. 你认为判断劳动者报酬合理比重的原则（　　）。

　　A. 按劳分配原则　　B. 公平与效率并重　　C. 共享经济发展成果　　D. 促进地区经济增长　　E. 其他

14. 你认为判断劳动者报酬合理比重的标准是（　　）。

　　A. 按劳分配　　B. 劳动者报酬比重与劳动者贡献比重一致　　C. 促进地区经济增长　　D. 其他

15. 经济发展水平对劳动者报酬比重的影响（　　）。

　　A. 非常大　　B. 大　　C. 比较大　　D. 一般　　E. 不大

16. 资本有机构成对劳动者报酬比重的影响（　　）。

　　A. 非常大　　B. 大　　C. 比较大　　D. 一般　　E. 不大

17. 生产税净额对劳动者报酬比重的影响（　　）。

A. 非常大　B. 大　C. 比较大　D. 一般　E. 不大

18. 劳动力供求状况对劳动者报酬比重的影响（　　）。

A. 非常大　B. 大　C. 比较大　D. 一般　E. 不大

19. 提高劳动者报酬比重对区域经济发展的影响（　　）。

A. 非常大　B. 大　C. 比较大　D. 一般　E. 不大

20. 提高劳动者报酬比重对区域收入不平等的积极影响（　　）。

A. 非常大　B. 大　C. 比较大　D. 一般　E. 不大

21. 提高劳动者报酬比重对区域转型升级的积极影响（　　）。

A. 非常大　B. 大　C. 比较大　D. 一般　E. 不大

22. 提高该地区的劳动者报酬比重的途径主要是（　　）。

A. 充分发挥工会的作用　B. 适度降低生产税净额比重　C. 贯彻最低收入法　D. 提高城市化率　E. 提高劳动者素质

参考文献

[1] 大卫·桑普斯福特等：《劳动力市场经济学》，王询译，中国税务出版社2000年版。

[2] 邓小平：《邓小平文选》（第2卷），人民出版社1994年版。

[3] 费景汉、古斯塔夫·拉尼斯：《增长和发展：演进观点》，洪银兴等译，商务印书馆2004年版。

[4] 江泽民：《全面建设小康社会开创中国特色社会主义事业新局面》，《中共第十六次全国代表大会文件汇编》，人民出版社2002年版。

[5] 柯武刚、史漫飞：《制度经济学》，商务印书馆2000年版。

[6] 大卫·李嘉图：《政治经济学及赋税原理》，商务印书馆1976年版。

[7] 列宁：《列宁选集》（第3卷），人民出版社1995年版。

[8] 马克思、恩格斯：《马克思恩格斯选集》（第3卷），人民出版社1972年版。

[9] 马克思、恩格斯：《马克思恩格斯全集》（第16卷），人民出版社1974年版。

[10] 马克思、恩格斯：《马克思恩格斯全集》（第19卷），人民出版社1963年版。

[11] 马克思：《资本论》（第1卷），人民出版社2004年版。

[12] 诺斯：《经济史中的结构与变迁》，上海三联书店1991年版。

[13] M.L. 威茨曼：《分享经济——用分享制代替工资制》（中译本），中国经济出版社1986年版。

［14］汪丁丁：《海的寓言》，中信出版社2003年版。

［15］中共中央文献研究室：《改革开放三十年重要文献选编》（下），中央文献出版社2008年版。

［16］中华人民共和国统计局：《中国统计年鉴》（1979~2015），中国统计出版社1980~2016年版。

［17］张维迎：《博弈论与信息经济学》，上海三联书店1999年版。

［18］白重恩、钱震杰：《劳动收入份额决定因素：来自中国省际面板数据的证据》，《世界经济》2010年第12期。

［19］蔡昉：《劳动力供给与中国制造业的新竞争力来源》，《中国发展观察·中国发展高层论坛》2012年专号。

［20］蔡继明：《从按劳分配到生产要素按贡献分配——中国改革开放30年收入分配制度演变与分配理论创新》，《经济学评论》2008年第2期。

［21］蔡继明：《按生产要素贡献分配理论：争论和发展》，《山东大学学报》（哲学社会科学版）2009年第6期。

［22］蔡继明：《调整分配关系的七个建议》，《人民论坛》2011年3月（上）。

［23］寸木：《中国梦 人民梦》，《人民日报》2013年5月15日。

［24］常进雄、王丹枫：《就业增长、投资与初次分配中的劳动报酬占比》，《经济管理》2011年第3期。

［25］陈文东：《税收对收入分配的影响及改革展望》，《中央财经大学学报》2012年第9期。

［26］陈文东：《完善税制与收入分配》，《税务研究》2012年第7期。

［27］陈莹莹：《关于我国经济发展"新常态"的观点综述》，《经济研究参考》2014年第66期。

［28］都阳：《农村劳动力流动：转折时期的政策选择》，《经济社会体制比较》2010年第5期。

［29］樊纲：《低工资的中国正在消失吗？》，《财会研究》2010年第19期。

［30］范德成、张伟：《中国三次产业结构与初次分配结构变动关系的

实证研究》，《数理统计与管理》2013 年第 5 期。

[31] 范慧、费利群：《人力资本投资对中国劳动报酬比例的影响分析》，《中国人口·资源与环境》2012 年第 9 期。

[32] 郭斌：《初次分配中劳动者报酬占比演变及评价》，《现代经济探讨》2015 年第 4 期。

[33] 巩师恩：《经济新常态下的收入分配结构优化》，《社会科学研究》2016 年第 3 期。

[34] 谷书堂：《政治经济学的困境与出路——我们需要一部〈中国转型经济学〉》，《南开学报》（哲学社会科学版）2004 年第 2 期。

[35] 和军：《社会主义市场经济条件下能否实现按劳分配》，《求实》2012 年第 8 期。

[36] 侯云辉：《国强与民富辩证关系探究》，《商业时代》2013 年第 7 期。

[37] 贺青、张虎：《教育不平等对收入差距扩大的动态影响分析》，《统计与决策》2015 年第 7 期。

[38] 黄泰严：《个人收入分配制度的突破与重构》，《经济纵横》1998 年第 11 期。

[39] 黄茂兴、叶琪：《九十年来中国共产党"国强民富"思想演变与实践探微》，《马克思主义研究》2011 年第 7 期。

[40] 计毅彪、杜一敏、谭文：《分税制财政体制运行绩效分析——兼论分税制财政体制下云南财政改革与发展》，《财政研究》2008 年第 1 期。

[41] 蒋震、安体富、杨金亮：《从经济增长阶段性看收入分配和税收调控的关系》，《税务研究》2016 年第 4 期。

[42] 姜磊、王昭凤：《就业压力与劳动者报酬比例——基于我国省级面板数据的分析》，《当代财经》2008 年第 8 期。

[43] 赖德胜、李长安：《经济新常态背景下的和谐劳动关系构建》，《中国特色社会主义研究》2016 年第 1 期。

[44] 李炳炎：《中国特色社会主义分享经济理论解读》，《现代经济探讨》2009 年第 10 期。

[45] 李稻葵、刘霖林、王红领：《GDP 中劳动份额演变的 U 型规律》，《经济研究》2009 年第 1 期。

[46] 李福安：《论社会主义市场经济条件下政府调节初次分配的理论依据与路径》，《当代经济研究》2010 年第 8 期。

[47] 李炯：《共享模式切换：收入分配同步增长》，《中共福建省委党校学报》2012 年第 1 期。

[48] 《李克强总理等会见采访两会的中外记者并回答提问》，《人民日报》，2013 年 3 月 18 日第 2 版。

[49] 李萍、陈志舟：《对转型时期中国民收入分配制度变迁的经验分析》，《福建论坛》（经济社会科学版）2001 年第 8 期。

[50] 李祺、代法涛：《经济增长的影响因素与结构特征：理论假说与实证检验——中国经济新常态的一种解释》，《经济问题探索》2015 年第 3 期。

[51] 李中建、金慧娟：《劳动报酬占比变动倒逼经济转型机理分析》，《商业时代》2014 年第 36 期。

[52] 刘丁：《制度变迁与收入分配》，《社会科学辑刊》2001 年第 3 期。

[53] 刘佑铭：《论中国特色社会主义收入分配制度》，《学术研究》2017 年第 4 期。

[54] 刘新争：《比较优势、劳动力流动与产业转移》，《经济学家》2012 年第 2 期。

[55] 刘超、杨素芳：《劳动与资本投入对中国经济增长贡献的测度分析》，《商业时代》2013 年第 7 期。

[56] 刘社建：《劳动者报酬份额的影响因素与发展趋势》，《兰州交通大学学报》2010 年第 5 期。

[57] 刘燕红、陈鑫磊：《优化我国产业投资结构的若干思考》，《地方财政研究》2013 年第 7 期。

[58] 刘世锦：《如何适应中国经济新常态大逻辑》，《人民论坛》2015 年 3 月（下）。

[59] 梁东黎：《初次分配的要素投入结构视角研究》，《东南大学学报》（哲学社会科学版）2011年第3期。

[60] 梁东黎：《我国初次分配的部门分析与区域分析》，《南京工业大学学报》（社会科学版）2014年第4期。

[61] 罗长远、张军：《经济发展中的劳动收入占比：基于中国产业数据的实证研究》，《中国社会科学》2009年第4期。

[62] 罗长远、张军：《劳动收入占比下降的经济学解释——基于中国省级面板数据的分析》，《管理世界》2009年第5期。

[63] 马艳：《马克思主义资本有机构成理论创新与实证分析》，《学术月刊》2009年第5期。

[64] 彭必源：《马克思关于劳动生产率与劳动报酬份额的理论及其现实意义》，《商业时代》2012年第14期。

[65] 彭爽、叶晓东：《论1978年以来中国国民收入分配格局的演变、现状和调整对策》，《经济评论》2008年第2期。

[66] 乔榛、孙海杰：《适应经济新常态的中国收入分配制度改革》，《学术交流》2015年第8期。

[67] 曲玥：《制造业产业结构变迁的路径分析》，《世界经济文海》2010年第6期。

[68] 任太增、喻璐：《金砖国家国民收入初次分配格局的演变趋势与基本特征》，《经济问题探索》2014年第3期。

[69] 盛丹、李坤望、王永进：《劳动力流动会影响我国地区出口比较优势吗？——基于省区工业细分产业数据的实证研究》，《世界经济研究》2010年9期。

[70] 孙慧文：《我国劳动收入份额持续下降的制度解释》，《经济问题探索》2011年第3期。

[71] 孙亚南、张桂文：《城乡二元经济转型的实现途径研究》，《商业时代》2014年第29期。

[72] 王德文：《提高劳动收入份额不能光靠涨工资》，《学习月刊》2007年第12期（上）。

［73］吴江、任婕柠：《基于要素贡献度的要素收入份额的确定》，《东岳论丛》2011年第12期。

［74］《习近平主席在亚太经合组织工商领导人峰会开幕式上的演讲》，《光明日报》2014年11月10日。

［75］夏华：《基尼系数在中美收入差距的比较中失灵了吗?》，《生产力研究》2008年第2期。

［76］许晓：《中国工会在构建和谐劳动关系中的合作博弈》，《中国劳动关系学院学报》2011年第1期。

［77］许宪春：《国民收入分配政策会影响税收与GDP的比例关系》，《税务研究》2004年第2期。

［78］谢少华：《要素收入结构对区域经济增长的影响——基于我国省际面板数据的实证研究》，《劳动经济》2015年第4期。

［79］信卫平：《关于提高劳动报酬在初次分配中的比重的思考》，《中国劳动关系学院学报》2008年第6期。

［80］辛鸣：《"中国梦"：内涵·路径·保障》，《理论导报》2013年第1期。

［81］徐平华：《中国劳动力供求新变局与对策》，《理论视野》2013年第5期。

［82］阳立高、龚世豪、韩峰、王业强：《新生代劳动力供给变化对产业升级的影响研究》，《财经理论与实践》2017年第2期。

［83］姚先国、李敏、韩军：《工会在劳动关系中的作用——基于浙江省的实证分析》，《中国劳动关系学院学报》2009年第1期。

［84］余芳东：《世界主要国家居民收入分配状况》，《调研世界》2012年第10期。

［85］朱珍：《企财政分配关系的60年嬗变：制度变迁与宪政框架构建》，《地方财政研究》2010年第3期。

［86］张晨、冯志轩：《资本积累视角下的劳动力价值：识别、测算与中国现实》，《经济学家》2015年第6期。

［87］张海水：《中美劳动人口受教育程度的现状比较与启示》，《复旦

教育论坛》2014 年第 1 期。

[88] 张培丽、姜伟：《我国居民收入占比合理性的判断标准》，《教学与研究》2015 年第 6 期。

[89] 张晓雪、周亚、李克强、姜璐：《劳动人口人均受教育年限的预测分析》，《教育与经济》2002 年第 1 期。

[90] 赵学清：《论价格在社会主义市场经济体制中的分配功能》，《唯实》1998 年第 8 期。

[91] 周国强：《中国初次分配格局及其国际比较》，《经济研究参考》2011 年第 58 期。

[92] 周克清、毛锐、罗欢：《税制结构对劳动收入份额的影响机制研究》，《税务与经济》2015 年第 2 期。

[93] 周天勇：《刘易斯拐点来临要到 2020 年后》，《学习时报》2010 年 8 月 23 日第 4 版。

[94] 泽羽：《"公平优先兼顾效率"的价值取向再思考》，《上海社会科学报》2005 年 10 月 26 日第 1 版。

[95] Duenhaupt P. "Financialization and the Rentier Income Share–Evidence from the USA and Germany". International Review of Applied Economics, Vol. 26, No. 4, 2012.

[96] Hein E., Tarassow A. "Distribution, Aggregate Demand and Productivity Growth: Theory and Empirical Results for Six OECD Countries Based on a Post–Kaleckian Model". Cambridge Journal of Economics, Vol. 34, No. 4, 2010.

[97] Jeong S. "Right Conclusion with Weak Evidence: A Review of the Failure of Capitalist Production". MPRA Paper, 2012.

[98] Kaldor N. Capital Accumulation and Economic Growth. Mac Millan, 1961.

[99] Lawless M., Whelan K. T. "Understanding the Dynamics of Labor Shareand Inflation". Journal of Macroeconomics, Vol. 33, No. 2, 2011.

[100] Onaran O., Galanis G. Is Aggregate Demand Wage-led or Profit-led. Conditions of Work and Employment Series, No. 31, 2012.

[101] Oyvat C. "Globalization, Wage Share and Income Distribution in Turkey, Cambridge Journal of Regions". Economy and Society, Vol. 4, No. 1, 2011.

[102] Rodriguez F., Jayadev A. "The Declining Labor Share of Income". Human Development Research Papers, No. 36, 2010.

[103] Stockhammer E. "Why Have Wage Shares Fallen? A Panel Analysis of the Determinants of Functional Income Distribution". ILO Working Paper, 2012.

后 记

本书为国家哲学社会科学基金项目：国家哲学社会科学基金西部项目（项目批准号：11XJL006）的研究成果。批准立项后，本课题立项组成员立即开展了研究工作。成立了项目领导小组，进行了具体的分工。制定了课题研究实施方案，在全国哲学社会科学规划办公室、云南省社会科学规划办公室和曲靖师范学院科技处的统一指导和管理下，由项目负责人苟关玉教授按照有关规定具体实施。根据项目申报书的设计，进一步研究和规划了本项目研究的重点内容。经过系统研究，采用访谈法，针对我国东部、中部和西部地区的劳动者报酬比重比较高、中等水平和比较低的北京、湖南、海南、上海、安徽、山西、吉林、重庆、甘肃和云南的第一产业的农业、林业、畜牧业、渔业，第二产业的建筑业、采矿业、制造业、电力等行业的相关企业，第三产业的商品批发企业、商品零售企业、交通运输企业、物流管理企业、邮政企业、住宿企业、餐饮业、信息传输企业、软件制作企业、信息技术服务业、银行保险和证券业、房地产企业、租赁和商务服务业、科学研究技术服务业、高等学校、中等职业学校、医院等不同行业的100多个企业劳动者报酬比重的现状、提高劳动者报酬对企业经济增长的影响、对劳动者报酬比重的合理性进行判断、影响行业和企业劳动者报酬比重的影响因素、进一步提高劳动者报酬比重的有效途径等方面，对企业、政府组织和劳动者进行了调查研究。印制了1000份调查问卷，收回了640份调查问卷，采用抽样分析法分别从企业和地区两个不同的视角对我国不同行业企业和不同地区劳动者报酬的比重、影响劳动者报酬比重的因素、提高劳动者报酬比重对企业和地区的影响、劳动者报酬合理比重的判断标准和提高劳动者报酬比重的途径等方面进行调查，调查了320家企业，其中农业企业56家、林业企业22家、畜牧业企业46家、渔业企业12家、工业企业54家、采矿业企业6家、制造业企业22家、电力企业6家、建筑业企业18家、交通运输企业10家、邮政企业9家、计算机软件企业24家、批发零售企业25家、住宿和餐饮企业10家。其中调查了65家垄断企业、255家非垄断企业。其中东部地区调查了36家企业，中部地区调查了70家企业、西部地区调查了180家企业，边疆民族地区调查了34家企业。从企业的所有制性质来看，主要调查了国有企业51家、集体所有制企业34家、外资企业54家、私营企业163家、合资企业18家。通过SPSS软件进行统计分析，调查问卷的可信度比较高，在系统分析调查资料和系统研究的基础上产生了系统的研究成果。

本课题是在全国哲学社会科学规划办公室的资金支持下完成的，在课题组的研究过程中得到了云南省哲学社会科学规划办公室的指导和支持，调查过程中得到了相关地区统计部门的支持，经济与管理学院办公室主任王金辉和学院的部分同学参与了调查、统计和分析，在结项过程中，评审专家提出了非常宝贵的修改意见，对研究成果做了充分的肯定，在此对有关部门的领导、各位专家和同仁深表谢意。